数字化学习案例研究：
如何颠覆传统并提高效率

Learning in a digitalized age:
Plugged in, Turned on, Totally Engaged?

［英］劳伦斯·伯克 著

王一舟 译　高连兴 校

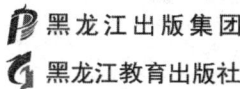

版权登记号：08-2017-074

图书在版编目（CIP）数据

数字化学习案例研究：如何颠覆传统并提高效率 /（英）劳伦斯·伯克著；王一舟译，高连兴校． -- 哈尔滨：黑龙江教育出版社，2017.6
ISBN 978-7-5316-9307-9

Ⅰ．①数… Ⅱ．①劳… ②王… Ⅲ．①网络教学—研究 Ⅳ．① G434

中国版本图书馆 CIP 数据核字（2017）第 158372 号

World Class Schools series: Learning in a digitalized age: Plugged in, Turned on, Totally Engaged?
Copyright © 2014 John Catt Educational Ltd.
This translation published by arrangement with Columbine Communications & Publications, Walnut Creek, California USA, through Rightol Media
Chinese simplified translation © 2017 by Heilongjiang Educational Press Co., Ltd.
ALL RIGHTS RESERVED

数字化学习案例研究：如何颠覆传统并提高效率
SHUZIHUA XUEXI ANLI YANJIU: RUHE DIANFU CHUANTONG BING TIGAO XIAOLÜ

作　　者	［英］劳伦斯·伯克　著
译　　者	王一舟　译　高连兴　校
选题策划	王春晨
责任编辑	宋舒白　姜劲帆
装帧设计	Amber Design 琥珀视觉
责任校对	张爱华

出版发行	黑龙江教育出版社（哈尔滨市南岗区花园街 158 号）
印　　刷	北京鹏润伟业印刷有限公司
新浪微博	http://weibo.com/longjiaoshe
公众微信	heilongjiangjiaoyu
天 猫 店	https://hljjycbsts.tmall.com
E－mail	heilongjiangjiaoyu@126.com
电　　话	010—64187564

开　　本	700×1000　1/16
印　　张	17.5
字　　数	233千
版　　次	2017年8月第1版　2017年8月第1次印刷
书　　号	ISBN 978-7-5316-9307-9
定　　价	38.00元

序

作为一名老师和技术教育的倡导者,我很高兴能来介绍这本重要的书,这本书挑战了数字化时代关于教学与学习的诸多假设。在21世纪最初的几十年里,这样的争辩和观点正在影响和改变着教学与学习的性质。对于所有关注这场争辩的教育工作者来说,这本书的出版恰逢其时。

在这本书里,你将会听到来自教育领域的声音,他们会讲述技术变革时代中的经历以及教学与学习中的创新。这些来自世界各地的作家,在教育领域不同的阶段与部门工作,分享他们在日常的教育工作中,借助教育技术、移动数字化学习的实践经验。本书的主题和论点是强调技术对人类,特别是对教学和学习方面产生的巨大影响和变化。

作为一名职业治疗师,克里斯·罗文分享了她对于技术是如何改变一个孩子的发展和学习能力的独到理解;亚塞明·阿尔索普则认为技术会增强一个孩子的学习体验,特别是如果他们被赋予一定的自由度,来自己设计数字游戏的时候;朱莉·琳赛是一个坚定的技术教育倡导者,她阐释了关于未来通过平面教室计划来进行教学的观点;丽莎·马丁是一个有20年经验的资深教育者,她讲述了一个关于在线模拟联合国计划的精彩故事。

从伊达·桑托斯、戴安·埃文斯、顿·赛登、米歇尔·埃斯塔夫莱、劳黛尼·休杰尔、南希·法文斯塔克、乔·奥尔斯曼和里姆·阿拉法特身上可以学到很多经验教训。他们为这本书带来了诸多宝贵经验:在课程提交过程中,通过引入笔记本电脑、iPad和BYOD(自带设备),教师可以在第三部门工作。对于教师、学生,以及那些准备从根本上改变、适应他们的教学环境、应对数字时代需求与挑战的院校而言,他们的经验、反思和研究是必要的。

一方面,克莱德·柯礼尔、雅拉·阿宗卡、坦尼娅·特塞罗和劳伦斯·伯克分享了他们在数字时代对出版、教学、学习的反思。他们通过来自个人及专业的思维和洞察力，列举了一些例子，认为教师接受数字化的新奇技术，开始成为数字化技术的拥趸，从批判教育学角度来看是值得警示的。

另一方面，西蒙·海赫、赛奇·莫里塞特、帕特里克·多尔蒂、约瑟芬·巴特勒、格雷格·霍夫尼克、埃尔·撒蒂格、叶海亚·埃沙、哈立德·阿尔穆迪布里和雅思明·萨拉赫·埃尔·丁也发出了合理研究与论证的声音。这些章节展示了教育技术是如何增强和发展专业实践的，同时也向我们说明了使用教育技术来维持"全面以学生为中心"这种教学手段的重要性。

如今所有的专业学习团体都赞同这样的观点：利用技术促进学生成功，具有额外的价值。学习者如何在数字时代取得成功？这是目前众多重要教育问题中的一个。本书旨在寻求一个带有批判性且可靠的回答。

安德鲁·卡拉汉（Andrew Callaghan），
印度孟买 BD Somani 国际学校的"知识理论"协调员

前 言

技术推动人类文明的进步。我们永远不可能想象或预见得到，在大自然里开采岩石并将其打磨成一个切割装置、最终制作成车轮，这样最基本的创造性发明早已推动了我们的发展。作为地球上最普通的物种，我们甚至更难想象这些发明创造的替代品可能是什么。

同样，20世纪和21世纪的技术不可逆转地改变了我们的认知：我们在时间和空间中到底居于何种位置？例如，我们可以通过持续加速前进的宇宙飞船观察到超越已知宇宙的最远距离，这些飞行器将通过银河进入星际空间中。1977年9月5日发射的"旅行者一号"飞船是离地球最远的人造物体，据我们所知，飞船还将继续朝着无限远的地方行驶。回到地球上，我们创造和发明的技术改变了生活，教育了我们，娱乐了大众，治愈和拯救了生命，同时也毁灭了生命。这是人类固有的复杂性、矛盾性和未知性的体现，一直以来，我们似乎都无法优先考虑与利用技术来为所有人牟利。但是，问题却不在于技术本身，因为技术并不能为我们做出符合道德伦理的决定。

任何类型的技术都没有能力反映出自身的进步发展。任何设计或实用性技术也不能基于对其后果伦理的理解，而作出关乎人类道德或价值观的选择。人类预先编写任务和行动的程序，技术仅仅是执行这个程序罢了。技术不可能感知到人类的同情、关心、快乐或者痛苦，但如果预先编定好程序，技术就可以在人类经验的范畴内或多或少地影响工作。然而，当今人们可以开始大胆地思考。未来主义者预测在不远的未来里，我们就会被一个类似于"变形金刚"的世界所支配，机器将成为一个新的、以数字为中心的世界统治者。

我们都经历了20世纪末、21世纪初的技术变革，生活在这个时代里就要对技术负责任。就像在过去，我们生活在那时的政治、社会以及技术变革中，同样也要对其负责一样。尽管新殖民主义者将人类称为"数字原住民"或"数字移民"，但是一些教育者和技术产品的产销者的观点是完全错误的：在过去40年里，由于所谓人类和数字之间交互式通信过程的出现，我们的大脑发生了显著变化。

沙克内尔（Schachner）正确地指出，能人是190万年前出现的第一种人类，这显示出大脑中一个与语言相关的额叶区域的发展，这个区域被称为"布洛卡"。50万年前，早期智人的大脑容量略小。但与过去1万年的相比，今日大脑的容量其实并没有多大变化。

在21世纪早期反复无常的年月里，数字驱动的社会交际过程模糊了理性世界观与伪理性虚拟（或增强）现实之间的界限。牛津大学人类未来学院院长尼克·波士特罗姆（Nick Bostrom）认为，我们进入了一个这样的新型技术时代 —— 前所未有的，能够威胁我们未来的时代。

鉴于技术公司、领先的教育机构以及一些重要的教育图书出版社之间存在利益关系（而这些机构又决定了21世纪的教学参数和方法），我们逐渐失去了这样的远见。同时，父母、学生、教师之间通常是没有协作的。在本书中，教师们的文章提供了一些远见与指导，他们建议道，在数字教学的时代，教师、学生和家长要对技术的有效性进行批判性的评价；同时在确认主要基于理性和知情的世界观现实时要有领导能力。

目录 / contents

序 1
前言 1

第一章　一个连接、打开、然后完全参与的模拟联合国 1
  在线模拟联合国的起源 2
  在线模拟联合国的基本原则：工作机制 3
  创新、技术以及师生的角色 4
  结论 9

第二章　关于混合学习计划的思考 11
  方法论 12
  分配式授课的结构 13
  获得的经验 16
  结论 22

第三章　作为一个学生学习延伸的讨论板 25
  教师的作用、理解媒介与教室之间的差异 25
  了解学生文化 27
  建立规则和培训 27
  设计讨论板 28
  讨论组的规模 29

时间的管理 29
　　教师的参与 30
　　提供反馈 31
　　促进 31
　　领导 31
　　将讨论的主题应用于课程的成果 32
　　教师时间的管理 32
　　社区感 33
　　协作 33
　　反思与批判性思维 34
　　写作 34
　　评定 35
　　结论 37

第四章　进入新世界：成人语言课程中混合学习的挑战 38

第五章　"数字化中心"世界的不同观点 44
　　变化中的关键参与 45
　　参与到研究中 47
　　从道德角度看，我们将去哪里 49
　　科学、道德与数字化教育 51
　　反思 52

第六章　因为 iPad，所以 iLearn（第一部分）..................................... 54
　　背景 54
　　方法 56
　　讨论 66

第七章 因为 iPad，所以 iLearn（第二部分）..................68
苹果公司的教育营销战略..................68
在线学习的一般问题..................69
iPad 与教育方法..................71
iPad 与使用它的教师们..................79
结论..................84

第八章 自带设备（BYOD）教与学的重要挑战..................87
自带设备..................88
重要挑战..................89
案例说明..................95
结论..................98

第九章 孩子们能行的..................100
定义焦点..................101
思考—学习—再思考..................102
方法..................103
研究学生的思维地图..................104
有关思考和游戏设计，与孩子们的对话..................110
"6E 模型"：定义"思考—学习—再思考"..................113
结论..................116

第十章 教与学氛围中关于技术变革的思考..................118
给老师的调查问卷..................123
现场观察的"现场笔记"..................125
学生对作业的反应和反馈问卷..................126
学生调查问卷的回答..................128
老师的反应..................130

现场笔记 132
　　老师们关于"学生意见"的问卷调查 132
　　讨论 133
　　进一步的提问 134
　　建议 135
　　词汇表 136

第十一章　以公元前 3 世纪的视角看 21 世纪的学习 137

第十二章　关于出版业"以需求为导向"的思考 147

第十三章　作为一种教学工具的社交媒体 153
　　提供反馈的重要性 153
　　言语行为理论 154
　　参与者 155
　　数据采集工具 155
　　程序 156
　　分析与结果 157
　　总结性评价 159

第十四章　教育时间机 161
　　学生的背景 161
　　本项目 163
　　研究发现 164
　　结论 166

第十五章　未来就在当下，未来就是平面化 167
　　互联学习 167

平面化学习 168
　　进行平面化学习的方法 169
　　将平面化学习在课程中表现出来 172
　　重新设计平面化的课程 173
　　平面化学习和全球化未来的领导 174
　　结论 177

第十六章　技术的过度使用对孩子感官发展的影响 179
　　过去与现在 180
　　技术的过度使用对成长中孩子的影响 180
　　实现感官和运动发展的 4 个关键因素 181
　　与技术的联系正在导致与自我、他人、自然和精神的分离 183
　　感官与运动系统的不平衡 185
　　虚拟化的特点 187
　　职业治疗在平衡技术管理中的作用 188
　　结论 189

第十七章　有残疾与有学习困难的学生对包容性无障碍技术的需要 191
　　以教育技术为研究对象的基础 192
　　残疾、学习困难和无障碍技术 195
　　将辅助技术重新定义为包容性技术 199
　　结论 203

第十八章　一个数字移民的思考 204

第十九章　对英语非母语背景下数字化学习的转型性质的观察 208
　　概念性的背景 209
　　方法 210

手段 211
　　步骤 211
　　结果 211
　　讨论 213
　　结论和意义 214
　　附录 215

第二十章　大脑对数字驱动型教育的认知 216
　　理论背景 216
　　认知学习过程和认知过载 219
　　研究 220
　　讨论 221
　　结论 223

致谢 225
后记 226
参考文献 229

第一章　一个连接、打开、然后完全参与的模拟联合国

在一个星期六的下午，准确地说是在国际协调时的13点，在观看了一个模拟联合国辩论之后，我深深惊叹于它的多样性。两位联合主席分别来自中国台湾和土耳其，而主席团队成员则来自美国、澳大利亚、沙特阿拉伯和中国台湾。更令人惊讶的是，参会代表们来自令人震惊的19个国家，从约旦到尼日利亚，从巴勒斯坦到韩国，从新加坡到哥斯达黎加。这不是一个传统的、每年召开一次的、面对面的著名会议。这个定期开展的活动非常精彩，它的名字叫在线模拟联合国，简称为O-MUN。

当下，数百名高中学生正在创造世界上最具创新性的模拟联合国活动。仅依赖于黑板合作（Blackboard Collaborate）、在线教室和由脸书驱动的庞大社交媒体网络，学生们正在为志同道合之人的真正网络协作奠定基础，从而为颇受欢迎的模拟联合国学术活动创造完全的在线环境。一开始这只是20个学生每月的聚会，后来它发展成为了一个每月5次的全球大辩论，一个拥有超过2 000个学生的脸书社区，一个成员来自超过20个国家的领导团队，一个中学项目，一个有着大学水准的课程（最近在澳大利亚ABC广播电台的报道），以及一个在土耳其、新加坡、法国和巴勒斯坦等6国的国家级方案。

当我在2011年秋天开始进行在线模拟联合国项目时，我知道它可能会变成什么样：一个极好的辩论平台、一个学生可以磨炼辩论和展现技能的地方、一个包含各种国际关系专题问题的地方。而重点在

于，以一个教育者的身份我不知道能够从中学到什么，以及这些经验会如何改变我的教学观念。不过不要着急，让我们重新开始，因为在一个营利性教育机构中诞生的在线联合国，就是一个在技术驱动时代中值得我们思考的重要教训。

在线模拟联合国的起源

2009年，网络在线辩论开始兴起。当时，我是一所在线高中的老师，组建了一个模拟联合国俱乐部。我需要向年轻的学生代表们介绍这个俱乐部的可行性，于是我们便聚在一起展开辩论。我原本认为这只是一个有六七个代表、进行10多分钟的模拟辩论，然而当我们打开在线教室要开始实验时，惊人的事情发生了。学生们将"在线辩论"的消息通过社交媒体发了出去。一开始，新加坡和马来西亚的学生参与进来，然后世界各地的学生们都纷纷加入进来。

在这个新的在线环境里，我们尝试模仿海牙国际模拟联合国（THIMUN）的规则和程序。当我们认为可以结束会议并退出网络教室时，另一拨学生找到了我们。那天，我们的在线模拟联合国因受到一个小病毒的侵扰，使原本2个小时就结束的测试持续了近19个小时。随后一些学生在网上找到我们，想要帮助我们开发在线模拟联合国的在线协议，内容包括如何传递纸条、请求发言、投票和提交修正案。那一晚，我靠在床边的电脑上休息，调低音量，聆听着首次出现的在线讨论。现在回想起来，正是那一刻，我意识到在线模拟联合国诞生了。

在2010年1月进行了一次简短的辩论后，2月我们又进行了一次。这一次，为了使之运行无误，我们加速了所有需要提速的慢速运行状态。我们邀请了海牙国际模拟联合国的高级主管团队来担任会议主席、主持人和参与者；同时，那些有着高超辩论技巧、对模拟联合国抱有极大热情的学生也应邀参与进来。那些经常在线下进行辩论的参与者每次都会发现，这个在线模拟联合国与"面对面模联"并无差别，他们都认为在线模拟联合国活动准确地再现了真正的辩论，这也得到了代表们自己的坚定认可。这个项目几乎占据了我所有的工作时间，但在线模拟联合国的快速发展让我兴奋不已，进而我投入了更多的精力。我与一位新加坡的老师分享了在线模拟联合国中游说与辩论的事例，他立即看到了这个计划的潜力。对我而言，这个项目已经成为了我的爱好和事业，那些日子令人振奋，感觉就像发现了一个未开发的市场。

像在美国大企业的阴影中出现的其他创新和成功的想法一样，作为一个营利性机构，我的学校并不看好我的项目。很快，在线模拟联合国项目被学校责令关闭，但学校却请来律师，试图把这个"模拟联合国发明"变成他们的专利，并用它赚钱。我非常失望。在经历了几个月关于"未来在线模拟联合国项目可能会是什么样"的讨论之后，我回到了阿布扎比。

在阿联酋，我继续着我的事业。但在经历了一个非常艰辛的开始之后，我越来越对在线项目接下来的工作感到力不从心，因此我做出了一个艰难的决定：放弃我有关在线课堂的工作，放弃我关于在线项目绝妙的灵感。紧接着，我终止了与学校的合同，承认了其中的不竞争条款，并认真地履行了一年禁止竞争的强制令。经历了漫长等待，2011年夏天，我重新启动了在线模拟联合国项目，这就是在今天被称为 O-MUN 的项目。

在线模拟联合国的基本原则：工作机制

在线模拟联合国辩论是在一个在线教室里进行的，仅使用其中的音频功能。不过在这些辩论中，国家代表、主持人、大会主席、学生所代表的官员和大使通通都有。正所谓麻雀虽小，五脏俱全。通常，使用简单的谷歌搜索，学生就可以找到我们。他们在模拟联合国的网站上注册，然后就可以点击日历或者就辩论的赛事进行报名。学生代表会被分配到一个国家,并被提示在脸书上加入我们:这并不是一个强制要求,但对活动很有帮助。脸书和 Mightybell 是我们主题研究的意见工具,代表们可以在这上面参与讨论、提出问题,并结识同一辩论中的其他代表。

在辩论的当天,来自世界各地的学生代表们登录在线的虚拟会议室,一个来自不同国家的高中主持团队就会在海牙国际模拟联合国大会协议的基础上组织今天的辩论。相比于面对面互动和参与费昂贵的线下海外国际模拟联合国会议,我们的一部分优势就在于参与学生的多样性,以及能让没有能力参与海外著名模拟联合国的学生参与进来。另外,我们的着装要求也十分宽松:与会代表不需要穿着西装。

学生们通过在线模拟联合国平台进行授权,并通过社交媒体联系,他们已经开始使用这些强大的工具举办精彩的活动,吸引着全球各地的青年参与进来。任何能够上网的学生都丰富并发展了模拟联合国的活动,最后的结果是非常好的。目前,我们正在建设第一个法语版的在线模拟联合国,并致力于制作中学生模拟联合国教程。

在线模拟联合国首次涉及的传统会议是 2013 年举办的海牙国际模拟联合国大会,这届大会的主题是能源和可持续性。来自 7 个国家的学生代表们首次在线下见面,他们作为大会欧派克的代表,一起努力在海牙国际模拟联合国大会上留下了自己的印记。我们的代表队完全在网上进行练习,组成的学生们来自世界各地:中国台湾、约旦、以色列、英国、美国、新加坡、黎巴嫩等。

从一个传统的学术项目变成网络活动,在线模拟联合国让我知道,我们坐在教室里或者面对面才能完成的事情,在线都可以完成。技术的力量可以推动学习的进步和个人价值的实现,并且把社会推向一个全新的、不可预料的发展方向。

创新、技术以及师生的角色

在在线模拟联合国成立的 18 个月里,学生们不仅学到了很多关于技术和教育的知识，还有关于自我本身的认识，也探清了在这个数字化驱动的世界里，我们自在的状态及受到的限制。在线模拟联合国项目中出现的想法可以大致分为 4 个主题：透明度与开放性，社区的力量，平等的教师、创新者与合作者，领袖的孵化器。

透明度与开放性

一个在线项目会使你保持匿名状态。你在网络上对自己的种种描述，就是其他人对你全部的身份认知，因为你们永远不会谋面。一旦我意识到在线访问有多么重要时，我就会发现传统的隐私和距离障碍会开始分崩离析。当我们意识到学生们不会涌入 OrgSync 网站的封闭式学习管理系统（LMS）中时，我们就不得不克服对脸书"添加好友"的恐惧。

丽萨·马丁说道：

> 开始使用脸书并且愿意与学生们联系，这对于我的职业生涯而言是一个重要的里程碑。我现在就在学习使用脸书：探索，到处看看，并像其他人一样乐在其中。我时常会自我审视，虽然我坚持我的政治观点和宗教信仰，不过我已经留意到来自世界各地的学生是如何对我在社交网络上的更新内容进行解释的。
>
> 我已经敏锐地意识到我的朋友们推送了什么，我还能感觉到亲戚的消极态度，或相距很远的具有种族主义的朋友对我产生的不好影响。我开始意识到，在脸书上联系的熟人和朋友所说的关于我的内容，实际上和我自己说的一样多。我们一直告诉学生：要留心你努力维持的圈子，因为你的朋友是什么样，你就是什么样。在线社区把这一点带到了完全不同的层次，并通过我们的言论越来越多地反映出来。这是我们想让学生学习和注意的地方，作为一个老师，我必须做相同的事情。开诚布公地谈论这些问题其实有很大的价值，这可以帮助学生们了解，在网络数字世界里，他们必须谨慎言行。

社区的力量

无论是作为老师还是学生,如果你曾经经历过课堂的氛围,即当事情完全正确的时候,或者一个多人合作的项目已经运转非常完美时,你就会感受到由团队产生的巨大成就感。同样的成就感也可以在在线环境中找到。当我向人们解释在线模拟联合国是"多人式模拟联合国"的一个实验时,我会建议说,在线社区有巨大的能量,正是在这样的集体合作中产生了这样有意义的项目和产品。

我之前的雇主承诺会在一个保护学生匿名性的防火墙内,运行这个在线模拟联合国项目。学校大到可以创建自己的在线社区,并且尝试让学生有一种能够发表开放和多样化意见的感觉。但在现实中它不是这样的。现实生活中的社区是虚伪的,让人感受到限制。对学校而言,在这个封闭的环境中,大多数学生会发现他们的身份和他们生活中越来越多的部分并不一致。

他们分享"非常艺术"中的艺术品,一起玩《我的世界》,分享他们对粉丝小说的看法,在 YouTube 上分享制作的影片,以及在 Skype 上聊天(快速地开始或结束群组对话)。他们都在使用脸书、Tumblr 或者 Twitter。不过当上学的时候,学生们就会被锁定不能登录,我们想知道为什么他们会这样。在工作的地点进行人为的"讨论",以一种看似任意的方式结合起来,并从由 IT 部门设置、运行的监控封闭系统中解脱出来;如果在一个更广泛、更加协作的社会环境中被给予更多灵活性和选择的机会。当这些老师可以讨论有意义的话题时,学生们是不是会更加倾向于选择前面提到的、运用在线社区的方式呢?

这是专业学习圈子想要做到的。但当开始思考如何给学生提供这种自由和灵活性时,我们就会非常紧张。通过将人工社区回归到学校里,并将动态和具有吸引力的社区引入课后时间,我们就在教育中失去了强大的指导和建模的机会。

对我而言,能够建立一个有流动性、能动性和参与性的在线社区确实是职业生活中的巨变。想象一下,运营一个全球化的企业,员工都是十五六岁的学生,而且大部分人永远都不会见面。再设想一下,建立一个这样的网站,它的团队是来自三大洲的学生,质量的控制标准是由从来没有见过面的学生们开发的。这种活动的风险是巨大的。作为团队的领导者,你没有追索权,没有真正的权威,没有权力去评优或认证;但是学生们出现了,神奇地让事情得到了发展。最终的产品是那些独立个人在独特时刻的成果,不过产品将由下一批学生进行改进。重要的是,当某些东西不能运转时,就只能简单地废弃,然后再进行另一次尝试。

有时,这些杂乱的工作会让人感到沮丧。如果你不能做想做的事情,你就不能只用80%的精力建立一个网站。你如何通过脸书向团队传达紧急情况?你如何使用电子邮件召集核心群体的领袖们?团队分布在3个不同的时区,并且已过截止日期,我们该如何有效地设计产品?你如何礼貌地摆脱那些花费太多时间而几乎没有价值的东西,并收获更大的群体?如果换作是医院、谷歌的一个团队或一个建筑公司来完成,那这些"复杂的工作"就是普通工作的一部分。

然而,在教育中,这种程度的混乱和错误的开始经常被有意地剥离开来。这样的工作效率低下,难以评定,而且达到的可衡量结果还没有达到标准。然而,对于这种更深层次的创新而言,学生似乎是最积极的。学生通常都会喜欢这个全球规模的项目。当问题出现时,我就会告诉学生们:"我不知道该如何解决这个问题,你们能搞定吗?"通常他们就帮助我解决了问题。有时我们都不知道该怎么办,但往往会出现很多的人才来解决我们的问题。这就是在线模拟联合国平台上我称为"学生资源"的地方。这种能够参与的、社区驱动型的学习是对师生最好的礼物,但这必须要进行有目的性的培养。

平等的教师、创新者与合作者

丽萨·马丁回忆起一个小故事:

> 一个学生最近给我打电话:"我应该怎么称呼您?"听到这个问题我就笑了。不过,这通电话让我更加深刻地反思了我在在线模拟联

合国中的角色。当学生问"我应该叫您马丁老师吗？或者丽萨？或者小姐？"时，实际上他真正要做的是定义我的角色。作为老师，逻辑上我应该被称为马丁老师，不过，在线社区的非正式程度其实很高。经常有学生向我寻求帮助，而我很少能给出所有的解决方案；我把目前的大部分计划都进行开放式讨论。如果我信任的学生有一个强有力的理由，我就会认可他们的解决方法。当一个想法出现时，我大多数会说："去做吧。"

这与传统教室里的教学方式非常不同。在传统教室里，我们很可能会设定课堂内容、教学计划等，老师若要以这种方式进行教学活动的话，就要学生们"懂规矩"才行。在线模拟联合国基于学生们的主动性和参与性，老师与学生的关系是一种完全不同的状态。即使部分的项目内容是更加传统和老式的，但感觉也与传统教育相去甚远。

领袖的孵化器

想要组织一次在线模拟联合国，学生需要做很多准备工作，这与现实中的大型会议类似。对于那些能够拥有这种机会的人来说，它提供了非常好的领导机会。在这个过程中，对必要技能的整合以及高级在线出席的发展都是有价值的。总的来说，对学生而言，在线模拟联合国可以将高水平的学术和领导能力与技术技能和应用程序相结合，这种机会是十分难得的。

给青少年提供一个全球性的协作模式，这是在线模拟联合国能够成为一个独一无二的学术项目的额外优势。让能力得到成长的基础是一个学生干部的结构，重点在于学生领导的发展。也许比辩论更令人印象深刻的是，在线模拟联合国已经成为领袖的孵化器。

在线模拟联合国的权力中心也难以定位，因为领导团队遍布全球，他们难以在同一时间工作。但是也有很多例子，学生们会主动要求，然后协作完成任务。这和提醒主持人和主席需要填补辩论名单上两个空缺（难以置信的是，这都是由学生们完成的）一样简单。

有这样一个例子证明了技术将个人与在线模拟联合国联系起来,让他们获得了本来没有的经验。一个来自索马里北部的女孩与我联系,说她想要加入模拟联合国,这是她的国家不存在的东西。最初,她作为一名代表参与进来,然后开始担任主持人,最后成了中东和非洲地区的助理总干事。2013年4月,在多哈举办的卡塔尔领导人会议上,她被选中介绍与在线模拟联合国有关的几个讲习班。这个女孩在社区中的参与度很高,这让她能够接受更高水平的挑战。要不是在线模拟联合国,这根本不敢想象。最近,她与她活跃的团队(其组成人员来自尼日利亚、坦桑尼亚、津巴布韦、埃及、阿拉伯联合酋长国、约旦和卡塔尔)合作,制定了一个年度辩论时间表,还制定了需要在脸书上注意的组织任务,同时还有一个关于新学年非洲与中东目标的讨论安排。

这是一个从未谋面、也可能永远不会见面的团队。他们团结协作,提炼有趣的计划与倡议,随着计划的实施,他们之间的合作关系将更上一层楼。通过互联网,通过相互分享的谷歌文档,他们的团队意识得到了提升。当该地区的一个女孩儿说"在线模拟联合国改变了我的生活"时,我坚信不疑。如果我们能够围绕类似的项目构建具有同样参与性的课堂,这不是很好吗?

这不在于技术本身的问题,而是在于我们让学生做了什么。了解这个"全球连线"的领导团队如何共同工作,使我对技术的潜力有所期待。教育工作者和管理人员有责任奠定教育项目中的工作基础并使之运作起来。否则,在我看来,学生就不会参与学校的活动;这样的话,学生不仅浪费了机会,还失掉了责任感。

结论

根据我在开发全球在线教育计划方面的经验,我有一些反思。首先也许是最明显的,技术已经能够让教师与学生寻找创新项目和解决方案,这可以满足真正的学术需求。传统的障碍,例如以教室形式所存在的隔阂或遥远的地理距离，已经变得越来越无关紧要，在线模拟联合国代表着联结全球各地的青年力量。其次，经受过考验的、真正的学术项目，若是能够通过技术，将项目本身变得有趣而吸引人，新的相关性和活力就会注入其中。再次，如果学术活动与适当的社交媒体活动和领袖结构进行结合，变得既有吸引力又有相关性，那么学生就会积极地参与进来。最后，老师们学会新的教学方法是可以实现的，这一点最令我惊讶。由于发现了一个由学生驱动并受到学生喜爱的教育新领域，类似教学生涯第一年才有的快乐和激情又回到了我的身边。

与那些能够促进在线辩论发展的人沟通、交流是令人振奋的。当我看到在线模拟联合国的教室里，学生热火朝天地分析地方性贫困的原因、讨论可持续发展在新兴市场中的作用、努力解决一个复杂的国际性危机时，成就感油然而生。

当我看到一名来自新加坡的代表支持一名来自尼日利亚的学生，或者一名来自美国田纳西州、在家中自学完成学业的学生去指导一个经验丰富的欧洲模拟联合国主任，或者一位由在线模拟联合国培训的埃及助理主任协助土耳其学生建立起区域辩论时，我看到了最好的学术合作与参与。在线模拟联合国使我相信，在如今这样"以考试为考核驱动而教育预算有限"的大背景中，尽管教师面临着巨大的障碍，但是我们也可以雄心勃勃地怀有伟大梦想。同时，我还清楚地认识到，学生不仅会得到这些机会，我们还可以帮助他们茁壮成长。

第二章　关于混合学习计划的思考

2010年4月，我和另两位老师去阿拉伯联合酋长国开发并教授研究生课程，这是一个有17个学校的公立大学系统。两批学生需要上相同的课程，但他们一批在阿布扎比；另一批在迪拜。按照正常程序，我们将雇用两个老师，一个在阿布扎比教授此课程；另一个在迪拜。

然而，我们的时间、人员配置和资源都有限。为了解决这一问题，我们决定使用现有的技术同时教授两地的课程，那就是视频会议、电子邮件和可以免费访问的网站。最终，这推动了整个教育学硕士课程分配式授课系统的发展，同时，大学系统中的另一个研究生课程也采用了这种授课方式。

教育学硕士课程采用分配式授课系统，这个系统利用远程参与的方式，允许分布在不同地区的学生一起参加到同一课程的学习中。老师在6个学校里轮流教授该课程，每一个地区的学生通过视频会议技术参与到课堂和演示中来，他们可以实时听到、看到和参与所有的课堂活动。

这个系统有一个非常人性化的教学安排，那就是授课老师会到每一个参与的学校里进行一两个课时（一个课时5小时）的现场教授。此外，每一个地区的学校都会有一个指定的辅导老师，他负责辅导课程、问题解答和支持一般的编辑演示活动，任务在于促进这一地区学生的学术进步。

因此，分配式授课系统混合了成人与自主学习的元素，因此被称为"新老式"学校混合教育的范式。这个系统给成年学生提供了以下益处：

- 能够获得教育硕士学位认可的研究生课程；
- 能够与阿联酋各地的同学同事进行交流；
- 能够支持学生们的学术发展目标，同时又避免了敏感的社会文化习俗。这是将技术运用于教育的一个范例。

分配式授课系统的产生是教育系统管理和教学中所获经验的反映。对于那些有能力在这种混合式学习环境中建立、更新、教学的人,本文作者将提出一些建议。

这项确认学生对分配式授课系统看法的研究是在2011年和2012年进行的。研究提到,政策决定不仅会影响教育学硕士项目,还可以为大学系统中的其他研究生和本科课程提供借鉴作用;为解决学生访问的问题,这些课程都在设计自己的方法论。该研究已经提交给了4个地方教育会议和两个国际会议。

随后,有关该项目的两篇论文在国际教育期刊上发表了。初步研究时,这个项目的样本只有两个城市学生群体和两个地点。重新再研究时,样本扩大到6个地点,并包含了更多的乡村学校。在初步研究的议程中,我们通过两个方面来判断分配式授课系统是否成功:第一个是学生们对系统的看法;第二个是系统对学生学术期望与目标的支持。

这一阶段的研究探讨了在分配式授课系统中,创建、维护和工作涉及哪些行政和教学的要素。研究的重点是在这个系统环境中工作的行政人员和教师,目的是反思在这个系统的管理和教学中所获得的经验。反思由以下问题引导:开发人员要考虑到哪些结构性元素,从而使分配式授课系统发挥最大效能?对这个问题的反思,让作者有机会给有关开发人员提出建议,这些开发人员把视频会议的模式引入分配式授课系统中。

方法论

对于该项目,我们有独一无二的经验,因为我们教授和辅导的全部初始课程都使用了分配式授课系统。因此,在阿拉伯联合酋长国,我们不仅密切地参与了课程教授结构的发展和演变,而且在教育学硕士学生发展可行的学习环境方面,我们也有着关于该结构可能性和局限性的第一手经验。

以下是我们的反思，内容来自两次深入访谈，以及另外三位使用该系统授课的教授的访谈笔记。这些观察结果得到了如下支持：一个关于该系统辅导老师的调查，两个已发表的研究数据以及一个报告。这个报告由一个研究生完成，他参与了教育学硕士课程以进行对重点小组、学生与老师的采访；同时他也对教育学硕士课堂进行观察。所作一切都是这位"非英语母语教学艺术"方向硕士研究生最终研究项目的一部分。

分配式授课的结构

作为教育硕士课程的一部分，21个课程同时在阿拉伯联合酋长国公立大学系统的以下6个大学校园内授课：阿布扎比、迪拜、哈伊马角、鲁韦斯、艾因和富查伊拉。这些课程通过视频会议系统进行在线连接，允许演示、讲座、讨论和视频的实时共享。授课老师轮流在6个学校里授课，每个学校都有一个指定的辅导老师进行帮助与支持。

辅导老师一直在他的地区与学生们保持联系。除了他们，大多数岗位上的技术人员都不需要时刻在课堂上做好准备。所有学校都会准备一个支持视频会议的教室或会议室。这种教学形式可以定义为"混合学习"。

2006年，哈吉兹等人将"混合学习"定义为：将远程学习（或者称为视频互动）与面对面教学结合在一起，其目的在于，让通过混合系统学习的学生体验到这两种授课模式最好的一面。根据狄由班、哈特曼和莫思卡尔的定义，混合学习是一种教学方法，它结合了传统课堂环境社会化的优势，以及在线教育媒介的可能性和主动性学习的优点。

在本案例研究中，分配式授课系统利用视频会议技术，将不同地区的学生群体联系起来，并利用技术为分散的学生群体提供了共同上课的机会。贝茨和皮卡德认为，尽管学生在地理位置上比较分散，但如果老师在教学方法上是灵活的，那么通过远程授课所进行的讨论还是可以成功地进行。扬建议老师以各种形式提供材料，以便提高学生的课堂参与度。

每半个月的周末，或者每周的工作日，每个班级都会上4次课，其中包括单独与导师会面的时间。每堂课时为 5 个小时，而每个课程的教学日历安排约为 15 周（包括研究时间）。学生需要撰写评论文章、研究论文，还要对教育相关主题进行小组陈述。

在 2010—2011 学年的第 2 学期，该系统被首次使用，一开始只有阿布扎比和迪拜两个地点；在 2011—2012 学年的第 1 学期，该系统增加了两个地点；在 2012—2013 学年，又增加了两个地点，同时还在这两个地点增加了工作日教学计划。在课件显示了校园地点的位置，我们就在这些地方进行授课。

从地图上可以看出，上课时，阿拉伯联合酋长国各地的师生都在进行互动。我们谈到了这样的经验："上课的时候，国家里每个地区的师生都在屏幕中出现了。"

一个学生记录道：

> 在我们学校里参加这个课程的学生只有我们 5 个人，但想象一下，有了这个分配式授课系统，我们就可以与其他地区的 20 个或更多的学生进行讨论。我认为互动和协作是整体知识的一部分，这增加了我们的知识。所以，我认为这个系统成为了这个方案的重要部分；虽然事实上我们分散在各地，但上课时我们的确是在一起的。对我来说，我第一次经历这种方式，但我可以看到世界是如何通过技术联结在一起的。

在课件中，读者可以看到一个普通课堂的屏幕截图。左边显示的是课堂演示文稿，右边是 6 个小的视频窗口，每个地区的学生都可以看到对方和自己的影像。大的视频窗口显示的是老师，他可以根据需要放大和缩小窗口，这样可以显示他自己或他正在教的内容。该系统有这样的设置，正在讲话的人的视频窗口会凸显出来，放大并移动到屏幕的首要位置。所有的讨论、演示文稿显示和视频的影音都会实时地展示出来。

以一个课程授课问题解决方案为开始，我们注意到，我们能够同时在多个网站为那些本来无法进行研究生课程学习的学生提供一些机会。对于一些学生而言，访问会出现的问题主要来自两个原因：教育部禁止在线或远程教育的规定，还有就是社会或文化环境。

在阿拉伯联合酋长国，进行在线学习的一个最大讽刺是：对为了发展而在政府学校里学习的政府雇员或公立学校老师而言，高等教育和科学研究部（MoHESR）不承认在线研究生学位的有效性。然而，在75名已经或正在学习教育学硕士课程的学生中，88%是阿联酋人。

大多数阿联酋的专业人士为政府工作，几乎所有参加教育学硕士课程的阿联酋学生都在公立的、政府资助的学校学习。因此，他们无法参加在线的研究生学位课程，因为他们的雇主不会认为这种模式学习的目的在于职业发展。

在75名学生中，84%是女性。宗教、文化和社会的传统会影响学生的工作或教育情况，对于女性来说，这可能会导致地域流动和能力的限制。分配式授课系统不仅为更偏远地区的学生提供受教育的机会，还能够使学生感受集体学习的氛围。斯图尔特、哈罗和德巴科指出了在这种学习环境中"学生与学生""学生与教师"交互的重要性，这种交互可以是同步的，例如视频会议或者聊天的方式；也可以是不同步的，例如电子邮件、讨论、博客、维基百科等方式。

这适用于我们正在研究的分配式授课系统，因为它涉及视频会议、电子邮件和大学网站等教学技术的使用，还涉及与老师、同学和辅导老师的定期见面会议。在这个方案的具体情况下，一个单位解释说，在阿拉伯联合酋长国这个地区里，没有其他方案能满足学生的需要，也没有可以同时协调他们在社会因素和时间因素上的差异。事实上，正如一位教师所言，有几个学生说如果不通过分配式授课系统提供课程，他们就不能在本地学校里进行在线学习。

当被问到能否去另一个城市学习研究生课程时，一个来自北部较小酋长国的学生回答道："对硕士课程的学习我已经尝试了3年，但依然行不通。这是不可能的，因为课程不在这里——哈伊马角进行教授，所以我没有机会学习课程。直到使用这个系统,我才开始研究生课程的学习。"

同一地区学习小组的另一个学生同意这样的观点。他认为在家附近学习课程很重要,因为长途跋涉地去上课是很困难的。另一个小组在讨论中进一步强调了便利性的因素。一个学生解释说:"完成硕士课程的机会是非常有限的,特别是教育学课程。另外,由于离主要城市的距离太远,我担心我们不能到阿布扎比或沙迦上课。但分配式授课系统给了我们在本地完成教育学硕士课程的机会。"

获得的经验

在我们的反思中有一个核心问题:开发人员必须注意到,哪些结构性元素能够让分配式授课系统最大限度地发挥功效。不包括安全和有效的视频会议系统的基本必要性,我们正在研究的分配式授课系统的结构具有这样一些要素:

1. 在各个授课地点轮流进行现场教学的老师;
2. 在课程期间分配给每个授课地点的辅导老师;
3. 帮助解决视频会议系统和其他课程相关问题的技术支持人员;
4. 3—15人不等的学习小组;
5. 作为课程公告和信息、讲义、视频和演示链接存储库,以及学生登录和提问的网络或社交学习平台。

其中一位老师对她在授课过程中应用分配系统的经验进行了细致的反思。让我们根据早期研究的数据、教师和辅导老师的访谈和调查的结果来回顾一下。

在各个授课地点轮流进行现场教学的老师

首先是关于老师穿梭在各地上课的问题。接受采访的学生认为,授课老师现场授课是很重要的。老师时常与学生当面接触,这使师生之间能够"更好地理解对方"。

一个学生说,当老师和同学们在一起时,他会更有信心回答问题。在文化上更是如此,因为在阿联酋社会,面对面地交流建立的共同感是十分重要的。这种需要进行个人接触的想法在其他地区的学生群中也是一样。一个学生解释道,在这个国家,阿联酋人明白对方在说什么并知道他的背景是很重要的。

此外学生们认为,相比于通过视频会议观看老师上课,老师当场教授时他们能更多地参与到课堂中,并提出更多的问题。学生们还提到,当老师在其他地方视频授课时,他们会更安静,互动也很少。另一个学生认为,老师现场授课时她更容易跟上课程。这种情况与文学专业混合学习方式体现出来的相一致。加纳姆和加勒塔的研究指出,相比于传统授课方式,在混合课程中学习的学生能够学到更多,也更能与老师展开交流。

从老师们的角度来看,老师需要与学生在大学里见面。对此我们有如下的意见:

> 我觉得这一点很重要:当我真的去大学里当面授课时,我实际上需要单独会面每个学生,找点时间和他们面对面地聊一聊,这样能让我了解到他们是谁、他们在做什么、他们想从学习中得到什么……在我看来,与每个学生单独会面是非常重要的,这种接触能够建立起共同体的感觉……它涉及拉夫和温格的实践社团(Communities of Practice),在某种程度上,我对建立个人访问深信不疑。我认为这是非常正确的,因为在阿联酋,建立你的个人关系是非常重要的……

这种个人访问和个人联系必不可少的想法,在5次老师的访谈中都有提及。正如另一位老师所解释的,最重要的是你能与每一个教育学硕士团体接触,并且能建立一种联系来发展一段学术关系。教师能够亲自参观每个学生的班级或者面对面地授课,这被认为是非常重要的。参与该课程的所有学生克服距离的挑战,并扩展个人之间的联系和存在的需要,要达到这种地步还有另外一个方法,那就是一年两次的学生集会,从而召开教育硕士的研究生研讨会。

> 对发展一个关键的学者社区很重要。这包括让所有的地区都聚在一起,他们就可以与每个人见面和联系,之前这些实实在在的、有生命的人都是通过视频和语音联系的。

上面关于授课老师访问每个地区重要性的建议,是由所有受访老师提供的。

在课程期间分配给每个授课地点的辅导老师

每个课程有 4 次课,每次课 5 个小时,总共 20 个小时。此外,辅导老师需要为其指定的授课地点提供 20 个小时的辅导时间。建立程序结构的管理员认为,地点固定的辅导老师对这个系统有至关重要的作用。他解释道:

> 每个授课地点都有一个大学辅导老师作为学生的辅导员和助手,他们一直驻留于此,所以他们一直都在支持网络中。

根据管理员所言,辅导老师

> 对学生的课程成绩没有评价的权力,他们只是辅导者……他们的任务是在他的地点提供帮助,而课程教授来进行打分。

一个受访者在"在线辅导老师调查"中被要求描述上课期间所做的工作时说道:

> 我是一个辅导者。当授课正常进行时,我基本不会打断;当有话题讨论时,我试着提出激发性的问题;学生们回答时,我会试着提出更多的问题来扩大他们的视野;学生在浏览一些内容时,我会试着

提出不同的问题,让他们能够考虑不同的情况。

在询问辅导老师如何分配他20个小时的课外辅导时间时,另一位答复者给出了这样的答案:

> 这个课程中,课外辅导包括两次小组会议,与一些学生的一对一谈话,还有电子邮件和文件的交流。一些学生把笔记和草稿通过电子邮件发给我,我看过后提出意见。还有些人喜欢过来和我谈谈课堂的反馈。

辅导老师对学生的重要性在早期的研究结果中已经得到了证实。许多人感觉到辅导老师参加所有的课程是有必要的,尤其是授课老师在不同地点轮流开讲的情况下。一些学生认为辅导老师在弄清知识、发表意见或者表达一般性支持上有着重要的作用。一个学生说,辅导老师站在教室旁,她就会觉得心安。学生的反映体现了辅导老师的重要性,特别是在教育学硕士课程的开始阶段。一些学生近期内没有学习,在课程伊始会需要大量的帮助,例如在英语、时间管理、学习技巧和寻求参考上。另一个受访者说道,如果她有一个问题,老师却没在这个地点上课,寻求辅导老师的帮助就会使她感到很自在,其他学生也表达出了这种安心的感觉。老师方面也强调了辅导老师的重要性。正如我们所说的:"导师给我留下了深刻的印象,他们都非常专业,我认为学生们得到了良好的帮助服务。"

帮助解决视频会议系统和其他课程相关问题的技术支持人员

吉尔等人建议将专职技术助手分配在使用视频会议的一切程序中。那些在分配式授课系统中进行指导的人和被指导的人强调了该观点的重要性。正如一位老师所说:"多亏大学信息技术的支持,要是没有他们的帮助,我们不可能取得这样的成绩。他们让这个系统鲜有瑕疵。"

程序管理员要求每个学校都提供一个技术助理,或者同意技术人员培训辅导老师，以便辅导老师能够熟练地在课堂上打开和监控授课系统。在这6个学校中，只有一个学校选择了由技术人员培训辅导老师，其他学校都提供了专职技术人员。在该系统程序的运行过程中，这被证明是有效的，该学校的辅导老师能够处理在课程过程中出现的任何技术难题。即使是学生也对这样的技术支持表示赞赏。正如一个学生所说，她选择了一个完全在线的程序，因为当计算机出现问题时，家里没有这样的技术人员能够提供帮助。

3—15人不等的学习小组

处于研究各个阶段的学生都强调作为团队一分子的重要性。一个受访者认为，团队成员为她提供情感上的支持；另一个受访者提到，当她因为家庭责任和工作责任的纠缠而觉得应该退出研究项目时，她的团队支持并鼓励她继续坚持下去。

另一个学生认为，提供成为学习小组一分子的机会是该项目的优势之一，因为她可以与同学们一起工作，并根据需要得到或提供支持。同一团队的另一个成员也赞成这样的观点。正如下面转录所展示的，该项目的学生认为属于一个团队非常重要。

学生1 对我来说，让所有的女孩都聚在这里，与其他团队一同讨论问题，这使我们的学习更丰富，我们也将经验加入讨论之中。如果我们坐在家里学习，我们就难以获得我们想要的信息，因为我们仅仅能够依靠自己。我们需要与同龄人进行沟通。

学生2 坐在家里，只盯着电脑是非常无聊的。有时当在线学习时互联网断了，我们什么也做不了。

学生3 这就是我没有在网上大学学习的真正原因。首先是因为网络连接很差，如果有问题我会不知所措，因为没有人可以帮助你，我没有可以一起学习的朋友或小组。在分配式授课系统里，如果我掉线了，或者有一个问题想不明白，一定会有人帮助我。

学生2 实际上，得到人们的帮助和支持使我们能够有所作为。

学生4 是的，这是团队的力量，这可以帮助我们。

学生 1 有时在课堂结束时,老师要求我们回顾和总结课程。很多时候我会以不同的方式来理解课程主题,我们也都有不同的观点,这能帮助我们更好地理解课程。分享观点时每个人都在进行反思。

所有的教师都证实,团队能够产生一种团体认同感。正如一位老师详细解释道,没错,这可以从 3 个方面体现出来。首先,学生通过视频向其他学生提出问题,所以他们就会有一种感觉:我们是在同一个课堂上的;其次,如果我问学生们哪一个团队应该首先回答,他们就会用各自的位置来形成一个小组,例如"艾因的学生来回答"或者"交给阿布扎比的学生吧";最后,如果我们讨论一个问题,答案会来自不同的地方,所以讨论是跨地点的。因此,团队意识就是这样一个组合:我作为老师来协调整个学习团队的回答,学生们进行整个团队的提问或评论。

成为一个地区学习团队的一员,定期在课上和课下的接触给学生们一种社区的感觉。正如他们自己的回答所表明的那样,学生们认为这一点很重要。这与通过支持性社会互动和实现新的能力水平、以使个人学习更有效率的研究是一致的。正如温格等人指出的,当教育学允许社会支持的学习互动时,学习就会得到改善。一个正在研究的阿联酋大学系统以外的例子就是坎贝尔和尤伊斯的研究:澳大利亚查尔斯特大学拥有多个校区,该学校是如何利用信息和通信技术加强了互相分离学生之间的联系。

另一个例子来自美国。田纳西州大学医师硕士的工商管理课程就包括连接到外地、以视频会议方式呈现出来的课堂学习,另外还有自定进度的在线学习。

作为课程公告和信息、讲义、视频和演示链接存储库,以及学生登录和提问的网络

为了方便团体互动,我们最初只使用电子邮件与学生们通信。这是有效果的,但问题是,学生经常更改他们的电子邮件地址,不再使用大学提供给他们的邮箱地址,或者带有课程的邮件发送到学生邮箱后又被他们弄丢了。

虽然电子邮件通信要继续使用,但我们认为必须要有一个可以作为通

信中心和课程材料文件存储库的互联网网站。通过对其他教育者的咨询，我们选择使用 Edmodo ™作为课程网站。选择 Edmodo ™的原因很简单。第一，它是免费的；第二，对于偶然的第三方来说，这个网站是安全的，不能随便登录（这很重要，因为在阿拉伯联合酋长国的社会环境中，参加该课程的大多数是女学生）；第三，教师可以指导学生打开链接，并完全控制他们的访问。

正如一位老师所说，这种网站的另一个好处是，学生能够看到其他学生提出的问题，也能够看到授课老师、辅导老师或其他同学对这个问题的解答。这种网站学生访问起来很轻松，同时也很安全，并为课程、学生互动和课程材料提供了一个私人的数字设置。按照哈提关于教学环境的看法，这最适用于阿联酋和中东的文化：

> ……教学设计必须通过对课程进程的预先描述，才能进行组织和清晰阐述……这样可以获得更大的稳定性和学习支持。

无论是线上还是线下，这也可以让学生感觉自己是学习社区的一分子，并可以基于信息、反馈和支持持续访问该学习社区。

这与弗兰（Fullan）强调"在组织化的日常生活中建立这种学习机制重要性"的观点一致。他解释道，通过与其他人的互动，在教育环境中探求复杂、深入而持续的观点与信息，个人能够最大地在思想、行为和学习中砥砺自己。对于分配式授课系统而言，致力于此的网站在这个过程中帮助很大。

结论

我们的调查所围绕的研究问题很简单：开发人员应该开发哪些结构要素，以便能够最佳使用分配式授课系统？

教育的最佳实践、阿拉伯联合酋长国社会和文化背景下的学习风格、预算……基于这些问题的综合考虑，我们确定了分配式授课系统的5个关键组成部分，它们具有极强的相互作用关系：

- 授课老师；
- 提供技术支持的人员；
- 分配给每个学校的辅导老师；
- 结为学习团队的学生；
- 每个课程都会使用的网站。

在阿拉伯联合酋长国的文化背景下，学生、辅导老师和授课老师认为这种混合学习的教学方式，其每个组成部分都是必要的。图2.3中给出了这5个部分图像形式的相互作用。

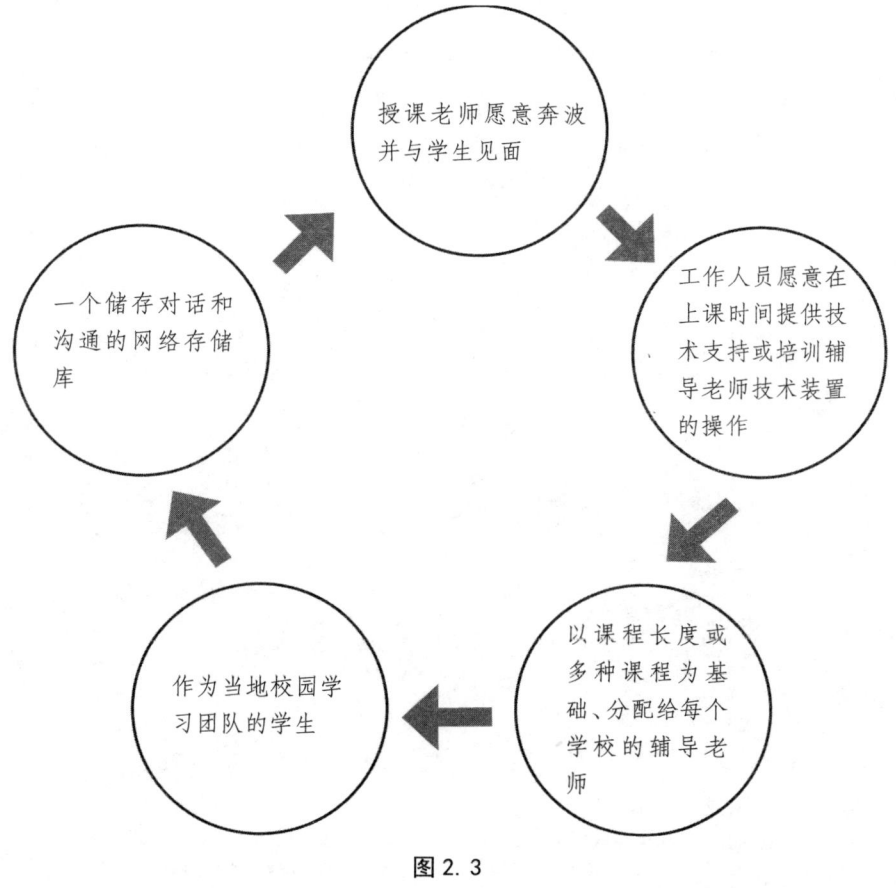

图2.3

分配式授课系统 5 个组成部分的相互作用关系

通过在研究过程中获得的数据，5 个组成部分都证明了自身的重要性。虽然该结构是基于现有的有效视频会议系统的支持，但是，如果有其他形式的技术可以取而代之，只要这样的新技术可以为系统中的所有站点提供实时通信，那么就是可行的。但在分配式授课系统使用新技术进行开发时，这 5 个组成部分仍然是必要的。

肩负发展分配式授课系统的职责，我们得到的答案是：该系统对个人和群体都大有益处。通常情况下，如果这个研究项目会导致其他新问题浮现，研究人员将在未来的案例研究中进行处理。当老师在这样的分配式授课系统中教学时，教学方法会如何变化，这是我们关注的最主要的问题。老师需要改变教学方法吗？在这个系统的框架内，最好的教学实践又是什么呢？

第三章　作为一个学生学习延伸的讨论板

关于在正式学习环境中学生使用讨论板的研究很少。白金汉认为，今天的学生有如下特性：好奇、精通数码产品、富有批判性、乐于探索、喜欢动手、叛逆，总的来说就是挑战和质疑权威。阿贾伊补充说，对学生新的认识应从赏识开始。技术在他们日常社交的互动中有着重要作用，如手机、电视、电脑、视频、苹果播放器、个人数据助理（即苹果手机、黑莓手机、三星手机）等。

约翰逊注意到，非同步讨论板是合作性和互动性的，这为学生提供了新的机会。使用在线资源使学生们能够更多地反思自己的想法，也让学生们体验到与其他师生对话的机会。BBVista讨论板就是一个允许学生阅读、发布和回复消息的网站。讨论板是板块式的，这意味着不同的主题可以分开。分板块讨论还允许参与者阅读与回复具体的问题。

本章分享了在阿拉伯联合酋长国艾因当地的学校里，担任教师助理的学生通过讨论板交流（并且使用第二语言英语进行交流）发现的问题。虽然研究集中在非同步通信的众多优势和局限性，不过安德烈森认为这其中有两个部分，对非同步讨论论坛的成功尤其重要，那就是教师的作用和实现更有深度、更高等的学习。赛奇·莫里塞特（Serge Morissette）将分享讨论这两个部分。

教师的作用、理解媒介与教室之间的差异

安德烈森认为，必须克服特定于非同步在线讨论及其学习过程中的一些障碍。非同步讨论通常将教师和学习者（可能是大多数学习者）在空间

和时间上分离开来。这意味着讨论参与者不会被"打断",并且在讨论发生之后会有用于研究目的的讨论记录副本。

在使用讨论板作为沟通工具的4年中,我们发现思考这些论点是非常重要的。我们意识到,"课堂时间"延伸到了课下,学生希望参与的时候也算是"课堂时间"。对学生而言,这是一种学习时间的增加。因为:

- 她不受时间限制。在课堂上,教师允许讨论的时间通常很短暂;
- 她可以反思她想说的是什么;
- 她有时间将她要说的话与发生的事情,或她当天在学校做的事情联系起来;
- 她有时间思考同学的话;
- 她可以回答、而不必担心被老师或另一个学生打断;
- 她可以为同学提供思虑缜密的帮助或建议;
- 她可以表达自己的意见,并有时间好好思考;
- 她可以选择自己感兴趣的话题;
- 她可以写一些对自己有意义的东西,而不只是对老师有意义。

虽然很少有研究能够证明讨论板对老师有好处,但我们很容易知道老师也可以从中受益。

- 能够看到大多数学生表达自己的看法,而不总是那几个;
- 能够发现学生话语中的不同状态,因为喜欢写的学生和喜欢说的学生在学习风格上是不同的;
- 能够了解更多的反思思考;
- 能够注意到更多应用于现实生活情况且关于知识、技能与态度的对话;
- 能够观察到支持性和协作性对话的数量明显增加;
- 能够有时间在充分思考后,再回应每个学生。

另一方面，除非在交流开始之前就确立相应的规则和原则，否则这些积极结果中的每一个都可能成为陷阱（例如学生不参与、否定结果、欺凌他人、控制他人、逃避回答、长篇大论、压力重重等问题的出现）。原则确立之后，就能在整个练习期间进行有效管理。

了解学生文化

朱指出，应用新技术时必须考虑到学生的文化背景。艾因女子学院的学生都是阿联酋女性。她们正在准备在一个公立学校里担任课堂助理的角色。与西方文化相比，阿联酋文化是保守的。宗教和文化与阿联酋日常生活的联系非常密切。女人穿长袍、戴头巾，并且经常会在公共场所戴上面纱。家庭、信仰、尊重、集体主义和协作学习是阿联酋人重要的价值观。

虽然与不同文化背景的人社交极少，但阿联酋妇女非常懂得尊重他人，并有着非常强烈的家庭价值观。她们很早就学会在大家庭圈子和亲密朋友之间的社交活动，擅长一对一或群体的对话。当她们开始同其他女性一起在学校上课时，这些技能得到了进一步发展。

阿联酋是一个富裕的国家，国家领导人已经保证，国家财富要与公民分享。个人数据助理如苹果手机、黑莓和其他移动技术的出现，使能够买得起这些工具的年轻女士可以与她们的家庭保持联系，即便日常事务和责任使她们与家人在地理位置上越来越遥远。

作为见习生，这些阿联酋课堂助理首先会被安排到不同的学校。在这种情况下，通过讨论板进行非同步的交流就尤为重要，这些女性可以运用她们文化共享的协作技能，并在个人与专业性上相互支持。

建立规则和培训

安德森认为，教师需要组织在线讨论，以安排教学内容（与教学经验）。在为学生准备第3学期和第4学期的学校安排后，赛奇·莫里塞特不得不教她们如何使用作为交际工具的讨论板。在第 3 学期里，培训范围更广泛，因为这是许多学生第一次使用 BBVista 讨论板。

在学校安排中，每一周都会有一系列的话题放在讨论板上以供讨论。每天，在午夜之前，学生将必须在她们选择的主题下发布至少一个消息，她们还需要回复每个同学的内容。因为学生直到午夜才发布信息，所以她们可以在第二天提供自己支持性的意见和建议。

这两个内容是成绩合格的最低要求。如果学生希望得到更高分数，她们就需要多发内容或者提高内容的质量。学生都清楚发布内容的数量、提供给同学的帮助、思考的深度和写作的流利程度都会被纳入成绩的评估范围。鉴于用第二语言（英语）写反思思考会很难，教师会告诉学生，他们不会进行语法和拼写的检查。但他们会把流利和精确的地方标记出来，作为认同，以激励学生们多用英语。

然后讨论和赞同的就是网络规则。老师会随后培训学生访问 BBVista 讨论板。在见习生工作的第 2 周和第 3 周，学生们会非常忙碌，许多学生已经开始进行有板有眼的思考。

设计讨论板

比格斯建议，包含通过积极实验和反思学习的活跃教学方法，可以激励学生更好地参与到学习过程中。这意味着讨论的主题必须与学生在学校里学到的知识和她们见习的工作的内容有关。许多研究人员认为，讨论板的设计应采用不同的交流形式，例如学生与教师之间，学生与知识之间，学生与学生之间。

每年我们都有两个学习团队，学生人数在 20—23 人，她们组成了自己的讨论板，因为我们想加快关系建立起来的伊始阶段。每周，教师会发布 8—12 个主题，这可以让学生们在每一天灵活地选择一个或多个主题，而且还能使小组内的学生们就某一特定主题进行深刻讨论。教师要确保主题的内容足够广泛，便于学生在一周内就一个主题写下 2—3 个内容。

"吾需良策"这个主题有助于学生之间的互动，这种互动会变得非常专业，学生们会根据自己在学校所学的东西提供完整的建议。"今日所做"这个主题对于那些有表达困难的学生更为轻松，还有些学生或许就是喜欢讨论自己今天做了什么。"三省吾身"这个主题让学生们有机会反思他们在学校里的经历。

随着进入到第4学期，这些问题变得更加具体，这确保学生可以将课程中的理论内容运用到教学实际中来。

讨论组的规模

研究在线讨论群体的理想规模，这在很大程度上取决于教师建立的结果。老师很早就决定，由于有些关系已经在课堂上创造出来，或者以前就已存在，他们不应该尝试把两个学习团队小组混合在一起。这样做的目的是将存在于教室中的社区感扩展到讨论板里，并且对它进行改善。

考虑到学生们在回答时会评论他们在学校的经历，两三个甚至4个学生就一个主题进行讨论的经验是十分成功的。这样的讨论很多，例如一天里大家共同的经历、老师的上课方式等。

我们发现，每个学习小组都形成了一种社区感，当他们感觉到孤独时，同伴在讨论板上提供的支持、建议和鼓励犹如甘霖。这也迫使他们自身也需要更具深度，只有这样才能真正地帮助同伴。教师指出，当一些学生去帮助他们之前没有合作过的同学时，一些新的关系出现了。这样的过程是他们无法预见的。

时间的管理

由于时间与空间的原因，教师和学生被分隔开来。他们没有住在同一个房间里，所以经常在不同的时间段里沟通。因此，学生有更多的时间思考她们做了什么、她们已经读过什么。如何使用讨论板、时间和空间因素如何影响学习，这样的研究非常重要，但是系统仍然需要由教师来管理，以确保所有学生都能从中受益。

学生在学校里学到中午12点或者下午两点。老师给一些学生布置了第二天的家庭作业，同时她们也要做自己的学校项目。因为阿拉伯联合酋长国下午的气温可能会非常高，所以人们的活动通常是在太阳落山后。每天学生们都是直到午夜才在讨论板上发布消息。星期四深夜她们不必这么做，因为在阿联酋，星期五和星期六是周末，所以她们可以直到星期六深夜再发消息。同样，有一些学生一直挨到深夜才发消息，但其他学生可能已经早早休息，所以我们允许她们在第二天再回复其他同学的消息。

教师的参与

安德烈森说，对于教师而言，他们对非同步讨论论坛的研究是：少参与。斯万和欣发现，在学生的满意度中，感觉到教师的存在比感觉到同伴的存在更重要。然而，如果教师对讨论做出了重大贡献，讨论的时间往往会减少。何时参加、以何种方式参加、多久参加一次等问题一直让老师纠结不已。

研究表明，教师需要提供反馈（有时是即时的）。他们必须关注讨论、鼓励学生参与、鼓励反思思维，并确保其他学生能够提供适当、有帮助的建议。另外，如果他们直接回答某个问题，那么谈话就停止了，因为教师们被认为是权威的。学生们希望教师阅读他们的信息和留言，同时学生也对教师的回应充满期待。

教师最终会开展以下的过程。如果在阅读学生的信息时，教师发现一个学生需要立即得到反馈（例如与老师、出勤、辱骂、欺凌有关的问题），他们就会马上回应。否则，他们就等着所有的消息都出现，然后在第二天进行统一回复。为了鼓励学生参与并进行反思思考，教师们会选定"每日之星"；教师还会评价与总结讨论板中的信息和留言，并以积极的方式向每个学生提供反馈。

提供反馈

巴拉吉说,当学生获得了关于他们当前表现的反馈或者改进建议之类的消息时,他们的学习就会更快、更有效。来自教师和其他学生的反馈,深深地影响了一个紧密的学习社区的创建。

如前所述,是提供即时反馈并被视为"权威"从而影响讨论的程度,还是等待讨论完成后再提出自己的意见,老师一直在面对这样的困境。在某些情况下,由于性质和程度,一些问题需要教师的即时反馈,而且学生们必须接受。

然而,一般来说教师都会等到第二天再提供关于学生发言的反馈。在学生们可以互相问答的情况下,学生们事先就被培训回应他人需要积极性和专业性,这样才能凭借着课堂助理的身份和责任为学生提供咨询或支持。

尤其是,老师从前几年的学生课堂讨论中就了解到,课堂的管理和学生的纪律是最没有把握的方面。因此,他们在每天的讨论中设置了"吾需良策"的主题。这个话题对提问者和帮助者而言都能产生真诚而又深刻的反馈回应。

促进

洛菲尔德和海姆斯特拉提到了在线教师的任务,即负责追踪讨论、提出特殊的知识和见解、串联各种讨论话题和课程部分,以及维护团体的和谐。促进讨论板更完善是教师们正在进行的工作。

为了鼓励参与,教师们每天都会在"今日吾策"中挑选一名"每日之星"。他们会对个别发言的支持和反思思维发表评论,这样可以鼓励深入的思考和有意义的回应。教师们也一直努力为学生提供积极的建议和鼓励。为了让学生们得知老师阅读了所有的内容,老师会总结和评价每一个发言。

领导

考虑到非同步讨论板在特性上的差异,注意到学生角色的转变是非常有趣的。普通教室里的讨论领导通常是强大、自信和懂得社交的；而在网络讨论板上，讨论领导就会是那些强大、安静和懂得反思的学生。其他学生通常会很快地认同合理的反思思考，然后就会经常围绕这些人开始讨论。

将讨论的主题应用于课程的成果

安德烈森认为，当讨论问题或主题是具体化的，并且与课程内的概念或想法相关时，讨论就会在学习者之间成功地产生复杂交互。考虑到作为课堂助理的见习生实际上从属于教师这种情况的重要性，教师会优先考虑将课堂教学中的概念、技能和态度应用到现实生活中。

在这种情况下，不仅是一个课程的成果，课堂助理计划的总体成果也会被展现出来。这是一个晴雨表，它不仅鼓励对实际主题的讨论，还能评估所教授课程的材料与结果是否具有相关性和有用性。如果教师的指示不能在实际中进行应用，那就不应该教给学生。在以现实生活为基础的需求下，如果学生不能运用所学到的概念、技能和态度，那么他们就不应该被鼓励去追求这个被称为"见习经验基石"的事业。

教师时间的管理

马佐里尼与麦迪森指出，老师的角色以及花在任务上的时间取决于他想要完成什么样的任务。考虑到我们想使用非同步讨论板来监控学生反思思维的发展和作为专业人才的个人成长，我们很快就明白，老师必须了解学生，也必须明白学生在见习生涯开始前需要做些什么。我们发现很难将这些任务交给除了老师以外的人。

虽然老师可以在课后阅读学生的信息，但也必须考虑到：学生整个星期都可以不在，而教师在见习时期内也不必教学。但根据学生参与和思考深度的情况，教师每天必须花费 2—4 个小时来督促和管理讨论板上的交流。当老师不得不在工作时间评价学生时，时间就会成为限制因素。

在某些时间里学生思考的东西很多，老师就只能在学生发布消息后的几天内做出回答。虽然对学生而言，知道老师正在阅读他们的消息是一种激励，但是反馈的即时性就没有了。时间绝对是一个必须要解决的挑战，因为学生在增加参与性的同时，教师的技能也在逐步提高。我们发现，一方面是参与和反思的内容，另一方面是为了方便、提供反馈和监督学生的进步而必须分配的时间，这两者之间有明确的联系。

社区感

巴拉吉发现，在线论坛中的互动促进了学习者和教师之间的社区感或社会连接感。每一年，我们发现这个项目中都会出现这样的情况。课堂助理虽然在时间和空间上分割开来，但她们能够通过讨论板相互沟通和支持，这是十分重要的。即使她们在城市里的另一所学校，或者她们每天上网的时间不尽相同，她们也可以与同伴进行沟通、合作和寻求建议。这有助于减少她们的孤独感，也可以减少对日常工作的迷茫。教师们发现，当学生在见习结束后返回学校时，她们肯定会花一定的空闲时间来当面分享各自的在线体验，特别是与那些已经通过讨论板交流过的同事分享。教师们还注意到，大学教室内的社区意识也有显著改善，一旦讨论板参与者回到教室，她们可以直接把在线讨论板上的经验与实际情况联系起来。

协作

约翰逊认为，讨论板是协作性和互动性的，所以它有了新的机会来展示如何以创新的方式教学。在课堂助理的经验中，我们发现在不同的领域中均是如此。在见习期间，积极课堂的分享和行为管理策略的作用尤其凸显，部分原因是因为课堂助理管理 20 个或更多学生时并不容易。

包括"吾需良策"在内的主题使学生们能够相互合作并分享个人的思考。为了相互支持，她们还能够帮助彼此来创建一个愈加依赖和范围不断扩大的

"银行"。同理，她们通过"教学箴言"主题也能分享到教与学的方法。

最后，在见习期间学生们的协作行动对两个"必要"方面的影响非常明显：第一是为了帮助老师而创建出来的演示；第二是为了帮助学生而做的行为修正方法的应用报告。

反思与批判性思维

舍伦斯和瓦尔克发现，讨论板在创造更高阶段的知识方面得到了更大的比重，这是因为非同步环境中的绝大多数交流都是有任务指向的。他们还发现，学生群体讨论得越多，知识建构的水平就越高。创造社区感与将讨论应用于现实生活中，老师能通过它来识别学生的一些非常基本的个性特征。

在这种情况下，我们就必须把"反思思维"的意思拓展成："思维和概念对现实生活的反思应用。"加德纳多元智能理论（Gardner's Multiple Intelligences Theory）认为，许多个性是容易识别的。有学生就如何接近一个有特殊需要的孩子或如何处理行为修正的问题进行了思考；另一些学生将注意力集中在帮助她们的同伴找到问题的解决方案；还有一些学生探究了教学策略的实用性；也有学生专注于如何展开她们创造的东西上。一些学生会发布多个消息，会有那么几个学生对这些消息表示赞同，但是大部分人却发现了一种自我沉思的方式，从而表达她们观察到了什么、看到了什么、感觉到了什么、学到了什么以及想要做什么。

写作

多林总结道，参与者发展了不同类型的写作风格和运用多媒体交流的能力。如前所述，学生们的文字不是用来纠正的，而是用来评估交际性的。其中一位叫希伯特的教师进行了一项调查，询问学生们在阅读、写作和词汇方面是否有所提高，60%的受访者表示讨论板使写作能力提高了不少；30%

的受访者表示讨论板大大提高了她们这方面的能力；10%的受访者说或多或少有了一定的改善。当被问及词汇问题时，20%的人说她们每次都会使用新词汇；70%的人说她们几乎每次都会使用新词汇；10%的人说很少会使用新词汇。

希伯特还指出，需要用更加坚实的研究来确定学生在写作和词汇方面的改善质量。具体来说，需要对结构水平和语法复杂性进行研究调查。看起来，通过不纠正学生的语法错误，讨论板能够鼓励学生写得更多、提高学生的词汇水平和流利程度。不过，老师没有看到学生在拼写和语法方面的改善。

评定

大多数研究人员认为，真正的学习发生在学生积极参与讨论板交流的时候。因此，老师的便利技术和他们提供的反馈是这个学习过程的关键。然而安德烈森则认为，需要对许多学习者进行鼓励，她们才能参与其中，而只有老师在对其进行总结性评估的情况下才会如此。

约翰逊认为，由于学生的学习方式不同，因此评估的标准应围绕学习过程展开，即知识的建构，而不是实际的知识。在这个过程中，教师认为以下4个方面是影响知识建构的最重要因素：参与、支持和协作、写作、反思思维。而这4个因素的价值比则是：反思思维占40%、参与占20%、写作占20%、支持和协作占20%。

丹内恩指出，有更多讨论量的课程也表现出更高的讨论质量，参与也是学生对课程满意度的一个很好的体现。教师使用了各种技巧激励学生参与其中，最成功的是：

- 在第二天对每个消息的质量进行评估与反馈；
- 对每个人的课堂参与进行评估，并确定"每日之星"；
- 让每一个反馈和评论中都使用积极鼓励的语气，以向学生提出如何改善学习的建议；

• 考虑到英语是学生的第二语言,所以在评论时要多关注写作流利程度的指导,而不是语法和拼写问题。

最后的结果让人大吃一惊。这些技术随着过程的演变而得到升华。这个项目的第一年里,学生们通过两个团队小组参与进来,分别发布了 591 条与 766 条消息;而到了这个项目的第 3 年,在一个 4 周的见习期里,这两个团队小组分别发布了 7162 条与 3633 条消息。

消息的长度从支持他人的 5 字信息发展到了 15—20 行的反思思维,并且转化成了知识。大量的发布使教师无法提供即时反馈,教师只能用两天的时间来回复完所有的消息。

2010 年,苏格兰资格认证机构(SQA)认证小组的验证者丹尼丝·穆雷(Denise Murray)记录下了她与参与该计划学生会面的情况:"她们发现在大学期间,使用讨论板能够促进与老师之间的互助关系。学生们正在使用该计划来深入思考她们的课堂实践,并寻求行政管理等问题的答案。"

我们每年对学生进行调查,了解她们在见习期间使用讨论板的满意度情况。积极的评论包括:

我喜欢从我的同伴那里得到帮助,我也喜欢老师的帮助,我的阅读、写作和词汇水平得到了提高。我特别喜欢老师阅读我的信息,我不会有孤独感,因为我可以看到我的同伴们在做什么、想什么。我学会了如何将学校里学到的东西应用到实际生活中。有一种被帮助的感觉,我也通过帮助他人学着成为一个问题解决者,我学到了很多有关教学、学习和课堂管理策略的有用之物。

其他的评论包括:

我原本打算积极地参与到讨论板中,但实际上我并没有这样。参加讨论是非常有用的,但这也非常耗时。我没有一直参与讨论,不能参与的原因有很多：我得照顾我的孩子，我得完成老师交给我的工作，没网了，讨论板出了故障，工作一天之后太累，生病……

结论

总之，我们可以肯定地说，之前关于使用讨论板研究的大多数发现都得益于任职 4 年课堂助理期间使用讨论板的经验总结。不过，我们仍需要在与之相关的其他几个领域进行更多的研究。例如：

- 讨论板对学生的好处已经进行了大量的研究，那么对老师的好处呢？
- 我们需要研究和解决这个问题：必须管理讨论的教师会花多少时间？
- 虽然大多数研究都显示讨论板延长了上课时间，但我们必须解决这个问题：学生需要多少上课时间？她们在学校和家里的其他工作会花掉多少时间？
- 没有在课堂上教过学生的老师在管理讨论中的工作是否可靠？
- 为了展示反思思维并帮助提高语法和拼写水平，我们应该如何让把英语作为第二语言的成年人进行更多的写作？

第四章　进入新世界：成人语言课程中混合学习的挑战

在语言教育中混合学习的方式是最好的？如果你有这样的看法，那么你很可能看了戈尔古罗维奇的文章《在非母语英语课程中的混合学习：一个案例研究》(*Blended learning in an ESL class: A case study*)。她展示了在一个先进技术的混合课程中，如何才能在课程中满足所有学生的学习需求。

一个教学平台不能满足所有学生的所有需求，混合学习则提供了加强语言教学以及鼓励学习者更独立的语言学习机会。当然，就像在教学中的任何实践一样，在设计、实施、支持和评估混合学习有效性等方面都是优势与挑战并存。优势和挑战的存在取决于不同的变量，这其中包括语境、内容与位置，甚至还包括教师、学习者和机构的数量统计与文化。

在本章中，坦尼娅·特塞罗（Tanya Tercero）比较了在其教授的两种情境下，技术增强的混合学习中的一些方面：在美国的成人教育项目中，教授非母语英语课程（ESL），与在阿拉伯联合酋长国的一个女子学院里教授非母语英语课程。坦尼娅·特塞罗在美国成人教育课程中教授了7年的非母语英语课程，在阿联酋教授了3年的英语基础课程。基于使用混合学习方法的背景，坦尼娅·特塞罗已经体会到混合学习的许多优势和挑战。

坦尼娅·特塞罗还会讨论在这种背景下，如何使用无处不在的移动设备（如手机和平板电脑），来补充甚至取代在混合学习中对计算机的依赖。

在美国成人教育非母语英语课程的情况下，混合学习方法对参加该课程的成年移民非常有益。对于这些移民而言，该课程是免费的，也不需要动用信用体系；课程通常在早晨或晚上进行，每周2—4次，每次课最少进行两小时。许多非母语英语课程的学习者都有兼职或全职的工作，或者正在找工作（如果他们不是初级护理人员的话）。因为他们都自力更生，通常还需要供养在他原来国家里的家庭。一般他们都有正在适应在一个新城市和在新文化中学习新语言的压力。

对他们而言，学习英语对于获得工作和教育机会非常重要，因为他们正是由于在迁出国找不到工作才来到美国的。通常这些学生上课时都会精疲力竭，因为他们常常经历了长达一天的工作或路途。不过，他们学习英语的动力非常足。

坦尼娅·特塞罗说："当我在成人教育项目中教授非母语英语课程时，每周有一次课是在计算机室上，其余的课都是面对面地授课。面对面授课总是有小组活动和班级讨论，班级本身就为学生提供了一个小的社会环境。我的工作是对USAlearns.org网站的一部分进行试点研究，这是一个成人移民在线学习非母语英语课程的免费网站，我一直在我的课程中使用这个网站。该项目教授移民们基本的阅读、写作和生活技巧，例如找工作。老师可以创建一个在线班级来记录登记在册的学生。"

在上机学习时间里，学生们似乎更能参与进来。他们喜欢使用或学习使用计算机（这是另一种生活技能）。正如戈尔古罗维奇引用的斯特拉克的地方，该项目强化了学生在课堂上学到的东西，这对学生很重要。因为他们想看到课堂与网络之间有什么样的联系。

如果学生家里有电脑的话，他们就会申请在家里使用这个程序。这也是混合学习成功的一个重要特性，正如戈尔古罗维奇引用的纽梅尔的地方，学生是自主的，并为自己的学习负责。学生参与、自主学习、课堂教授的非母语英语和生活技能的加强，这三者显然是成人教育中技术增强的混合学习的一些优势。但如果我们能在该课程中使用手机，那么这样的潜力会更大。

将手机整合到成人非母语英语教育的混合学习课程中将有利于学生学习，尽管每个人的经济水平不尽相同，但通常每个人都会有一个能上网的智能手机。对于那些工作时间较长或较晚（有时候移民被要求工作 12 小时轮班）的学生，或对于那些可能必须每周在家里待上一两天以便照顾小孩儿的学生，移动学习可能就占了学习该课程时间中很大的比例（可能高达 50%），学习者可以在更方便的时间里自己练习听、说、读、写。

正如穆罕默德·塔米米（Mohammed Tamimi）在他的《外语教学文化：学习者对以阿拉伯语使用混合学习作为案例研究的影响》（*Teaching culture in foreign language: learner's affect surrounding the use of blended learning in Arabic as a case study*）的答辩论文中写道，可以使用通用以及创新的在线资源（如脸书、Eyejot、Byki 和 YouTube）来创建交互式语言课程，这些在线资源通常可以在移动端获取。因此，问题来了：为什么不通过移动学习或网络为这些学生提供可用并且有效的语言学习机会呢？在这种情况下又有什么样的挑战？

在成人教育中提供技术增强的混合语言学习的挑战包括：成人教育计划的需求与财务限制、成人教育中非母语英语教师的地位和数量统计、成人移民学习者的数量统计。首先，美国最大的成人教育项目的资金大部分是由联邦与州共同资助的。该项目必须满足某些政府的要求才能维持资金，这其中一个主要的要求便是保持学生上课的实际出勤率。学生必须在上课时进行登录，保持其出勤记录，并在程序审核合规时接受检查。显然，如果学生没有在教室或计算机室里学习，他们就没办法登录。

另一个制度挑战是缺乏购买软件程序的资金，例如"罗塞塔石碑"（Rosetta Stone）或者需要昂贵的许可证才能在网络上使用的电子书。上面提到的那些在线资源又是怎样的呢？大多数成人教育非母语英语教师只是兼职，如果他们是全职工作的话，他们每周就会上大约 30 小时的课。所以他们几乎没有时间来学习如何使用这些资源，更不用说开发课程项目来支持课堂外的学习。

兼职教师只有在上课时间内得到很少的小时工资，而且没有任何福利。因此，他们花在开发网络或移动语言学习课程的时间并没有财务上的补偿。此外，由于教授职位主要是非全日制的，通常情况下授课教师的年纪较大，也可能已经退休，所以他们并不看好在课堂中使用技术的想法。对于那些在计算机室上课、并可能需要技术和材料上帮助的学生而言，混合学习可能需要身体上与精神上的双重支持。

最后，成年移民学生本身可能就是一个挑战。作为"数字原生代"的年轻人，技术不会具有那么大的挑战性；但年纪稍大的移民对技术的辨识度就没有那么高了。许多年长的移民受到这样的教育文化：教师是知识的源泉。这些学生希望在传统的教室环境中学习，不论授课老师是年长的，还是没有经验的年轻教师。

相比之下，在阿联酋女子学院的非母语英语基础课程的背景下，混合语言学习也有自己的优势和挑战。这种情况中，学生接受集体文化，这促进了学生之间的协作。与在美国的成人移民非英语母语学生相比，这些学生比较富有，基本都有智能手机或平板电脑。她们免费接受高等教育。不过学生对学习英语没有很高的积极性，因为许多人不需要找工作，或者是因为作为女性，她们的男性亲戚不允许她们在外面工作。

因此，女性们常常在学校里进行社交，这是在外面能够享有的一点点自由。所有的学生都完成了中学教育，她们对大学课堂的期望是不需要努力的教学学习。每周，学生参加基础课的时间大约为20小时，因为缺席也没有什么惩罚，所以经常会有人不来上课。

学生必须达到当天的雅思成绩（每个学习的最低要求不尽相同）才能结束项目，并申请到一个学士课程。但很少有学生有志向去努力学习以获得一个学位，即使受过教育的阿联酋人是政府首先考虑的劳动力，因为这样的话国家就可以自给自足，减少对外国劳动力的依赖。

在这种情况下，混合学习的一些优势，例如包括极大促进教师的学习曲线，满足了阿联酋学生"寓教于乐"的需求，这能让她们通晓于数字化，提高她们的阅读能力和应试能力，这使她们能够更好地回答雅思考试中的问题。

学校很富有，学生和老师人手一个带有先进课堂技术的iPad，还有一个专门的技术人员来提供技术支持。许多计算机室安装了由出版商创建的电子书，出版商们直接来到大学里询问教师，他们希望哪些功能可以出现在电子书里。喜欢用 iPad 的教学团队会在每周会议或 iShare 文件中分享喜爱的语言应用程序。

坦尼娅·特塞罗还讲道：

> 在面对面的课堂上，我会使用像 Listening Master、SoundNote、Keynote 和 iMovie 这样的应用程序来进行教学补充。我会展示某个应用程序（她们学得很快），接着开始一个活动，然后给每个人发送各自的材料。她们给我发电子邮件进行反馈，或者在回到教室时，我们一起来回顾。

阿联酋的学生会积极地使用英语参与进来，但她们太喜欢交流和吵吵闹闹了。坦尼娅·特塞罗只有独自一人时才能反思回顾自己的想法。混合学习的另一个优势是，学生可以在课堂上使用 iPad 阅读（每周的计算机室课程就可以使用网络）。她们的阅读能力很差，经常会抱怨讨厌阅读，若通过技术来阅读的话，她们却从不抱怨。正如布雷克等人引用沃沙尔的地方，"网络传输课程可以帮助学生培养强大的认读能力，因为这种学习环境是基于文本之上的。"当然，这种情况并不是通过网络数据传播，但是我们可以推断出相同的效果。

最后，网络补充了雅思的课程，因为学生可以依照自己的学习进度，使用考试准备软件来进行更多的模拟考试。并且她们可能更多地参与到这个特定的活动中来，因为相比于产生语言，她们更喜欢把实际的雅思成绩作为学习成就的标准。在这种情况下，混合学习的优势就变得非常明显了。

在这种情况下，面对面授课就会有挑战。学生喜欢有趣的活动，当一个活动不符合这个要求时，坦尼娅·特塞罗的一个阿联酋学生完全没有害羞，她非常讽刺地喊道："我很无聊！"每周的学习时长为 20 个课时，想出有趣的活动会消耗大量的精力。如果一个教师花了两个小时去准备一个时长 15 分钟的活动，却没有收到让人印象深刻的效果，教师就会很气馁。

学生对教师在课堂上的期望是另一个挑战。学生希望老师教导她们,并直接回答抛出的问题,即便有些问题并不需要有反思思考。学生不习惯对自己的回答作出解释,她们也不习惯证明自己的回答。看来这些技能不可能简单地通过网络来教导。

至于移动设备,有时候学生会走神,转过来用 iPad 玩游戏或者刷图享,她们也经常在课堂上用黑莓手机与朋友聊天。当老师不允许她们把手机放在桌面上时,学生就会表现出明显的不满;老师如果在多次警告后对手机进行没收,学生简直就要爆发了。对每个老师而言,这些问题都会让人非常丧气。

可以看到,混合学习的优势和挑战因学习环境背景的不同而不同,但可以肯定的是,混合学习会增加学生的参与。但是,我们仍然需要更多的例如戈尔古罗维奇的案例研究,这样可以确定网络和移动学习对学生的学习成果是否有效。我们还需要类似框架型的工作来进行跨文化背景的比较。

第五章 "数字化中心"世界的不同观点

毫无疑问,对于当今教育进程这一不容易探索的领域而言,iPad 及其多个应用程序、其他移动设备和在线学习将带来额外的资源和机会。然而,全球的教育部门却存在着冲突。一方面,数字化建立起的教育机构培育了一个独特的学习者社区;另一方面,数字化认可技术,但其中的一些技术对社区具有严重的破坏和深远的影响。对于世界各地的所有学习者而言,数字化破坏了教育培育的理念和教育关怀的义务。

作为教育工作者,我在此之中有着独特的地位。因为在每个学年,目前雇用我的机构都会使用不同的学习平台和学习设备。这是今天教育改革的典型特质。我们能够使用最新的教育技术,我们课程中的学生也是如此。例如,我们使用自带设备、BbbVista、BBlearn、Quom 等交互板、iPad 及其多个应用程序、苹果电脑以及所有最新的微软办公套件。我们的移动设备还会在高科技教室里出现一些不寻常的毛病,当然这是不可避免的。同时,为了应对断电或设备电路中断情况的发生,我们需要准备一些备用的铅笔、笔记本、白板和马克笔。然而,我们却很少使用这些过去时代的残余物。

通过在数字和技术上的创新,我们可以绘画、写作、出版和打印自己的教科书,可以创建自己的图表进行分析,甚至可以使用虚拟现实来创建那些经典的教育时刻,这可以让学生实时理解到一个概念或想法。我们可以共享信息、协作任务、设置安全的在线考试、即时反馈、聊天、讨论、会面和自我记录,所有这一切可能发生在同一时间里,在教室里、在社区里、在城市里,延伸到整个国家和全球。这只是开始。此外,无处不在的数字世界一直在变化和升级之中,对于那些努力调整自己以适应的人,我们有 SAMR 这个调整和整合模型。SAMR 是一个为了应对技术挑战、能够修改确定性行为的模型,它是支持社会学和心理学的工具。

除了当今数字教室的教学方法以外,我最近还参与了一个在大出版社中试用各种互动教育材料的工作,因为出版社接受各种格式的教育技术。然而,尽管如此,我的学业、包括我的研究生培训和参与的研究教会了我:对于"今日课堂中使用技术的种类"以及"我们使用它们的原因"的重要理解是今日教与学必须了解的基础。注意到这一点之后,预测和讨论教育领域的技术是如何引领我们前进这样的话题,就变得非同寻常和振奋人心。

变化中的关键参与

将教育融入信息技术产业,似乎是18—20世纪整个文化、社会和国家融入主要工业和技术变革的方式。同时,过去的这种重大转变也在塑造着教育,并确定了社会历史延续到今天的过程。印刷机、铅笔、黑胶唱片、电视和家用磁带曾被预言无益于教学活动。但这的确是过去创新的样本。我们大多数人都读过一些有趣的往事,例如在大约16世纪,学生没有准备好树皮,所以他们就没办法正确地进行计算;又例如在20世纪,铅笔和圆珠笔的发明将如何毁灭教育。甚至有一些教育工作者使用这些例子来回应那些认为数字化学习是错误的人。虽然有些人可能认为我们对电子技术的支持是对教育本意的阻碍,但实际上,我们只是要求就技术和数字在教育中的使用情况来一场总括式的讨论。

我们提出了这样的关键问题:将技术和移动学习的虚拟世界快速地运用在我们的学校里。数字化学习对学生群体的精神和身体健康是否有影响,我们还没有进行充分的研究。在这种情况下就大力推广数字化学习,我们一直存疑。我们想知道学生们是否提高了自己的学习能力。对于这种重要的关键性调查,我们经常发现自己并不受欢迎,还被取了一些不好的名字,例如"路德派分子""顽固分子""新技术抵抗者""麻烦制造者"和"愚钝"。"路德派分子"是最常用的称呼,它有点不恰当,因为不是很好理解。正如博斯特曼指出的,路德运动是一个抗议运动,类似于"占领华尔街"运动,参与这个运动的人愤怒地反对新一轮的减薪、使用童工和法律习俗的废除（这些法律曾经保护了技术工人和工匠）。如今在 21 世纪，事情有什么真正的改变吗？

作为教育者，批判性的探究也是我们的职责。在专业和道德上的责任，让我们知晓我们职业中正在发生的事情。例如，我们大多数人都大声疾呼新发展、新趋势、新研究和新创意，因为我们明白教学在创造良好公民和文明社会中的重要角色。我们的教师对教育充满热情，并致力于专业的发展方向。我们坚信，如果要为子孙后代提供最好的教育机会和经验，对技术改变生活、对学习者的影响的批判性研究是必要的。

使用苹果公司的设备还是"教育科技"软件公司（我的一个同事喜欢称之为"教科崇拜"），很多人都摇摆不定。但我觉得 iPad 是一个"完美的学习伙伴"。2011 年，阿比林基督教大学发表了一篇题为《iPad 还是 iFad》(*iPad or iFad*) 的文章，作者非常支持使用"教育科技"。通过该设备，技术作为教学工具在无纸教室里运用起来，但他们没有提供通过学术改善学习成果的证据。美国佩珀代因大学目前是几个对 iPad 进行纵向案例研究的高等教育机构之一。苹果公司把 iPad 作为教学和学习的设备，并声称未来的学习要靠他们的设备。佩珀代因大学为了确定这样的说法，围绕着两个问题制定了相关的研究。

1. iPad 有可能在课程学习目标中提升学生的表现吗？
2. 我们可以研究出一个成功的公式吗？

到目前为止，佩珀代因大学发布在网上的结果显示，没有任何统计证据显示出使用 iPad "提高了学生在课程学习目标上的表现"；同样，他们的调查结果也没有显示出使用 iPad 就能"成功的公式"。我认为，我们迫切需要更多的讨论，主题在于不是使用了 iPad 或者"教育科技"，学习者就能获得成功；而如果没有这些工具的帮助，学习者就会失败。

自 90 年代初以来，梅耶一直都提到，在教学中是否使用在线学习或者"教育科技"，这样的讨论没有什么意义。人们普遍需要时间来适应新的和没有经过试验的新东西。这只是一个"敬此重彼"的问题，在考虑什么是最适合当今和未来学习者的问题时,这些观点的差异并不会明确地影响批判性思维。

参与到研究中

从历史的角度来看,当有办法做到时,教育部门总是不论好坏地欢迎新技术。我们已经知道了什么东西运转良好,什么东西有助于教学过程的真正发展。对于那些欢迎新事物和那些抵制新事物的人而言,这从来不是一个简单的论点。这种对数字学习观念和教育非黑即白的看法是非常幼稚的。因为下列三者之间有着巨大的差异:接受各种形式的技术作为一种教学手段、拥有知晓并分辨一切的知识、理解这些设备如何影响教学过程。更为重要的是,技术如何影响学习者的"心理—认知"过程。

一些关于在线学习、教育技术工具对儿童和学生影响的研究文献,严重偏向于为研究提供资金的组织。例如,米尔肯交易所(Milken Exchange)的一个重点研究:强大而有影响力的米尔肯家庭基金会(Milken Family Foundation)的子公司声称,通过数学和词汇发展为小学生带来收益的11%直接归因于技术使用。然而,如果通过应用卡方检验进行更严格的测试就会发现,在线学习和通过"教育科技"工具学习的学生与没有使用"教育科技"的学生并没有显著差异。米尔肯交流研究中声称的差异可能是由于教学和学习过程中的其他变量所引起的。我在自己的研究中发现了类似的结果,这表明有太多的变量在发挥作用。

克拉克认为,通过在教学法中使用任何形式的媒体,绝对不会积累到学习效益中。他的类比非常有趣:一辆新的绿色杂货车不会改变一个国家的饮食习惯。然而,我们已经超越了这种对"教育科技"工具和在线学习的看法,我们基本只关注其对学习者认知过程的影响。这就是讨论必须以教育工作者为中心和重点的地方。在新设备、新运用程序和软件的魅力中,我们需要避免技术炒作以及关于在线和离线学习脱口秀式的辩论。并且,寻求对我们在使用"教育科技"工具的情况下,如何学习明确的批判性理解与在线学习最深刻影响的认知过程。

一些例如梅耶与莫雷诺的教育家正在参与这场辩论,控制和辨别使用"教育科技"工具是今天讨论的中心。然而,不幸的是,有数十亿美元广告收入的 IT 游说公司和一些有研究项目的教育出版社都会偏向自己的产品,这阻碍了一个清晰的、富有批判性的公共辩论。这种方法在 ITL 研究组最近关于创新教学和学习的报告中显而易见。文中 95% 的内容谴责学校和其他学习机构不使用最新的电子产品,并且没有合适的、明确的批判性研究表明产品的表现如何在认知或心理上影响学习者,或者他们的产品如何以建设性的方式定义方法论和教学过程。有一个论点认为每个孩子如果有一个 iPad 的话,他们的背包里就会少很多的书;另一个支持的论点是,数字学习将使学习者学习到更多的知识。

传统的课堂学习风格与讲座中的基本社会化和交际过程也是企业 IT 部门和一些教育工作者的目标。国际学校校长首席执行官班比·贝茨(Bambi Betts)最近认为,随着"慕课"(MOOC)与其他形式的数字学习在教育部门的发展,我们感觉到——我们所熟知的教育"完蛋"了。正式学习是一种可以在任何地点、任何时间发生的选择,这样的假设是错误的,这是基于我们的学习方式、为什么我们学习、我们需要学习什么以及我们如何衡量和评估成功的教学的错误理解。一个网络讲师或一个课程的视频短片很难在教学和学习方面具有什么创新性,但这可能会破坏真正的批判性探究以及对知识的获取。

教学和学习是高度社交的过程。它建立在质量交互的基本公理上,是个人之间社会交际的过程。此外,学校教育和大专教育是一个高度受控的社会过程,知识分子也是如此。我们要求那些从高中和大学毕业的人文明、礼貌并尊重他人。在虚拟化的现实生活中工作,例如"我就是我的屏幕""我不必抢着分享我的想法"这样的观念不会有助于积极的社会学习成果。我所做的一切都是"重新思考教育"和接受技术。但它应该是任何表现管理计划的内在部分,该计划应具有作为核心原则的特点:学生爱上学习,而不是喜欢使用最好的技术。

从道德角度看,我们将去哪里

铭记这一点:我们应该清楚的是,使用互联网和通过计算机或移动设备学习之间的任何关系都是初级的。虽然在所执行的分配或任务(个人而非专门)中可能存在差异,但是媒体界面是相同的。例如,研究项目或通过在线发布者的书状界面阅读、玩电子游戏、更新脸书等社交网络、使用电影制作应用程序、基于语言或数学的学校应用程序或大学课程,这一切都涉及类似的认知过程,利用我们的工作记忆、推理和创造性的大脑功能。它们还涉及人类和机器之间的交互关系,无论是 iPad、三星手机、微软、联想还是任何品牌的平板电脑,或者无数的手持移动设备。因此,为了区分网络成瘾和对移动设备的成瘾,仅在其描绘"目的"而不是有该"目的"而使用界面的情况下是有用的。

在学校或大学花费 6—8 小时上网,无论是玩游戏、聊天、网上观看 YouTube 剪辑,还是使用计算机或移动设备学习或完成作业的研究,都会带来相同的心理和身体上的健康风险。我们对当代技术对一般人、特别是青年的长期心理和物理影响知之甚少,除了一些早期研究表明社会行为、心理、身体健康在长时间使用电脑后有根本变化,并且技术对人类身体健康、人类社会关系和人的品质都有危害。

例如,有证据表明,人们在网上的行为更粗鲁、更具攻击性,心理学家称之为"解除抑制效应",这是一个复杂的委婉语,意思是恶意、好战、对抗和极其残忍的、粗鲁的反社会行为。人们认为在没有被看到时会感觉不受控制,并且觉得他们可以更自由地表达自己,不容易受到批评。但这种推理的结果如果付诸实践,就可能会产生毁灭性和悲惨的后果。最近,一个在学校受到欺负、被同学们取笑名字和暴力威胁折磨了几个月的 13 岁小姑娘选择了上吊自杀。明尼苏达州卡森市一所中学的 7 年级学生蕾切尔·恩姆克也自杀了,她的父母说她在学校里受到了几个月的不公平对待。在她结束自己生命的前几天,一封匿名短信被发送给学校的其他学生,在里面她被说成是一个必须要离开学校的"荡妇"。

另一个悲剧是，一个年轻的印度学生自杀后，两个男孩在脸书上对她发表了淫秽的评论。但最残酷的网上匿名和解除抑制效应的例子可能是13岁的梅根·梅尔不幸死亡的悲剧。梅根在见到一个男孩几个星期后，她开始在MySpace上收到这个男孩不堪入目的消息。网上有许多善意的人发送信息支持她，但她也收到了诸如"世界没你会更好"的信息。梅根认为自己被男孩拒绝了，于是在家中自杀了。然而，这个男孩却不是真实存在的，他是由罗莉·德鲁创造的虚拟角色。德鲁是一个47岁的已婚母亲，她的家就住在不远处。

然而，不仅社交网络和移动设备的不当使用对我们的社会关系与内心的文明、同情和善良能力产生了有害影响，技术在教育中的正式使用也正在破坏教学和学习过程以及对知识的追求。每年，我会为一个国际审查机构翻阅数百份高中毕业生的论文，我注意到，论文很多都是从网站（尤其是维基百科）复制和粘贴的信息，无价值的内容成指数增长。此外，我还注意到，高中生的批判性思维和深入分析的能力正在降低。

虽然教师曾经是课程和学生之间的桥梁，促进了教学和学习的过程，但现在技术正在改变这个角色。曾经强大的人类推理、经验、同情和理解能力，正在被苹果、三星、微软的电路板、钢化玻璃取代。大多数情况下，学校和高等教育机构中的自带设备基本上是视听媒体、书籍、期刊、电影、音乐、游戏、应用和网络内容的娱乐平台。然而，它们正在被一个由企业大亨、图书出版商和教育家的营销团队进行兜售和宣传。它们被一些教师和管理人员的热情和决心所接受，但同时充满了天真的说法，例如教学和学习方法和内容已经过时，需要进行重新连接（与什么重连呢？），还需要适应21世纪的现实情况（现实情况是什么？）。

一些国际学校甚至对5岁儿童进行营销，以得到互联网公司更大份额的投资。儿童和年轻人，无论年纪多大，更容易受到那些人意识形态的操纵。

科学、道德与数字化教育

在大多数情况下,技术手段可以帮助我们理解和改善人类条件充分了解和理解人类的境况。但偶发事件会使我们停下来,并反思我们正在前进的方向。这样的情况发生在我看到英国广播公司(BBC)的新闻报道后。一家公司为营销儿童学习神经科学的教育套件,开发了一个非常小的电子设备,粘贴到了蟑螂的背面。然后,使用者就可以通过手机上的应用对这个不幸的生物进行物理地操纵控制。有趣的是,在这个新闻报道的同一页,BBC在一个节目的广告上详细描述了纳粹医学实验。说来讽刺,我认为这种巧合实在恰当。

该公司认为,儿童通过肢解其他生物,将电子设备放入其中,然后控制它们的运动,这种方式让孩子们提前5—10年就接触到了在研究生阶段才开始学习的神经科学。该公司进一步认为,他们知道这些实验的缺点,奇怪的设备能让孩子们控制其他生物,但他们声称这是合理的,因为目前的小学、中学和高中课程中是不会学习神经科学的。不过每一个人都认为这完全是胡说。

我们许多人在小学就学过关于神经科学的知识,它要我们不要折磨或肢解另一个生物。我们可能会记得那些带我们散步的优秀老师,让我们去闻泥土、花朵、海洋的味道,并解释为什么我们站在破碎的外壳、钉子或一块玻璃上会有痛苦的反应。这种教学非常精彩和有趣,它形象地解释了人类和其他生物的大脑和中枢神经系统是怎么样工作的。我们了解到危险生物对健康的影响。这是一个互动的、高度社交的交流过程,在这其中我们培养了对科学的终生热爱和对所有生物的尊重,甚至那些我们并不喜欢的蟑螂、蜘蛛和蚂蚁。我们了解到它们在美妙复杂的生态系统中的作用,以及人类与其他生物之间伦理关系的重要性,这称为生命。

上述公司表现出来的道德缺乏与我们与其他生物的道德和伦理关系的背道而驰,我们应当担心父母、教育家和儿童的道德关注意识。

支持这个公司关于移动学习数字概念的思想是基于早期西方思想家的

蔑视论点，他们声称人类与其他生物没有任何形式的伦理关系，因为其他生物不是道德的代表，也没有知觉；因此，如果我们不对它们进行实验，我们的科学就失败了。几个世纪以来，这样的想法使一些生物被大量猎杀，几乎达到了灭绝的边缘。卢梭、罗伯特·博伊尔和伏尔泰关于种族和自然世界的无理论据常被用来奴役不同宗教、政治、信仰或肤色的人们。根据支撑这个特定神经科学初创公司工作的哲学，卢梭宣称的"女人生来就是为了取悦他人"的观点在今天竟然是可以接受的！我们毕竟继承了卢梭和他的同伴们对我们与其他生物之间关系的不完美、不合理性的解释。

在数字时代，有更多可接受的道德方法来教孩子们神经科学知识，而不是让他们把无助的生物变成可以由手机应用程序控制的电子玩具。对我们造成不必要的疼痛和痛苦是不能接受的，对其他生物造成疼痛和痛苦也是不可接受的。神经科学的研究在医学科学中是很重要的，并且已经在适当的水平上研究了许多年，同时也获得了极大的成功。认为允许儿童捕获、肢解和将电极插入另一个生物的头部和身体将会"创造下一代神经专家、科学家和医生"，这样的论断是虚伪和荒谬的。在数字化能够有效减少人类科学努力的幌子下，旨在伤害其他生物。由公司进行营销的各种实验违背了我们应当给予孩子们伦理和道德的世界观。人类和其他生物在维护生态系统（即使是在数字时代的背景下）并确保所有物种生存上，具有同等的利益。其他生物同样重要。这个想法很关键，因为孩子们更需要理解和学习有关于生活的东西，以应对数字时代中移动学习相关新事物的滥用。

反思

尽管辅助性和适应性技术对于有学习差异的人来说是成功的，但没有任何结论性的研究或证据表明数字和移动学习（电子学习、移动学习、自带设备、本领域正在出现的许多其他东西）、在线教育（如分布式混合交互系统、慕课、在线语言学习课程等）将提高和改善学校的教学，使学生们在学习上取得成功。我们通过研究了解到，iPad、笔记本电脑、移动设备、桌面计算机或任何其他教育技术，它们提供的便利受限于用户使用这些工具的学习先天能力。换句话说，我们可以将每个课程转换为在线课程，并将移动学习设备、笔记本电脑或计算机分发给全世界的每个学前、中学或大学学生，但这并不能区分出他们学习还是不学习。这是为什么呢？除了内在动机、国家、文化、社会阶层和平等的教育机会，同样的认知过程还涉及进行教学的是一个人还是一个机器。工作记忆是原有知识与获得的新知识的关键，它可以在教学和学习遇到问题时发挥作用。认知超载是一种心理和智力状态，当过多的听觉、视觉空间或叙事性质的材料被呈现时，在教学过程中吸收关键信息和知识序列的能力就会被破坏并受到阻碍。目前，在学校和学院中使用的非免责教育技术，增加了认知超负荷的可能性。在学习中鼓励多任务（本身是一个非常可疑的概念）的工具和应用不是学习的促进者，对于需要被教导、学习与记住的地方而言，它们只提供了诱惑性的干扰。然而，人类可以很好地避免这种陷阱，因为我们有理解能力并对学习过程有同理心，这是人类两种重要的素质，且尚未被世界上的任何技术模仿。

最近我们才开始关注技术的使用对身体健康的长期影响。通过对长期的在线互动我们已经检测到大脑生理学的变化，例如对伴有网络成瘾障碍的青少年的显微结构异常研究表明，较差的目标指向行为以及受损的工作记忆是长期使用计算机或移动学习设备的直接结果。目前，通过技术诱导的社会行为产生的破坏性和消极影响不言而喻。被称为"精神障碍诊断和统计手册"（DSM-IV）的国际心理健康百科全书已经把互联网使用障碍收录到2013年5月出版的版本里，作为"推荐进一步研究"的条件。

作为教育工作者，不论个人意见还是既得利益，我们都应该注意这一点，监测教育技术的实施情况，关注技术使用对各学校中身心尚未发育健全的学生的影响。

在当前时代的炒作和技术革命中，这种事情要被剔除掉。移动学习和基于计算机的学习，对当前和未来几代学生的身心健康有怎样长期的、心理上的影响和伦理后果，则需要另当别论。

第六章　因为iPad，所以iLearn（第一部分）

2012年4月，阿拉伯联合酋长国联邦教育管理制度在国家支持的基本认读计划中提到了iPad。此举的目标是在教学时嵌入多媒体技术，使学生们在非母语英语课程和数学内容采集中得到帮助。联邦教育管理制度包括了三个不同的大学系统，为41 000多名学生提供服务。在教育中使用iPad这一举措在全球范围获得了认可，同时这种新技术也被应用在需要改进教学、学习实践和方法的课程中。为了支持这个目标，阿联酋第三产业的教师都制订了一系列专业的发展计划，以支持他们在教室使用iPad进行技术增强学习。

iPad专业发展计划鼓励教师和学生通过高品质的移动设备进行学习设计和授课，包括：iPad作为认知工具箱、应用以学生为中心的教学和学习实践、同龄人间协作的最佳实践、将内部和外部利益有关方纳入设计和授课的过程。在学校里举办一系列会议和讲习班以鼓励教师们互相分享教育的最佳方法。

截至2013年9月，阿联酋有非常多的教师已经在课堂上使用iPad修改和增强的课程实践长达两个学期。本章会记录一些我们可知的，在教育领域使用iPad应用程序的有效做法。

背景

有人认为，移动学习的清晰定义是难以把握和说清楚的，因为移动学习是一个在发展进化的领域的术语。侯赛因和克隆奇将移动学习定义为：

考虑到技术、学习者和学习的移动性，在学习环境和空间中发生的任何类型的学习。

特拉克斯勒将移动学习定义为：

唯一或主导的技术是手持或掌上电脑设备的任何教育规定。

这其中包括所有的便携式设备和自带设备方式。电子学习的定义是：

通过网络和互动通信系统，用电子媒体和设备连接学习者、资源和教师（教育通信和技术协会）。

罗欣等33人将移动学习定义为：

在参与学习活动期间里，有效、高效地使用无线数字设备和技术来提高学习者的学习效果。

这4个定义都揭示出了iPad在课堂中的重要性：在任何时间学习、在任何地点学习、使用任何设备学习、进行网络访问学习，以及学习者、教师和学习资料之间的连接。综合以上定义，移动学习可被定义为：随时随地构建的学习，为了增强学生、学习资源和教师之间的联系，任何设备上的学习都是通过网络和交互式通信系统进行的。

当前，移动学习开发人员和设计师都指出，移动学习使教育团体有机会在传统课堂之外进行连接和学习，并为学生提供不同风格的学习机会。

一些研究表明，加强参与性是学生积极学习的核心。通过加强参与性，学生可以从动手协作的学习中受益，这将有助于提高他们的批判性思维能力。

移动学习可以包括学生在课后进行远程学习活动，也包括混合学习的活动。在此之中，移动技术和课程已经被纳入正常的面对面课程中。后者已经被引入阿联酋的高等技术学院，并取得了一定程度的成功。

在阿联酋新型的 iPad 集成学习环境中，教师使用 iPad 作为教学辅助工具，为学生创造更多互动与面对面学习的材料和活动。本章分享了一些高等技术学院里的 iPad 教学和学习方法，通过这些成功案例，其他教师就可以将其应用到自己的实践中。

每个例子都使用了布鲁姆理解的素养技能理论和加德纳的多重智能理论。具体如下：

基本素养：以英语阅读、写作、表达能力，以及在工作、个人家庭和社会中使用电脑和解决问题的能力。

批判性读写素养：通过逻辑思维和推理进行批判性思考的能力。

数字素养：能够有效地使用计算机和相关技术，具有解决从初级到高级编程问题的各种能力。

环境素养：对生态原则、社会影响或响应环境条件的方式的基本认识。

媒体素养：提问、分析、解释、评估和创建媒体信息的能力。

全球素养：理解不同文化习俗、价值观和信仰之间的相似性和差异性的能力。

创造力素养：在任何媒介中富有想象力的交流能力。

健康素养：获得、处理和了解做出适当的健康决策所需的基本健康信息和服务的能力。

方法

我们想要研究将 iPad 应用到课程规划中的最佳实践，调查并公开了关于有 iPad 的学生参与在线志愿者问卷调查表的数据。在线调查被送到高等技术学院基金会项目现有的执行教师那里，该计划的参与者是学习数学与英语课程的一年级学生。

为了回应教师是否愿意在课堂上使用 iPad 这样的开放性问题，要强调以下几点（见表 6.1）：

表 6.1

喜欢	不喜欢
• 不需要纸笔； • 学习不会忘记（不像笔记本或者电脑）； • 相机和其他工具的集成提供了多个创意选项和更流畅的教学演示； • 非常好的小组工作工具； • 使用简单； • 使用快速； • 一堂课上在不同应用间可以快速切换； • 适应性：许多应用和工具选项可以满足课堂需求； • 时尚媒体的使用可以保持学生的注意力； • 允许不同的学生有不同的学习进度； • 快速访问互联网资源； • 在一个设备上有很多具有互动性的精巧的数字化文本； • 学生喜欢使用； • 支持动手学习； • 对老师和学生都有的便携性； • 学生签到时老师可以四处走动； • 给学生更多自学的机会。	• 严密的考试是很难的； • 多台同时连接无线网的 iPad 会使网络变慢； • 学生不能发展书写技能； • 学生如果投身于任务时难以监督与控制； • iPad 的笔不能精细地书写； • 出于私心，学生不愿意在小组里分享 iPad； • 技术、应用程序或工具的故障会延迟课程进度； • 打字有问题的学生会有更多的困难； • 学生会分心（这里再次提到游戏）； • 电池消耗快，充电慢； • 一些花钱的应用会限制学生的使用； • 对某些任务而言 iPad 屏幕太小了； • 文字处理选项使用率不及微软的 Office； • 难以看见或纠正学生的工作（提交作业）； • 电子书不能代替普通教科书； • 设置 iPad 和相关工具的资源可能很麻烦； • 没有文件管理器； • 苹果电视的技术问题干扰教学演示和上课时间。

我们在本文中选择了以下 iPad 活动（见表 6.2、表 6.3、表 6.4、表 6.5、表 6.6、表 6.7、表 6.8、表 6.9）：

表 6.2

方法名称	通过音频录制的词汇扩展
老师	坦迪·贝利。
使用的应用	Garage Band、SoundCloud 和 Qrafter（二维码）。
使用难度	
科目	英语与非母语英语课程。
授课年级	2。

续表

方法名称	通过音频录制的词汇扩展
21世纪的素养	基本素养、数字素养、创造力素养。
布鲁姆的理解	记住、理解、应用、创造。
加德纳的多重知识	语言学、肢体动觉、人际关系学、内在修为。
使用的教学方法	学生间学习、复习与重做。
上课时间	3小时。
简短介绍	老师让学生利用Garage Band所提供的关键词汇描述好朋友,接着把这个剪辑发送到SoundCloud上,老师根据录音制作二维码,并贴在房间里。然后学生使用Qrafter扫描二维码听他们朋友的描述。他们有一个词汇清单来聆听与记录。
课程安排	以下是一个简短的课程安排: 1.学生分为两组; 2.学生使用给出的有关外表、兴趣和性格的词汇来描述小组成员; 3.学生将其提交给老师,老师快速订正完后还给学生; 4.学生重写描述; 5.然后学生使用Garage Band录制他们的描述; 6.学生使用老师的登录信息将声音文件上传到Sound Cloud; 7.在电脑上,老师把Sound Cloud(点击"编辑"以得到)上面的声音文件转成二维码并将其放到www.qrstuff.com; 8.老师将每个二维码打印在纸上; 9.老师为学生制作目标词汇表; 10.老师将二维码放在房间里; 11.学生用Qrafter扫描二维码,收听声音文件(需要耳机),并勾选他们听到的词汇; 12.紧接着来一个拼写测验。
其他注意事项	这种方法让学生有机会用说和听的方式使用词汇,他们必须专注于别人说的话。学生说这十分有趣,可以帮助他们学习目标词汇。

表6.3

方法名称	模态视觉教学
老师	罗伯特·杜比。
使用的应用	内置相机、Pages。
使用难度	2。
科目	非母语英语课程。

续表

方法名称	模态视觉教学
授课年级	2。
21世纪的素养	基本素养、批判性素养、数字素养、创造力素养。
布鲁姆的理解	应用、分析、创造。
加德纳的多重知识	空间知识、语言学、肢体动觉。
使用的教学方法	学生间学习。
上课时间	1小时。
简短介绍	关于情态动词语法的学习。学生们在教室内外各学习20分钟,让他们拍摄物品的照片(他们必须知道这个物品怎么说)。随后给小组里的同学展示照片,其他人必须猜这是什么(用这样的句式"我认为它是……")。回答正确的获得点数,最后决出赢家。
课程安排	这个使用iPad的课是练习情态动词、学习词汇: 1.在白板上写下以下短对话框:你认为它是什么?我认为它一定是/可能是/会是/也许是/不可能是…… 2.老师为学生提供常见物品的词汇表,例如:树、花、石头、昆虫、人行道、汽车、车轮、书、桌子、椅子、灭火器、门、墙等; 3.老师用学生拍摄的两三张照片来模拟活动,照片中某些形象应当在上面的列表中; 4.让学生尝试使用上面的短对话框猜对象是什么,要使活动更加困难,首先可以放大照片;照片应该离物品较近,这样每个对象就不容易识别;此外,为了课堂演示的目的,每个老师的照片应复制到页面应用程序(照片在相机胶卷里不必放大或缩小、有必要使用另一个应用程序); 5.允许学生在教室、走廊、停车场等地去寻找10—15分钟(但是要做一个倒计时器以执行严格的时间限制,否则一些学生会溜掉); 6.学生应该对列表上的对象照几张特写,还可以照不在列表中的物品; 7.学生回到课堂后,让他们以小组的形式练习对话; 8.让一个学生和全班一起练习他拍摄的一两张照片中的物品; 9.回答学生可能提出的任何与词汇有关的问题; 10.创建并给学生新的单词列表(原始列表中已有,并在课程中出现过)。
其他注意事项	这个活动增强了学生们学习语法的兴趣与动力。
资源	这个活动的灵感来自儿童的活动书和电视节目:孩子们试图猜测照片里是什么。

表 6.4

方法名称	用应用程序 Explain Everything 来修改文章
老师	大卫·爱德华兹与英语老师 FMC。
使用的应用	Pages、DropBox、屏幕快照或者照片、Explain Everything（或者其他视频应用，例如 Ask 3、Educreations 等）。
使用难度	容易。
科目	英语与非母语英语课程。
授课年级	2、3 年级，大学预科课程。
21 世纪的素养	批判性素养、数字素养、媒体素养、全球素养、创造力素养。
布鲁姆的理解	记住、理解、应用、分析、评估、创造。
加德纳的多重知识	空间知识、语言学、逻辑数学、肢体动觉、人际关系学、内在修养。
使用的教学方法	独立完成。
上课时间	每 100—120 词用时 5 分钟。
简短介绍	老师使用应用程序 Explain Everything 为学生的写作提供反馈。老师让学生在 Pages 或 Notes 中提交一篇写作，然后截图。老师把截图上传到 Explain Everything，录下自己在改作文时说的话。老师已经教过学生们一些简单的校对符号，然后在视频中使用。这为学生提供了一个可共享的知识对象，可以暂停、后退或再次观看。这是一个有价值的东西，而不是一张无法辨认字迹、学生可能不会仔细看的纸。
课程安排	以下是一个简短的课程安排： 1.学生在 Pages 或 Notes 上提交一份作文； 2.老师在 Explain Everything 上修改作文为学生提供反馈； 3.老师反思：当批改可以很容易地成为一个动态可共享的知识对象时，为什么还要在作文旁手写呢？ 4.老师要求学生将他们用 Notes 或 Pages 写的作文提交到他们与老师分享的 DropBox 文件夹； 5.老师截屏； 6.老师将该截屏导入可以进行屏幕录制的应用程序里； 7.老师浏览学生的作文得到一个总体印象，然后开始录音，在有建议时大声说出来； 8.老师在改作文时也可以在文中做标记； 9.老师教学生识别一些，出现在作文里的简单的校对字符； 10.老师批改完毕，向学生提供可共享的知识对象，学生可以暂停、倒带或观看； 11.学生把视频放进 Creative Book Builder 或 Ever Note 中，这样就可以将其作为学习资料以后再学习。
其他注意事项	这种方法使学生的写作准确性显著提高，学生们没有再犯同样的错误。这种方法比较新颖，老师还没有对使用情况进行研究。

表 6.5

方法名称	使用应用程序 Shake'n Make 来教词汇
老师	英语老师巴哈·艾丁·阿布·海特。
使用的应用	Shake'n Make。
使用难度	最简单。
科目	非母语英语课程。
授课年级	所有年级。
21 世纪的素养	基本素养、批判性素养、数字素养。
布鲁姆的理解	记住、创造。
加德纳的多重知识	语言学、肢体动觉。
使用的教学方法	学生间学习、小组或个人。
上课时间	5—10 分钟。
简短介绍	学生摇晃 iPad,然后两个字母泡泡弹出来。他们必须写一个以第一个字母为开始、以第二个字母为结束的单词。该练习可以在班上举行小组比赛。
课程安排	以下是一个简短的课程安排: 1. 教师将学生分成 4 组或 5 组; 2. 学生摇晃 iPad; 3. 两个字母泡泡弹出; 4. 学生必须写一个以第一个字母为开始、以第二个字母为结束的单词; 5. 得分最高的队伍获胜。 老师根据班级的水平调整难度(容易、中、困难)。不需要设置时间,因为游戏自带计时器。游戏也可以单独玩。
其他注意事项	这个练习为词汇课增添了活动和激情。它帮助学生们建立自己的词库、记住新单词和练习拼写。
资源	Shake 'n Make 和 Opposites。

表 6.6

方法名称	通过 iPad 整合进行项目管理
老师	阿隆·马特。
使用的应用	Bb Learn、YouTube、Nearpod、Explain Everything、Notes Anytime、Box、Keynote、iMovie。
使用难度	3。

续表

方法名称	通过 iPad 整合进行项目管理
科目	非母语英语课程。
授课年级	2 年级。
21 世纪的素养	批判性素养、数字素养、媒体素养、创造力素养。
布鲁姆的理解	记住、理解、应用、分析、评估、创造。
加德纳的多重知识	语言学、逻辑数学。
使用的教学方法	翻转课堂、移动或混合学习、基于项目的学习、基于领导力的学习。
上课时间	1 周。
简短介绍	iPad 用于支持小型项目的混合、翻转课堂的授课。"让居住地的生活更好"项目是一个关于改善当地空间的短期项目。iPad 作为学生使用的消费和生产工具，可以阅读资料并支持该项目的核心活动，还可以观看教学视频讲座。作为一个生产工具，学生们通过为项目创建多媒体演示来传达自己的想法和意见。最后，学生们还可以把 iPad 用作移动现场的工具，用于记录、拍摄该项目的照片和视频。
课程安排	这个课程计划是一个为期一周的使用 iPad 作为移动学习设备的混合学习项目的一部分。 项目前工作： 1.学生录制一个简短的关于语法目标的教程视频，然后进行简短的猜测并实时检查； 2.学生通过一个能够即时反馈简短的在线问答确认他们的理解； 3.学生们参与到项目中。 项目工作： 1.学生在校园或当地社区里选择一个地方，并通过制作多媒体和演示来描述它；学生可以使用的应用程序包括：Explain Everything、iMovie、KeyNote 等； 2.学生分析、确定和组织他们认为应该需要改善的地方； 3.学生将他们的行动计划、笔记、视频和图像结合到他们的课堂多媒体演示中。
其他注意事项	iPad 的使用使学生们更积极地参与到学习中。它重新定义了学生们对自己在学习中作用的理解："我已尽最大努力去开发和设计这些任务，它们都带有我美好的希冀。"学生可以按自己的节奏工作，如果他们愿意，他们也可以参与框架性的任务，加速完成工作。或者，学生可以用自己的时间审查教学材料，并且一遍遍地完成工作，直到他们得到了免于课堂干扰的正确结果。

表6.7

方法名称	通过创建在线杂志来发现语言技能
老师	艾米丽·萨维德拉。
使用的应用	SoundNote、ZITE。
使用难度	1。
科目	英语与非母语英语课程。
授课年级	基础课与4年级。
21世纪的素养	基本素养、批判性素养、数字素养、媒体素养、全球素养。
布鲁姆的理解	记住、理解、应用、分析、评估、创造。
加德纳的多重知识	语言学、人际关系学。
使用的教学方法	学生间学习、小组学习、翻转课堂。
上课时间	2小时。
简短介绍	这种方法让学生有机会使用ZITE设置自己的个性化在线杂志。首先学生选择感兴趣的主题,并选择他们喜欢或发现的有趣文章,然后使用SoundNote记录对文章的简要摘要或评论,并与他人分享他们的录音。
课程安排	以下是简要课程安排: 第一部分 1. 教师通过使用ZITE(或类似的应用程序)来为学生建立自己的个性化杂志; 2. 教师要求学生至少选择5个感兴趣的课题,并设置自己的杂志; 3. 老师审查浏览和扫描技术,然后学生扫描他们感兴趣的主题; 4. 教师为每个学生分配20分钟默读时间; 5. 教师要求学生在这段时间结束时能够选择两篇感兴趣的文章,并且有一个关于他们选择的主题的课堂讨论。 第二部分 1. 老师演示在SoundNote中使用录音功能; 2. 老师要求学生选择一篇文章; 3. 学生打开SoundNote并输入文章的标题(可以复制和粘贴); 4. 学生录制一个两分钟左右的简短描述,发表他们对文章的个人意见(不鼓励打草稿),学生应该注重内容流畅性; 5. 若有必要,学生可以录制、听取和重新录制直到满意。 第三部分 1. 学生选择他们信任的伙伴交换iPad; 2. 伙伴听录音,在必要时暂停并输入他们听到的内容; 3. 合作伙伴可以使用笔功能来进行注释,在任何值得改进、讨论、提出流利与否、语法、文本构造和连接器问题的地方进行注释; 4. 返还iPad,然后两人对文章、注释和对话练习进行讨论。

续表

方法名称	通过创建在线杂志来发现语言技能
其他注意事项	学生用两节课完成该项目（先是第一部分，然后第二部分与第三部分一起），组合成一个双重课堂或翻转课堂（第二部分在家里完成）。学生选择自己喜欢的内容，所以更有可能完成。学生经常选择我一般可能忽略的主题，他们对各种主题进行了更多的实验。这意味着当我们回到课堂开始团队讨论时，他们会非常活跃地告诉别人他的选择。参考下面关于21世纪数字素养的问题，我认为大多数是可以相关的，这取决于所做的评论和选择的主题。
资源	ZITE 应用程序：itunes.apple.com/ae/app/zite/id419752338?mt=8 SoundNote 应用程序：itunes.apple.com/ae/app/soundnote/id364789577?mt=8

表6.8

方法名称	通过知识对象改进写作
老师	阿拉·赛里姆。
使用的应用	Live-paper。
使用难度	2。
科目	数学。
授课年级	从基础数学到微积分的任何年级。
21世纪的素养	基本素养、批判性素养、数字素养、媒体素养、全球素养。
布鲁姆的理解	记住、理解、应用、分析、评估、创造。
加德纳的多重知识	空间知识、语言学、逻辑数学、人际关系学、内在修养。
使用的教学方法	学生间学习、小组学习、翻转课堂、动手学习、探究性学习。
上课时间	任何课堂时间。
简短介绍	老师能够利用一个称为Live-paper的应用程序作为智能板（完全用于智能板的所有工具），并在所有讲课（写作记录、链接到互联网和许多其他有用的功能）中使用到它。
课程安排	以下是一个简短的课程安排： 1. 教师使用Live-paper应用程序作为智能板，用于写课堂笔记、录音和链接到互联网，以及发送笔记和课堂录音给学生； 2. 学生通过电子邮件收到课堂录音，以便他们可以按照自己的进度在家中复习知识； 3. 学生保存所有的课堂讲课，以供未来的学习和考试复习； 4. 学生可以使用该应用程序完成课堂安排（使用应用程序的剪切、粘贴、录音、拍照等功能）。

方法名称	通过知识对象改进写作
其他注意事项	这种方法让学生有机会在家里对课程和笔记进行学习。这就像老师在家一样（通过课堂录音与笔记）。学生能够保存整个学期所有的课堂笔记，这有助于他们准备考试。他们还能够通过使用 Live-paper 完成课堂安排。
资源	www.geogebra.org

表6.9

方法名称	通过可以互动的 iPad 数字学习对象改进写作
老师	约翰·沃格斯。
使用的应用	iPad 移动学习应用程序 SoftChalk、Blackboard、iMovie、Pages。
使用难度	3。
科目	英语与非母语英语课程。
授课年级	2、3 年级。
21 世纪的素养	基本素养。
布鲁姆的理解	记住、理解、应用、分析。
加德纳的多重知识	语言学。
使用的教学方法	学生间学习、小组学习、复习重做式学习。
上课时间	任意。
简短介绍	使用能使创作移动就绪的数字学习对象和课程的创作工具（如本例中使用的 SoftChalk），教师通过 BBLearn 在 iPad 上创建一个在线写作和语法课程。数字学习对象给学生即时反馈以及随时随地让学生练习。学生通过 Pages 接收反馈和重写。
课程安排	以下是一个简短的课程安排： 1. 老师在 Blackboard 中创建一个带有 SoftChalk 的数字学习对象，这是给定主题的课程； 2. 然后老师与学生就该主题进行面对面的讨论，包括回顾提交给班级的问题； 3. 学生通过 BBLearn 移动应用在他们的 iPad 上访问 Blackboard 中的数字学习对象，并自己完成学习活动和内容；学生在 SoftChalk 数字学习对象上单独或集体工作时，老师将会在之前的写作作业中进行逐个反馈； 4. 然后学生在 SoftChalk 提交他们的工作，给老师报上（如花费在课上的时间、短回答和多项选择题的分数，以及小组呈交给老师的写作作业等）信息； 5. 老师在页面中进行翻阅和编辑的工作，并通过电子邮件将其发回给学生，以便他们在重新订正时有图可索，这培养了学生的自我修改能力； 6. 然后学生使用 iMovie 创建一个关于他们写作的视频，并将视频和他们修改的作业添加到创意图书生成器上创建的写作组合里。

续表

方法名称	通过可以互动的 iPad 数字学习对象改进写作
其他注意事项	介绍新材料，让学生们互动和学习，并接收个人的反馈。
资源	SoftChalk 是许多创作工具之一，可用于制作交互式数字学习对象。其他的还有 Wimba Create、StudyMate 和 Raptivity 等。然而，SoftChalk 和 Raptivity 创建了 iPad 可以的基于超文本标记语言的数字学习对象。

讨论

许多老师指出，在使用 iPad 进行教学的诸多好处中，工具选择的灵活性是一个关键因素。也就是说，如果一个工具没能提供老师们需要的东西，或者有一些技术故障，同时还有很多其他类似工具的话，老师们就可以选择替换它。抽样中的老师也喜欢 iPad 在一个小型便携式设备的空间里提供了许多教育上的需求，包括访问所有工具、访问文件、记笔记、共享笔记和授课，还有阅读电子书。几位老师将 iPad 的便携性列为一个主要好处，因为学生更有可能记得将其带到课堂上。老师可以使用苹果播放技术 AirPlay，他们就可以在授课演示过程中在房间里走动，使学生们专注于课堂，远离电子游戏的干扰。

当然，目前正在练习新技术的老师们也列出了 iPad 的缺点，包括教育学、基础设施、技术上的支持，还有使学生们分心的问题。无线网访问或其他技术上的问题是在教室里推广使用 iPad 的障碍。iPad 和应用程序的设置还会导致教学时间的延误；缺少文件管理器或者提交、打分和返还学生作业的简单方法是 iPad 的另一个缺点。最后，较小的屏幕尺寸和一些应用程序需要收费也限制了一些教学活动。

回答这项调查的老师使用了各种不同类型的工具。这些老师都提到，iPad 应用程序 Explain Everything 和 Popplet 是可以改善英语教学的优秀工具。每个活动保存至少两个应用程序，这使得学生们可以在学习活动期间按需随时切换。大多数方法包括使用一系列工具、软件和应用程序达到相互协作，而 iPad 确实体现了访问各种用户工具的独特功能，并进一步显示了工具的灵活性。

总体而言，在这项调查中，老师们对 iPad 感到满意，并认为学生更愿意参与到学习中。然而，这种类型的抽样方法存有偏差，因为它是一些老师自愿的；而且，愿意提交调查的老师也可能是那些认为 iPad 有价值的人。

类似研究的未来方向是收集教师的教学方法，并将它们合并成一本关于课程方法的书，用于进行教师培训。本章重点在于数学和英语教学活动。然而，它也有益于在教学中捕捉不同领域的有效实践，因为教师教授不同的科目领域，会使用不同的课程教学方法，并使用不同的工具。

更重要的是，我们进一步研究正在实施的教学实践的类型，例如更详细地了解如何进行学生间的、协作的、在项目上的翻转学习。如果将这些研究结果运用到当前的教学实践中，我们就可以进一步洞察到数字化的学习实践。

第七章　因为 iPad，所以 iLearn（第二部分）

苹果公司在 iPad 销售方面取得了显著的成功，截至 2013 年 10 月其销量达到了 1.7 亿台。到目前为止，1.7 亿台 iPad 中的 450 万台销售给美国的教育机构，800 万台销售到世界各地的教育机构。在阿拉伯联合酋长国大规模引进 iPad 的背后因素是什么？事实上一些人会质疑，为了某些教师和学生的便利，国家会在 2012 年把 iPad 推荐用作学习工具吗？

本章的背景是根据罗比与吉萨基在 2012 年 12 月采用的 iPad 经验介绍：在传统的基于学期上课的课程框架中，社区学校的环境提供了传统的评估策略的需求。学校的高级管理者下决心：iPad 将推动学习经验的革命，将会与老师使用的例如"iCelebrate"的积极术语来影响我们对变化的看法。

本章计划对教育中使用 iPad 的情况进行初步审查，建立与电子学习相关的教学问题，并探讨有关各方对使用 iPad 好处的看法。在本章中，戴安·埃文斯（Dianne Evans）将讨论的问题是：

- 教育中的 iPad：是有计划的战略发展还是有效的营销？
- 在线学习的优势和劣势各是什么？
- iPad 是什么？iPad 如何影响教育学，教育学又将如何影响 iPad？
- iPad 对老师有什么好处和坏处？

苹果公司的教育营销战略

苹果公司闻名于对其产品进行有力和富有创新的广告营销，1979 年他们就设置了一个专门致力于教育的部门。苹果公司全球营销高级副总裁菲尔·席勒说:"教育从一开始就深入我们的体内。"他在 2012 年宣布,超过 150 万台的 iPad 正在使用教育计划,同时,目前的苹果商店里有超过 20 000 个与教育相关的应用程序。

除了有效的产品销售方式,特别是对年轻人而言,苹果公司是否有一个改变教育的想法呢?伊萨克森报道了鲁珀特·默多克对史蒂夫·乔布斯关于技术在改变教育的观念的解读。不过,乔布斯赞成"纸质教科书生意将会被数字学习材料抢走"的说法。

伊萨克森报告说,乔布斯的目标是通过"数字破坏"改变每年 80 亿美元的教科书生意。他关心学生背包的重量,并计划与像皮尔森这样的出版商进行合作,在 iPad 上免费提供教科书。这样的合作对于 iPad 在教育领域的销售将是一个巨大的优势,虽然这笔交易似乎不利于出版公司。

在线学习的一般问题

在过去的 10 年中,教育领域采用的技术取得了极大的发展。然而,如阿隆索等人所指出的,这样的发展缺乏等效的教学发展或课程设计。多年来,我们持续把技术资源增加到一个传统的教育结构里,使之正在成为一个奇怪的混合物。教育理论家和管理者有保持住流行趋势的压力,但教育工作者很少有时间充分思考,或者利用技术的优势来进行彻底的课程改革,充分吸纳新的学习和评估工具。

最近,戴安·埃文斯参与课程设计的经验是一个很好的例子。作为一个教学团队,他们被高级管理人员告知,所有老师和学生都必须在即将到来的学年里使用 iPad,这就是教育领导者激进发展技术的例子。

相反,在同一年,课程开发小组又被告知使用教科书和专业网站来制定学习目标和授课内容。他们小组的团队领导没有提及 iPad,也没有提及他们改变授课方式的想法。督察他们工作的系统课程经理也没有讨论 iPad 的影响,这样可以敦促他们进行"不同的思考"。重新配置授课方式,并由个人教师在一个交互式设备上管理、适应和改变传统的课堂材料,他们失去了这样的机会。这是一个传统课程设计的明显例子:分开查看所提供的新工具,但没有尝试去整合 iPad 上提供的便利条件。

阿隆索等人讨论了"互联网是如何彻底地改变了教学模式",并记录道:

> 在所提出的技术特征的丰富性与电子学习教学原理的短缺或不存在之间,存在着严重的功能障碍。

把 iPad 作为教育工具的一些早期使用者,已经对使用该设备来促进独立学习和协作(这被称为"建构主义")感到兴奋。阅读这些评论的同时也有警告的声音。多少主体可以有多重解释?虽然它可以通过给学习者一个主题来促进课堂参与,并告诉他们可以使用 iPad 查找信息,但时间管理和准确性上面又有怎样的问题?我们如何知道学习正在进行?教师在这项活动中的作用是什么?

阿隆索等人主张"最好的教学政策是提供与主题相关的概念模型和子结构",以避免学习者对数据误解。如果鼓励学习者合作并分享他们的想法,增强不完全或不准确的知识,那么这些错误就可能传递下去。期望学习者独立地发现主题的方法,即所谓的"建构主义",对每个主题不是都有效果,如果一直使用的话,可能就会引起学习者的反对。

2007 年,有一群青少年学生以建构主义的方式反抗,他们大喊道:"教我们!告诉我们!"一些 iPad 爱好者说道,学习者在使用依赖于互联网的技术时如果不太熟悉就会感到压力,并且不确定他们搜索到的信息是否有效。建构主义的学习活动需要不断地反馈和指导,这就是教师在设计学习以及促进学习活动中的作用。

阿隆索等人提出了一种使用学习管理系统的电子学习教学模型,其概述如下:

阶段 1 分析需要教学的内容,以便制定明确的学习目标、获得知识和技能的定义,以及完成确定结果的适当任务的细分。在真正的电子学习环境中，对该阶段进行有用的调整就是分析要学习什么，而不是要教授什么；再者就是一个将技术与传统观念联系起来的例子，需要的就是查尔斯·汉迪所说的"颠覆的思维"。

阶段 2　设计学习将如何进行。阿隆索等人建议以"信息图或路线图的信息结构化方式呈现"。不过在我的经验里没有这个阶段。但有一个问题是，我们使用"电子学习"一词，是因为我们假设学习是正在进行的。同样，我认为应该用"电子授课"一词，这样我们就能检查什么样的学习是正在进行的。

阶段 3　开发学习的过程并确定适当的工具和资源。

阶段 4　实施确定的结构和资源。

阶段 5　在执行学习的过程中，监测遇到的问题并测试知识的获取情况。

阶段 6　使用在 VLE 上可用的学习者日志生成的统计数据评估电子学习工具的有效性。

教育者倾向于专注于阶段 1、阶段 3、阶段 4，对阶段 5 中问题的监测有限。主要是由于时间上的限制和工作上的压力，阶段 2 和阶段 6 往往会被忽略。

iPad 与教育方法

曼纽圭拉和佩托奇指出，移动学习是在电子学习的下一个阶段，它"有潜力从根本上改变学习和教学的方式，极大地倾向于建设性和协作的学习方法与灵活和易适应的教学方法"。他们描述了在澳大利亚的大学里使用 iPad 进行数学教学的经验，得到的结论是 iPad 通过以下方式提高了学生的参与度：

• 演示可以包括多媒体，促进在实况媒体上的注释，并且可以记录用于进一步审查；

• 理论点可以在需要时由学生录制视频和访问，这使得学生感觉"更安全"；

• iPad 为集成授课内容的技术提供了一个工具；

• 远程学习的学生可以获得完整的授课录音。

作者指出，iPad 的另一个优点就是可以上传并以 pdf 的格式来修改作业，老师声称此举得到了有环保意识的年轻人的赞同。老师使用基于 pdf 的应用程序，同时允许以注释和音频的方式对学生作业进行反馈。学生获得丰富、明确、及时的反馈，老师也保持对作业进行评估。但老师没有说明对这么多的 pdf 文件存档提供反馈，或评论以及解决 iPad 的其他上传问题需要花费多少时间。

曼纽圭拉和佩托奇是技术爱好者，他们是技术的早期使用者，确立了从"玩"最新的设备获得乐趣并努力探寻未知领域的模式。其余的我们则会接受他们的想法来适应我们的教学方法。然而，由于他们的热情，曼纽圭拉和佩托奇可能只看到事物的积极面，他们并不是客观的评论家。让我们更深入地分析一下曼纽圭拉和佩托奇关于 iPad 销售额的看法：

• 多媒体演示：使用标准演示软件已经有 10 年了，学生可以很容易地访问共享驱动器和虚拟学习环境。

• 理论知识点的视频可以通过 YouTube 上的私人账户或 Vimeo 等许多平台提供。10 年前，教育经理对使用录音进行在线讲座，从而解雇高工资教师的前景非常兴奋。

• 录像授课的另一个问题是，老师的不适状态也会被录制下来，因为在上课期间有时候老师确实会感到不舒服。

• 最后，学习者在观看讲座时感到安全是一个优势吗？学生会因为录像资料可以在以后使用而缺席讲座，这样的松懈是否危险？

• 通过正常的电子邮件和虚拟学习环境，远程学习的集成和访问已经运转了几年。iPad 没有使教育资源本身更加容易获得，但它提供了一个有吸引力的工具，吸引着人们使用它。

据韦克菲尔德和史密斯称，移动技术已经嵌入了社会之中，这被海索恩思韦特和安德鲁斯还有苹果公司称为"无所不在的技术"。最近我问一个退休的朋友为什么需要一个智能手机。她回答说，她习惯随时随地接收电子邮件，所以并不想失去这个设备。她还正在积极地考虑是否购买 iPad 以及可以打电话的安卓平板电脑，这样她就可以更方便地躺在沙发上，访问互联网或在旅途中阅读在线图书了。

当然，凭借"iPad 拿着很酷"的因素和苹果公司聪明的营销，使用到教育这一个重要的领域，一切都推动着社会"必须要拥有 iPad"的浪潮。韦克菲尔德和史密斯坚持认为，随着移动设备的不断发展，教育资源将成为数字化和互动的。然而，他们也提出了对"教育者使用技术的策略"这一研究稀缺的问题。

有大量的文章和博客会介绍什么样的应用程序被认为是良好的实践的例子。这些零碎的故事是带着惊人的、自我祝贺式的兴奋完成的，但往往侧重于讲述将设备引入特定学习情境的过程，而不是检查总策略或评估实际主题学习。虽然实践者必须分享他们的经验和实验，但往往缺少了对基于正式评估的最佳实践的整理和分析。

在教育领域使用 iPad 的教育价值，根据新媒体联盟的说法，称为"iPadogogy"，但这尚未得到充分的研究和实验。热心的 iPad 教育工作者试图通过展示与现有理论（例如附件 1 中图 7.5 的布鲁姆分类法）相适应来"销售"使用 iPad 特别有好处的想法。这给了经验丰富、谨慎的老师一些熟悉的东西来理解：一个跟随使用 iPad 的途径。

然而，这里肯定有一种早熟的、对号入座的方法学风险，而不是从零开始。西蒙引用利维·维果斯基的教育学观点，"不必面对昨天的发展，而要朝着它的明天"。教育者同意 iPad 带来了尚未充分利用的新机遇和挑战。维果斯基的观点可以说是对大多数教育家的警告，包括戴安·埃文斯自己也说道：

我沉浸在过去之中，因为在那个时候我明白自己做了什么，也明白没有做的。我期望学生学习我的方式，并在教室里开放使用，尽管这是一个"好奇玩家"的技术。我们有多少人知道2030年需要什么样的技能和知识呢？我们又有多少人因为舒适感和熟悉感而停留在过去呢？

也许尝试说服教育工作者使用iPad替代其他传统的教学方法，而不是探索满足未来需求的新方法，可能会使每个人都失望。目前，iPad的一个关注点在于"它很酷"；或许更重要的是，我们已经可以使用大量的应用程序，而且这样的程序每天都在增加。阅读关于在教育中使用iPad的各种文章，使用设备的过程比评估教育的有效性更受关注。

为了调查满足未来发展的教育学，我们需要做什么呢？个别国家正在对未来雇主所需的知识、技能和能力进行研究，但为了巩固主要的结论，我们又需要做什么呢？在今天的全球市场里，如果研究是协作完成的话，它就会使每个人受益。毕竟，苹果公司的产品在全世界销售。美国政府报告说：

发达的经济体……要求更多受过教育的人灵活地应对复杂问题、进行有效沟通、管理信息、团队合作和生产新的知识。

目前有一些正在开发的新的教学模型，如由鲁本·普恩特杜拉在切尔与道文引用的SAMR模型（见附件2中的图7.6）。普恩特杜拉对模型的解释是光线理论，因为他使用视觉进行内容呈现。可以在附件2中看到，这不是一个教育框架，更多的是一个营销概念。普恩特杜拉分析了技术的过程：首先是运用于学习的阶段；然后从替代开始，以"之前不可思议的创造"而结束，因此难以让任何人都知晓。

同样，一个推崇iPad的学者是阿兰·诺温布尔，他声称"信息是一种比自动化更有效的技术思考方式"，这将最终导致有能力的学习者的出现。

像普恩特杜拉一样，诺温布尔的教学框架缺乏严谨性，似乎认为在销售中使用技术比提供教学设计的修订更有用。不过，迦凡纳等人提出的采用 SAMR 模型作为映射现有实践以探索变革范例的方式值得一提。

技术和建构主义可以用来鼓励学习者提升问题解决、沟通、信息管理和团队工作的技能。帕切勒、巴赫迈尔和库克倡导一个"全面的理论和概念框架"来理解创新技术。杜汉尼分享了这一观点，他总结道，教育技术不应该只是一个附属物，而应该与明确的学习目标结合使用。没有参考框架，大多数教育者将在大量的信息中挣扎，不可避免地从敢于冒险的少数人那里获得想法和实践。

很少有人有时间或倾向于打破常规，以完全解构 iPadagogy 的潜力。如史蒂夫·乔布斯可能称呼："少数派"；那些"疯狂的人"会花费许多小时玩新技术，他们就会准备成为先锋。然而，技术先锋是需要通过探索学习的本质去进行支持的。

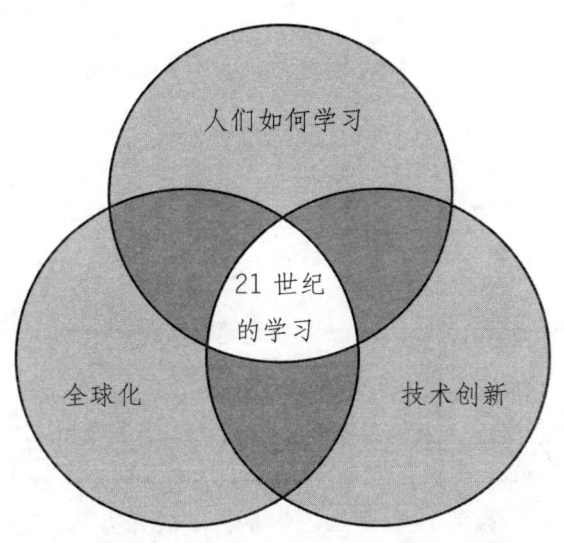

图 7.1　苹果公司确定了 21 世纪学习的三个主要影响

海索恩思韦特和安德鲁斯认为，当使用技术与使用传统方法不同时，不同的学习发生了。学习理论似乎在我们尝试下一个小工具时被忽视了。这可能存在着极化效应，其中，先驱者在超空间中进一步前进，坚持已知实践的传统主义者就会被遗忘。苹果公司已经认识到教育需要发生些什么，所以最大限度地利用图 7.1 所示技术的好处。

古纳沃德纳等人认为技术在学习中的应用是一种应用建构主义。研究人员将 iPad 的使用分成建构主义者。他们研究了在学习环境中使用技术时学生满意度评估的问题，提到了建构主义的趋势，并指出这种教学法使评价变得困难，因为每个学习者都有"一个学习经验中独特的视角"。

这种独特的经验受到教育领导者的鼓励，因为人们相信个人发现的方法会更具吸引力，从而增强了学习效果。然而，即使在传统的教室环境中，学习者也会有自己的个人经验，这取决于他们在课程中的能力、兴趣、背景，甚至当天午餐时间发生了什么。当然，主要区别在于学习者会消极地寻找他们需要的信息。这本身可能是有问题的，因为与其他人相比，一些学习者能更快地理解这个主题，并有更好的研究技能。

古纳沃德纳等人从两个角度审查学习：（1）内容或主题理论；（2）使用电子设备和对个人的学习过程的影响。这是一个在本次回顾中进一步开发的领域：作为学习者需要知道的内容，教育者在实际学习过程中到底花费了多少时间？

从韦克菲尔德和史密斯在大学进行的研究报告中我们发现，使用注释应用程序的学生在涉及转移学习问题上的得分要高出 25%，有 75% 的学生认为 iPad 增强了他们的学习效率。这些发现是值得质疑的。当学生说他们的学习得到提高时，他们想表达什么意思呢？引入新工具或资源可能会增加学习者的兴趣，就像首次推出计算机时，Google 被认为是学术研究的适当资源一样。这两者现在都很普遍，我们就不再认为它们能够促进学习了。

我们似乎总是在寻找下一个高点，而不是找到一个有意义的战略来支持和鼓励有效的学习。在线授课应该包括传统授课方式，人们可以随时随地学习而不再需要一个老师。这个建议很快就会付诸实践，因为大多数经验丰富的教育工作者都清楚这一点，保护声誉和利用技术是混合学习需要注意的下一个趋势。因此，教育界一直是在试探性地接受该技术。我们明白 iPad

应该是一个震惊所有人的工具，这会确保所有学习者都获得成功；但我们不完全认为我们就应该深陷于此。

戴安·埃文斯认为这种怀疑可能是由以下原因造成的：

- 高等教育管理者对教育技术缺乏了解；
- 购买和维护设备、软件的费用问题；
- 使用设备和软件开发教育方法所需的时间问题；
- 对教育者和学习者快速学习使用设备和软件的要求；
- 不同设备的多样性和兼容性问题；
- 教育者和IT技术人员的多样性和兼容性问题；
- 教育者和学习者在使用技术时的不同技能和能力；
- 教育出版商在调整资源以充分利用技术的潜力，即强调互动性而不仅仅是在电脑上的一本书而已；
- 技术的动态性、定期更新和新发展；
- 技术（特别是互联网）大多依赖于不受控制的环境。

韦克菲尔德和史密斯报告说，在以学生为中心的情况下使用 iPad，学习者将批判性地评估互联网上的信息并进行适当的使用。这不是一个新的学习策略，也没有具体的 iPad 进行在线研究。除了 iPad "更轻、更容易携带"的事实之外，其实上网本和笔记本电脑也能够促进所描述的活动。

在案例研究中，教授没有解释该如何使用 iPad，因为他希望学生自己就能够学会。如果它符合与学习过程相关的特定学习目标，这的确是一个很好的解决方案。然而，对于真正的学习目标，这也可能是一种非常耗时的干扰，因为授课老师也不知道如何使用 iPad，这种情况下教育者和学习者都是从同一起点开始 iPad 学习的。

韦克菲尔德和史密斯做了一个调查，重点在于 iPad（现在就是 iPad Mini 和安卓平板电脑）的移动性可能造成的危害。他们指出，教室里的学生有信心在他们可以使用 iPad 的时候给出答案，但是当被要求在没有设备的情况下给出答案时，他们就显得很没有把握。如果这种对技术的依赖变得很普遍，韦克菲尔德和史密斯就不认为 iPad 能够解决教育以及社会和就业项目中可能出现的问题。

西蒙认为，即使在没有 iPad 的时代，技术也需要一个新的定义明确"目标、结构和对成人进行指导"的教学模式。他警告说，如果我们通过计算机和现在的 iPad 进行学习，个人学习的认知发展就可能停滞在较低的水平，因为没有足够的活动使之达到更高水平。穆雷与奥尔萨瑟讨论了教学改革对移动技术提供的机会的需求。他们得出的结论认为现代化的学习需要更好的理解。

谁应该是不断发展的 iPadagogy 技术的设计者？埃文斯总结了对现有课程如何从纳入技术中受益的研究成果，他说：

> 要进行从传统教育到技术教育的有效变革，授课教师不是最合适的人。时间、软件专业知识的缺乏和对失败的恐惧存在旧方法转移到新技术的风险。让授课老师、教学设计师和网页设计师合作，以确保学习者的需求成为第一要务，并且精心设计在线材料同时进行有效的保护，这可能会更有效。

迦凡纳等人讨论了 iPadagogy 的概念，以及为了"支持基于挑战的学习和基于查询的学习"的计划，在未来开发电子学习对象。从教师的角度来看，如果有更多的内容和更少的首字母缩略词，我将更加接受教育的发展。在线学习对象可以非常有效，但仍然需要多年的发展；目前，这还不能满足教育各个方面的需求。

他们指出，"iPadagogy 是在普通教育技术的基础上建立的"，这意味着应当首先在健全的教育实践基础上建立坚实的基础。但这种危险是存在的，即假设在使用 iPad 时就会用严格的教学设计和术语 iPadagogy，正如可以假设由于"电子学习"这一术语而学习一样。这两个假设都值得存疑。如果没有重新进行教学设计,这个由技术工具组成的、希望增强学习有效性的"数字化怪兽"就会继续壮大下去。

iPad 与使用它的教师们

托利萨诺调查了在教育领域中 iPad 的成功该如何衡量的问题。除非现实需要,成功是不能够衡量的,这就是建立教育学是如此重要的原因。凯恩等人进行的研究表明,成功取决于老师的热情而不是设备;而且,在教育过程中使用 iPad 的一个最重要的方面就是"专门的课程安排"。

在 iPad 推出 3 年之后,乐于使用 iPad 的老师依然很少。在某些情况下,早已接触 iPad 的学习者对 iPad 的熟悉程度,要比在课前一周才被告知要使用该设备的老师强一些。这将对其他学习者和老师的信心有什么样的影响呢?

对于一些已经很先进的学习者,或一些愿意和想要学习如何使用设备的人,或一个对传统授课方式非常有信心、但基本不知道 iPad 潜力的老师而言,iPad 会改善学习的情况吗?学习使用设备的时间对分配给学习内容的时间而言又有怎么样的影响?

由于使用方便、携带方便和可用的许多应用程序是免费的,iPad 已经拥有了几乎全部的在线技术方法。有多少用来评估 iPad 对学习影响的研究完成了?许多教师还没有接受计算机和虚拟学习环境的现有技术,他们需要培训和指导才能熟悉作为课程设计与授课工具的 iPad 的使用方法。

罗比与吉萨基调查了一些不得不使用 iPad 的教师,结果发现他们并没有被 iPad 捆住手脚。该设备允许重新使用现有材料并开发额外的数字材料,他们接受了这样的事实。不过,iPad 没有改善沟通、家庭作业的分配或资料的共享。大多数教师没有感觉到教学得到了改善,或是 iPad 教学吸引了更多学习者的关注。

使用 iPad 教学后最佳结果是让不可能以教科书进行的活动开展了。不过老师们对 iPad 给予学习者好处的看法是矛盾的，因为他们认为学生们的学习动机和毅力并没有得到改善。超过三分之二的受访者不认为使用 iPad 加强了活动上的专注度。学习者的最佳结果应该是改善了与同事的协作关系。

在这个学年的最后一个月里，借助 Survey Monkey 获得了该评论的浏览。对于第一年使用 iPad 的体验，受访者对 10 个问题的回答率为 95%（见图 7.2）。所有受访者都是英语教师，其中一些人还受到了威胁：要么使用 iPad，要么就被解雇。

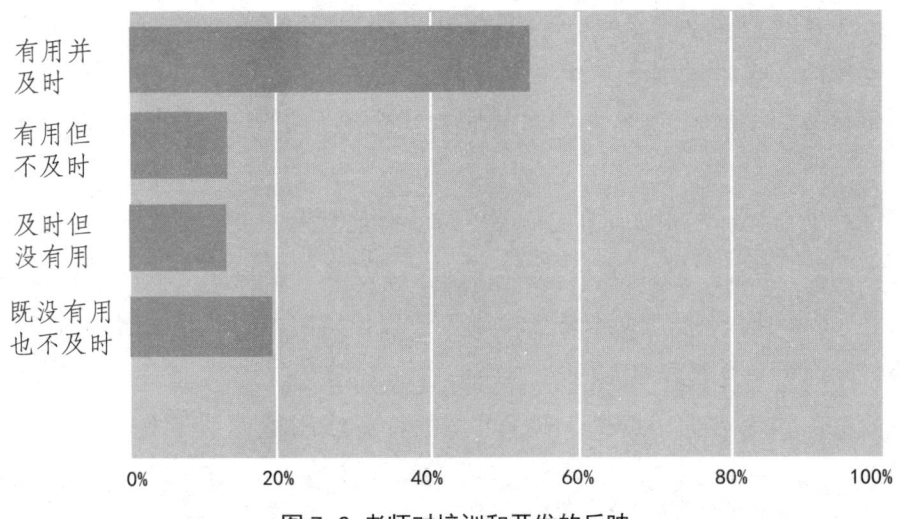

图 7.2 老师对培训和开发的反映

只有一半以上的教师认为培训是有用和及时的，五分之一的教师认为培训既没有用也不及时。不过要确定现在的数据是不是有用，则需要进一步研究比较其他教育机构的数据。有趣的是，有五分之一的受访者放弃了使用 iPad，但不知道和上面的五分之一是否是同一群人。显然，良好的初步培训和支持是任何变革成功实施的关键。

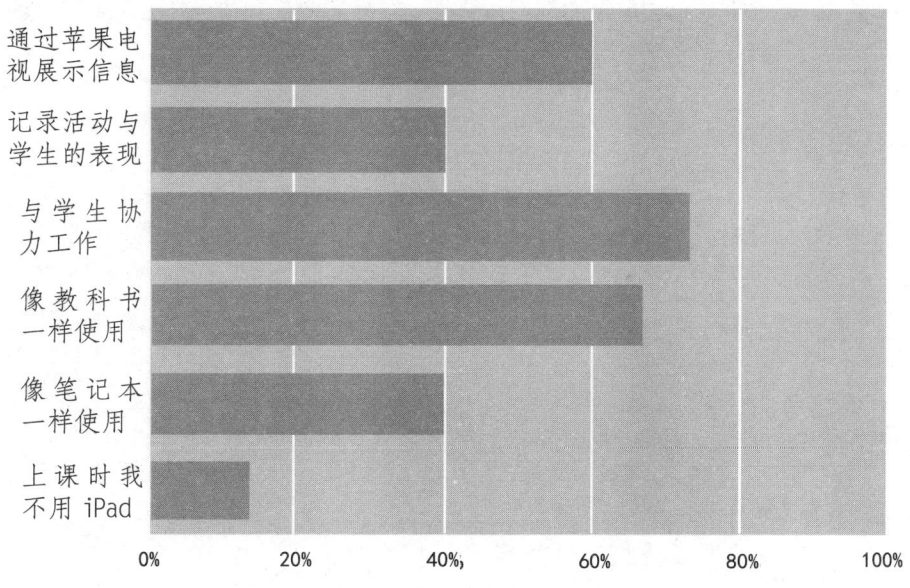

图 7.3 授课时如何使用 iPad

表 7.1

答案选择	选择情况	
通过苹果电视展示信息	60%	9
记录活动与学生的表现	40%	6
与学生协力工作	73.33%	11
像教科书一样使用	66.67%	10
像笔记本一样使用	40%	6
上课时我不用 iPad	13.33%	2

iPad 的主要用途是允许学生协作地进行工作（见图 7.3）。67% 的人把 iPad 用作教科书（见表 7.1），但如果在线图书是静态或互动的，那么响应就不太清晰。埃文斯的结论是，如果技术以纸质材料的方式使用，那就不会增强学习体验。实际上，学习者可能更难以访问。60% 的教师将 iPad 与所提供的苹果电视结合起来用作演示工具。

使用 iPad 的一个复杂因素是教师和学习者购买应用程序的需求。在研究时，大学的 IT 支持功能无法预先加载应用程序。教师需要在苹果商店建立账户，使用自己的信用卡，然后就购买应用程序的费用向大学管理层进行报账批准。

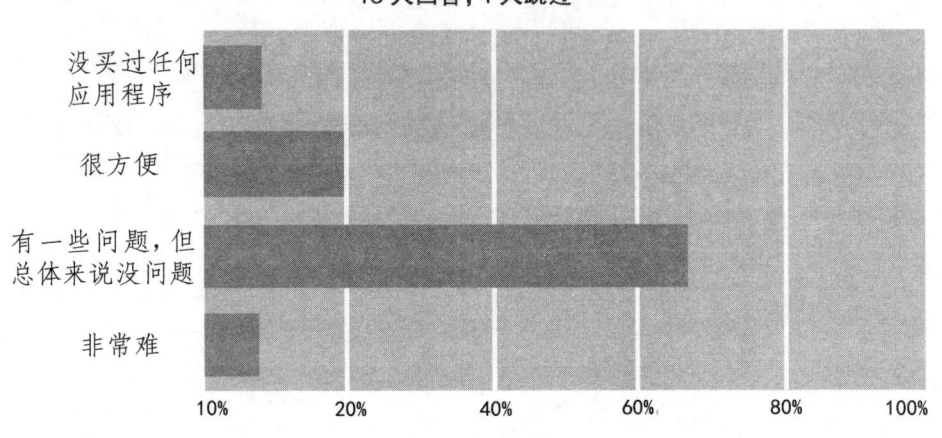

图 7.4　购买用于教育的应用程序方便与否

表 7.2

答案选择	选择情况	
没买过任何应用程序	6.67%	1
很方便	20%	3
有一些问题，但总体来说没问题	66.67%	10
非常难	6.67%	1
总计		15

最后，调查问卷要求教师描述他们使用 iPad 作为教育工具的整体体验，（见图 7.4）64% 的人认为这种体验是积极的。不过这还需要进行后续访谈，以扩大承认其积极意义的受访者数量。这种态度反映了教师职业面对不断变化的世界时的哲学（见表 7.2）。大多数教师努力改变自己适应工作，以确保学生有良好的学习体验。

从图 7.5 可以看出，几乎五分之一的教师发现使用 iPad 太困难，最后放弃了。我们需要进一步研究其他教育机构中教师的反映,以确定这个比例是否是正常的。应当注意到,19 个受访者中有 8 个跳过了这个问题(见表 7.3)。

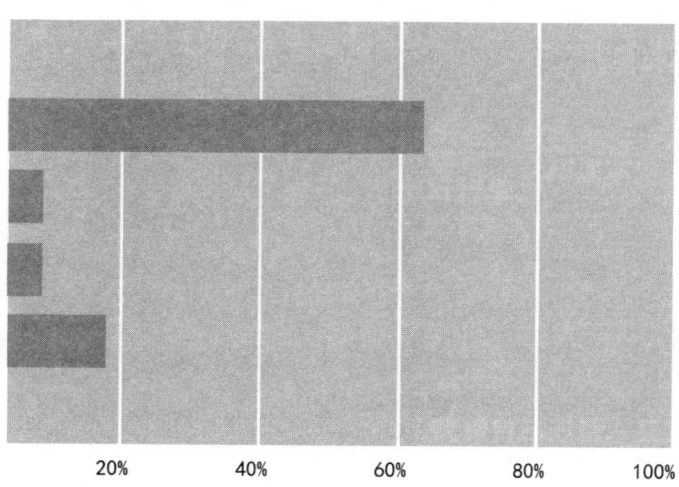

图 7.5 对开始使用 iPad 的经验的描述

表 7.3

答案选择	选择情况	
完全积极的体验	0	0
有一些问题,但总的来说是一次积极的体验	63.64%	7
有一些问题,如果有很好的支持还是值得的	9.09%	1
有一些问题,即使有很好的支持我也宁愿不用 iPad	9.09%	1
有一些问题,支持也不够还是放弃了	18.18%	2
完全消极的体验	0%	0
总计		15

随着新技术的引入,有热情的先驱者毫不犹豫地接受 iPad,并乐于探索该设备可以做什么。"技术咖"借着新经验而茁壮成长、快速学习。但对大多数教师来说并非如此,大多数教师都愿意在支持下尝试新的想法,但是会

第七章 因为 iPad,所以 iLearn(第二部分) 83

有一小部分教师不以为然，并认为这只是另一种时尚而已。

引入新技术时的一个问题在于是否易于使用。用户需要多长时间才能操作新设备？伊萨克森报道乔布斯受到了迈克尔·诺尔所写故事的影响。当 iPad 使用者诺尔住在哥伦比亚首都波哥大的农村地区时，一个 6 岁的贫穷的男孩对 iPad 很好奇，于是诺尔把 iPad 交给他玩。他本能地开始刷屏幕，启动应用程序，开始玩游戏。诺尔说："史蒂夫·乔布斯设计了一个强大的计算机，一个不懂知识的 6 岁小孩儿都可以在没有指示的情况下流畅使用。"

但问题仍然是：当老师与学生使用 iPad 时，这只是一个"酷工具"，还是一个可以获得更多东西的工具？伊萨克森引用《时代》杂志莱夫·格罗斯曼的话说，虽然计算机已经促进了用户创造力的发展，"但 iPad 仅仅是将重点从创造内容转移到被吸引并控制它。它让你不再发声，让你重新成为他人杰作的被动消费者。"

那么问题就又回来了：iPad 是让我们更关注使用过程，还是有效地学习？穆雷和奥尔萨瑟讨论了教学改革对移动技术提供的机会的需求。他们得出结论认为，我们需要对现代化学习进行更深入地理解。

结论

史蒂夫·乔布斯谈到过沉重的书籍和腐败的政府，所以他设想了一个所有教科书都可以在 iPad 上免费获取的未来。但他并没有提到 iPad 会改变教育、确保学习成功。它只是一个比笔记本电脑或教科书更实用、更方便的工具。

在 2013 年高校老师无国界教育会议上，来自迪拜女子学院的一名学生作了一个演讲，总结了学生对 iPad 介绍意见的研究。学生们发现 iPad 的最大优势就是携带方便。对于一个受到这么多关注的电子产品来说，这似乎是一个微不足道的答案，但这就是 iPad 的主要优势吗？这个只有一张 A4 纸大小的产品里有着老师与学生所需的大多数东西。

iPad的优势是不是更多地在于方便层面而不是在于教育学层面？iPad是多功能的，要替代它会花很多的钱，因此学习者会更容易用着它，在上课时能够随时准备做笔记。对用户而言，iPad的可用性是最有吸引力的，这可能是它的主要优势。

虽然质量和成本不同，但是丰富的应用程序是iPad另一个关键的优势；不过它们需要进行更广泛的评估和更容易的购买机制。从研究中可以清楚地了解到，iPad在教育中是否成功取决于教师的因素。iPad可能有能力改变教育，但必须与主要用户进行合作。教育管理者必须确保iPad的引入是战略性的计划，在教学设计师与从业者的合作中使用。

iPad只是一个工具。它的能力有可能改善教师和学习者之间的交流与参与。到目前为止，教育工作者发现，iPad的主要优点是改善学习者之间的协作关系，尽管这种交互关系也存在缺点。如果没有教师的有效管理和教育机构的支持，iPad本身不会改善学习的情况。使用行为主义和建构主义的模型，只有在教学设计已经大幅度变化的情况下，教师才能利用iPad强化学习。对图1进行回顾，它显示出了苹果公司的iPad产品对21世纪教育的三个主要影响。"人们如何学习"是教育技术革命的一个主要因素，但它也是许多教育决策者忽视的一个领域。

如果说在哪天iPad会变得与笔记本一样枯燥，我会说那就是今天。我们学习的方式已经改变了吗？

附件 1

图 7.5　布鲁姆（Bloom）：ipad 应用程序分类法

附件 2

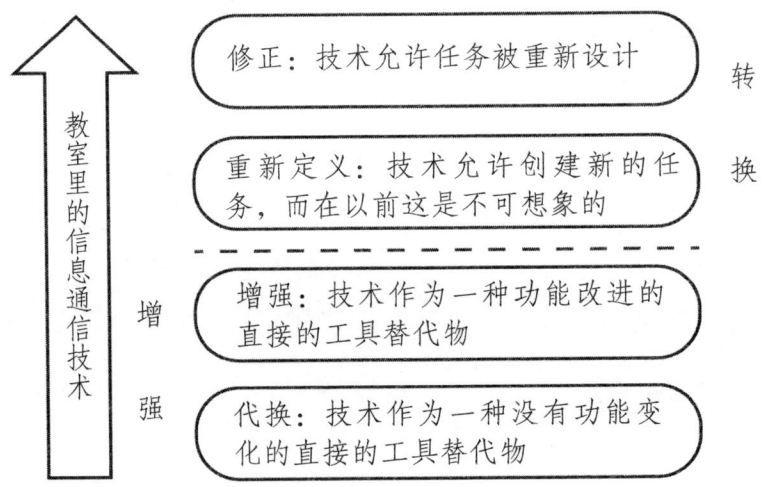

图 7.6　鲁本·普恩特杜拉制作的使用 iPad 设计为了教学改革的 SAMR 模型

第八章 自带设备（BYOD）教与学的重要挑战

越来越多的学生带着个人移动设备去大学校园上学。他们可能携带各种品牌和型号的智能手机、平板电脑、电子阅读器或上网本。在许多情况下，一个学生可能会拥有多个设备。

移动设备被学生们用来上网、使用通信服务、媒体和应用程序等，它们已经成为学生生活中不可缺少的一部分。大学里个人移动设备的数量不仅大大增加，而且会越来越多地被用在补充学习的活动中。

学生对移动设备的广泛拥有为教育工作者提供了探索这些移动设备的机会。事实上，个人技术在高等教育的使用始于20世纪80年代后期笔记本电脑的普及。不过，与先前不同的是，它们允许在任何先前未设想的任何时间访问信息和通信工具。

斯托尔杰尔说道：

> 这些移动设备可以用于连接互联网、拍照和录制视频，以及发送和接收信息……有移动设备的学生动动手指就可以查找信息，这使他们能够在逛街、工作间隙休息，或等待公共汽车的时候进行学习。教育的机会是无限的。

无处不在的移动设备允许高等教育机构采用自带设备计划。更具体地说，学生们自己的移动技术可以用于支持教室内外的教学活动。然而，自带设备计划给教育机构既带来了好处，也带来了挑战。使用自带设备被认为是一个有吸引力的选择，因为这样做的成本明显降低，该计划也利用了学生的已有技术，这是一个优势。

此外，大家还讨论了在课堂中使用移动设备的其他好处，例如随时随地访问学习资源、更好地协作和沟通、个性化学习和差异化教学。

尽管好处不少，特拉克斯勒也提醒道：

> 学生设备对与信息通信技术和"常规"台式电脑在线学习相关的许多制度实践和程序构成了重大挑战。教育应该接受学生设备的使用，这样的话说起来很容易，但如何实践却是一个难题。这是悖论的一部分。

学界经常讨论的挑战与网络基础设施、网络安全、技术支持、公平公正和课堂中断等问题有关。本章的目的是围绕这些重要的挑战进行回顾。紧接着，本章会对在阿拉伯联合酋长国高等教育机构实施的案例研究进行回顾，以说明在课堂中使用个人设备的挑战是如何发生的。根据回顾和提供的实际例子，本章希望讨论可能实施的策略，从而减少挑战。

自带设备

与为学生提供移动技术的教育机构相反，自带设备计划背后的主要概念是让学生们在教学实践中使用他们自己的移动设备。此概念允许具有不同操作系统和应用程序的各种设备。例如，阿比林基督教大学向一群学生和教师发放苹果手机和苹果播放器（iPod）以开展学习活动。

另外，林和里维拉·桑切斯讨论了在一所新加坡大学里实施强制性学生短信回应系统，学生们使用个人手机参加每周需要打分的课堂测验。根据作者所言，所有学生都拥有一个移动设备才能使项目能够实施。因此，当高等教育机构开始实施自带设备计划时，这意味着它们将明确实施一项依赖学生移动技术的政策。

正如特拉克斯勒所说，教育机构不能忽视学生个人移动设备在教育中的使用。这些是学生的日常工具，他们可以随时携带。正如思科公司所言：

> 学生可以使用他们的移动设备回答多项选择题，允许教授在几分钟内收集积极的反馈。用户还可以随时随地访问如 MATLAB 和 Blackboard 的在线应用程序，随时随地使用他们喜欢的设备学习……这个功能，再加上无线网，学生们就可以在校园外的地方使用，这提高了学习的便利性，并促进了更丰富的学习经历。

库库尔斯卡·浩梅和特拉克斯勒观察到移动技术的学习和教学：

> 为独立调查、可操作的现场工作、专业技能更新和现场知识的获取提供了新的机会。它们还可以提供改进个人学习者支持和指导的方案，以及更有效的课程管理机制。

虽然自带设备计划为高等教育机构提供了从增加教育机会到降低技术成本的机会，但也带来了挑战。在以下各节中，本章会讨论将学生个人移动设备带入教室的重要挑战。

重要挑战

网络基础设施

自带设备计划需要改变机构的网络基础设施。这需要强大的基础设施来支持广泛的无线上网移动设备。研究表明，缺乏或有限的互联网连接可能导致基于移动的学习活动的中断。

例如，尼克韦斯特关于在教学中使用自带设备的案例研究报告中说，该学习机构的网络最初不是为了处理无线移动设备用户的极度负载而构建的。研究表明，当多个班级在同一位置上课时，网络的饱和度很快就达到上限，学生就会发现获得网络地址会很难,或会遇到极其缓慢的数据传输。

类似地,斯塔夫、尼尔森、汉森·尼加德和托尔瑟思发现,由于较小网络容量相关的技术问题,学生在完成学习活动方面有一定困难。作者建议在无线网络和接入点之间的适当位置提供足够的容量。

许多教育机构可能需要通过增加带宽、添加接入点和提高其网络管理能力的方式来处理大量设备和数据传输,从而升级其网络容量和性能。根据达尔斯特罗姆和迪飞利浦所言,这其中的一个挑战在于:

> 维护和升级基础架构,以容纳与信息技术域交叉路径的更多设备和技术,并预测下一个技术会是什么,以便主动准备好来容纳它。

另一个挑战在于,网络容量的提高意味着大学必须支持无线接入的成本、维护无线访问的可用性。坎贝尔等人认为能够为自带设备提供充分和灵活扩展的基础设施是需要金钱上的投资的。德德和布杰瑞德补充说:

> 在任何时候、任何地方的学习……这需要新的有线或无线基础设施能够允许学生,用他们任何可能的设备访问互联网、他们的数字内容、他们的学习社区……这需要投资移动宽带基础设施,以作为补充和扩充传统计算机的方式……

网络安全

教育机构需要考虑的另一个挑战与网络安全有关。换句话说,允许学生将他们的个人移动设备连接到机构网络可能会暴露敏感信息。当开始允许学生使用笔记本电脑的时候,高等教育机构就一直在处理安全问题。然而,学生目前带到大学校园的移动设备数量,加大了现有的安全性问题。

自带设备计划代表了许多教育机构的信息技术部门用于控制学生和教师可以使用的技术的戏剧性转变。这种方法使信息技术人员能够管理网络和信息的访问权限,以保证数据的安全级别。马克里和伯尼克强调说:"移动设备的使用不能仅仅因为它们存在信息安全风险就受到限制，我们应该明智地使用这项技术。"

在一些学术文章中，与自带设备相关的某些安全风险已经被讨论过了。例如，丢失未受保护的移动设备可能意味着，用户可能已经暴露了存储在该设备中的个人数据或公司数据；另一个风险是，移动设备可以同时与各种网络通信，而不论防火墙的情况。如果移动设备连接到教育机构网络的同时连接了公共网络，则有可能会打开一条通往教育机构中央信息系统的未受保护的路径，从而产生安全问题。移动设备可能成为教育机构的私人数据关卡。

马克里和伯尼克观察到，没有可用的系统使教育机构能够通过移动设备监控其信息系统在访问和传输数据方面的表现。然而，教育机构可以教导学生和教师有关的安全实践和网络政策，以及提醒他们作为网络用户的责任。坡和加芬克尔指出：

> 了解无线网络本身的技术只是考虑无线安全的方式……用户应该参与安全策略的开发和实施……更重要的是，我们可以让学生参与课堂（或数字）的讨论，来说说个人责任在保护无线环境以能够开展有效交流和学习的安全空间问题上的作用。

此外，其他文献还提出了几种可以实施的策略，以保护企业数据以及其他敏感信息。例如其中一个广泛讨论的策略是要求学生和教师向信息技术部门注册他们的设备。网络将仅提供对注册设备的访问（称为个人电脑地址注册）。

许多大学都将这种策略作为保护无线网络的方式。例如，作为安全系统的一部分，美国南佛罗里达大学就要求学生向信息技术部门注册他们的设备。当学生注册他们的设备时，信息技术人员就能够通过其个人电脑地址跟踪或监视无线用户。另一种策略包括为移动设备用户实现专用的隔离网络，防止他们访问公司数据。

信息技术支持

特拉克斯勒说，移动学习创造了对支持结构的需求，其发展的快慢取决于提供这种支持的机构能力。例如，史密斯、萨拉维和卡鲁索的一项研究表明，如果移动设备用户数量增加，那么该机构的信息技术部门就将面临对这些设备进行技术支持的需求。

然而，支持具有不同型号和操作系统的多个移动设备，可能比支持由信息技术人员购买和维护的同系列设备更为复杂。如果它们来自相同的制造商，具有相同的软件并且配置完全相同，那么支持多个移动设备就会更容易。如果教育机构向使用自带设备模型的学生提供设备，这种情况就是可能存在的。

特拉克斯勒记录道：

> ……信息技术支持人员认为整个手持电脑区域里，其平台及其应用程序太过个人化、流动性和多样性……在机构层面为个人电脑提供支持……这种态度抑制了实验的进展……

奎因强调，一个"最重要的问题在于是否应该支持学习型设备"。坎贝尔等人指出，如果高等教育机构希望学生们在课堂中使用自己的设备，则会产生为这些设备提供支持的义务。然而其他人却表示，学生应负责修理他们发生错误或损坏的移动设备。

根据 CDW 公司的数据，信息技术支持应该帮助用户进行网络访问，尽管由于操作系统和平台的不尽相同，这可能成为一个挑战。不列颠哥伦比亚大学医学院采用了自带设备模式。学校在其指导方针中明确指出，学生有责任修复自己的设备。

像阿尔登这样的研究人员认为，学生会非常自如地使用他们的设备，并且会以非正规的方式学习如何使用它们。不过阿尔登认为学生可能偶尔需要技术支持来执行某些任务，如下载或使用应用程序。拉姆斯登对个人数字助理的使用的研究引起了对当前支持结构内为学生和教师提供信息技术支持的关注。作者提出了一个支持结构，强调"学生之间"的网络类型。

公平

自带设备程序可能会扩大数字鸿沟。当学生的个人移动设备成为教学和学习的制度要求时，所有学生都能够访问设备和无线网络。例如，贝克曼和马丁指出，在实施学习活动期间，教师无意中使拥有移动设备的学生处于不利地位。

因此，教育机构必须确保没有一个学生由于没有可用技术而处于不利地位。在这方面，基纳什、布兰德和马修的研究表明，为了确保所有学生都能使用移动技术，每个学生都可以申请到一个用于购买一台可用于大学和家庭使用的 iPad 的贷款计划。拉马斯特和斯塔格则讨论了涉及公平问题的另一个策略。

> 没有手机的人那就与他们的同桌合作。到本期结束时，所有 27 名学生都在个人设备上合作完成了作业。学生完全按照我们教育者理想的模式完成：他们评估了自己的学习需求，找到了正确的工具来满足这些需求，而这一切并没有成年人的干涉。

虽然学生们普遍拥有移动设备，但人们不能假设所有人都能买得起最新的技术，设备也有可能不如其他人那么强大。因此，学习活动必须能与所有移动设备兼容。

例如，舍普曼、罗德威、贝蒂和兰伯特描述了一个作为学习必要条件的多平台解决方案。作者指出，能够在学生拥有的硬件上进行移动学习，并且使用可以针对不同任务定制的相对通用软件的技术是有利的。约翰逊在提到学校层面的公平问题时补充说：

> 当选择图书馆电子书、在线数据库、学习管理系统和电子教科书

时，部分标准必须是如何在繁多的操作系统上使用这些材料。

此外，在规划课外活动时，教师必须意识到可能导致不公平问题出现的任何情况，例如没有可用或充分的移动设备数据计划的学生。坎贝尔等人提出了另一个更深远的平等问题：

> ……如果自带设备不在高等教育中确立……学习者的复杂、敏捷和个人反应的计算生态系统的经验，就会反映到他们日益增长的判断力和创造力上。权力与他们自己的发展身份相关联。对于学校而言，这将是破坏性的……它剥夺了学习者和教师的经验，而学生需要在一个真正复杂的世界中茁壮成长。

课堂中断

虽然个人移动设备被视为潜在的支持教学和学习的工具，但它们也可以扰乱授课。教育机构可能面临教师在课堂上使用学生设备的阻力。研究表明，使用移动设备往往被视为分心、欺骗和不当使用技术的渊源。

例如，盖斯特指出，许多教师认为移动设备在授课中让学生们分心，因为学生会不注意听讲，而是经常浏览互联网或访问社交媒体。彭斯和罗亨利进一步指出，大多数教师和学生都同意，手机是造成听课分心的原因。由于振铃、短信或多任务的问题，移动电话被认为是分散注意力的元凶。

斯科纳瓦卡、胡夫和马绍尔报告指出，虽然学生偶尔会在课堂活动中使用社交媒体，但使用个人移动设备的整体体验是积极的。作者认为，可以通过鼓励学生将他们的个人设备带到课堂上来实现积极的结果。为了尽量减少干扰，夏尔普斯建议教师可以尝试禁止在课堂上使用移动技术，或者那些完全知道需要管理的干扰设备。然而，正如戴森、特利什、史密斯与华莱士所观察到的，教育机构禁止在教室里使用移动设备……阻止学生从移动学习中获益。

文章中已经讨论了几种策略，以使实施策略到课堂礼仪的移动技术引起的干扰最小化。例如,布杰加指出,一些大学正依靠教育运动使学生更加留意课堂礼仪。方补充说,教师不应将分心看作是一个挑战,而应将其看作是反思和修改其教学方法的机会。

然而,许多教师可能不知道如何将这些设备加入到教学中,因此须要进行培训。为了充分利用课堂中的移动设备,教师须要了解它们的教育价值,以及如何将这些工具添加到课堂教学中。此外,机构应组织对教师和学生进行培训,以在课堂上正确使用移动技术。尤其是教育学生关于移动技术在教室中的使用,这对于自带设备计划的成功实施至关重要。

案例说明

下面我们要回顾一个案例研究的主要结果,以说明上述各小节讨论到的挑战。该研究在阿拉伯联合酋长国的高等教育机构进行。它研究了由学生的个人移动设备支持的课堂中测验的实现,还会探索将这些设备带入该机构的影响。

研究参与者包括 19 名阿联酋女本科生,她们在教育学士课程内参加了为期 15 周的教育技术课程。信息技术部门的一名工作人员也参加了这项研究。采用数据收集的混合方法是作为实现三角测量的手段。该研究采用了与多个移动设备兼容的商业网络浏览器响应系统的方式。

网络与安全

伊达·M. 桑托斯的研究报告说,目前的机构网络基础设施只能支持参与研究学生的人数。结果表明,需要增加网络容量以容纳更多数量的设备。然而,另一项研究表明,为了增加网络容量需要花费一些钱。这与其他人的结果一致,他们讨论了改进网络基础设施以适应自带设备模式所涉及的经济成本。

研究还表明,为增加机构无线带宽和接入点而增加的成本是合理的,必须有与自带设备计划相关的教学和学习成果。在这方面,文章显示了在教学和学习实践中使用移动设备所产生的好处。例如，斯托尔杰尔发现：

> 大多数学生声称移动设备对学习过程有所帮助，并帮助他们理解课堂上所涵盖的概念……此外，学生们指出，将移动活动整合到课程中很好地利用了他们的时间，并支持他们的课外学习……

此外，研究引用了 1 名信息技术工作人员的话，该机构很快需要为学生的个人移动设备提供互联网连接，对此他表达了关注：

> 我敢说在 18 个月内，我们将不得不为学生们提供访问……当我说访问的时候，我的意思是连接。所以在基本层面上，你将不得不提供连接……否则你就会置身事外了……

与其他人类似，伊达·M. 桑托斯的研究报告也表达了对网络安全性的担忧。研究表明，如果参加研究的学生滥用或与研究之外的任何人共享密码，客户账户就会被用作保护机构网络的方式。研究还表明，该机构将创建一个隔离的网络，并让学生向信息技术部门注册他们的个人移动设备以作为保护网络的策略。然而，研究结果显示，为了创建一个隔离的网络，学校需要增加带宽以容纳更多的设备，这也需要更多的投资。

信息技术支持

上面的对个人移动设备的信息技术支持的评论显示出了不同的结果，一些人认为需要信息技术支持；而另一些人认为学生可以支持自己的设备或者只需要很少的支持。本研究说明，学生在参加测验活动时不需要信息技术的支持。只有当少数学生有技术问题时，这主要与访问无线访客账户的密码有关，他们就会自己想出如何解决技术问题。

类似于文章中讨论的想法，伊达·M. 桑托斯建议，由于设备和操作系统种类繁多，对移动设备的信息技术支持会很复杂。根据调查结果，信息技术支持将更多地涉及连接或访问网络，以及将应用分发到移动设备的问题。

平等

本研究表明，一开始就出现了公平问题。根据结果显示，虽然所有的学生都拥有移动设备，但只有几个订阅了本地的互联网服务提供商。换句话说，大多数学生只能用移动设备连接无线网络才能访问互联网。

在研究实施的时候，学生没有无线网络的访问。为了实施基于移动的测验，桑托斯指出，该机构向参与的学生提供无线访客的账户。反过来，这个行动似乎在教育机构内创建了两类用户，其中一个群体可以访问无线网，而其他学生则不能。

诺里斯与索罗威虽然在学校层面提出了一个案例，但报告了一个类似的模式，一个特定的机构不经意地创建了两类用户：有些人能负担得起与苹果手机相关的数据计划，有的却不能。

此外，在本研究调查结果的仔细检查中，伊达·M.桑托斯发现还有一个更深层次的平等问题。似乎只有一组参加这项研究的学生受益于使用先进技术，在课堂上进行有效学习。在一个积极的方面，以及支持的研究人员，他们表示学习活动必须是跨平台的。研究表明，基于网络的应答系统使所有的阿联酋学生能够访问课堂上的测试。唯一的要求是，在学生们的个人移动设备上有互联网可以使用。

中断

本研究没有显示学生的个人移动设备在教室中造成的破坏行为。然而，研究表明，移动设备可能会扰乱课堂教学。根据桑托斯的调查结果，提供给学生的访客账户需要密码，而每次他们都想要访问无线网。研究表明，访问类似"酒店式体验"无线网过程，可能会阻碍学生在完成课堂测验后使用他们的移动设备。

结论

本章讨论了在课堂上学生使用个人移动设备所面临的主要挑战。为了有效地实施自带设备计划，所有机构都需要仔细考虑其当前的网络基础设施，以适应各种移动设备。正如联合国教科文组织所指出的："大多数移动学习机会取决于与互联网与其他通信和数据网络之间的可靠连接。"

此外，当存在多设备环境时，网络安全变得更具挑战性。实施安全措施和升级网络意味着考虑经济成本。虽然自带设备被视为降低成本的举措，但这些都是需要考虑的隐性成本。教育机构必须注意到平等问题，制定有关策略以确保所有的学生都能够使用移动设备、互联网连接，并能够参与教室内外有组织的活动。

维奥林诺建议学校不要"在没有研究和解决访问控制、安全和支持等问题的情况下开始自带设备计划"，这同样适用于教育机构。还应该进行诸如本研究的试点研究，以测试自带设备计划，来应对本章讨论的挑战和可能出现的其他挑战。

此外，试点研究包括在课堂中使用移动设备来试验自带设备概念的教师。结果可以通过研讨会与其他教师、信息技术工作人员和其他人进行分享。有关人员可以说明制定战略和书面政策以处理网络安全和由于在教室中使用个人设备而造成的中断问题。

然而，制定政策可能还远远不够。教师和学生都需要接受关于网络安全实践的教育。此外，正如盖斯特所观察到的，重要的是传达关于在课堂上何时以及如何使用个人设备的政策。盖斯特发现，

> 学生可能不知道使用手机会影响教学……有意识地培养礼貌和专业精神可以促进最佳的教学和学习。

本章提出了与学生个人移动设备的信息技术支持相关的混合结果。高等教育机构应制定明确的政策（如何或是否为个人移动设备提供支持），并向

学生提供这些政策。基于拉姆斯登的想法，创建一个基于学生的支持结构，而不是依靠信息技术支持，教育机构可以促进基于移动设备模型和操作系统的学生网络，支持系统的发展。如果可行，可以训练和分配信息技术人员以对该机构使用的主要移动设备型号或操作系统进行支持。虽然本研究的调查结果显示不需要信息技术支持，但这需要更多的研究来进行验证。

本次的探究结果建议有助于最大限度地减少与自带设备模型相关挑战的潜在战略。应该进行更多的研究调查来应对这些重要挑战。例如，研究是否可以包括不同的学生群体，并专注于正式和非正式的学习。

第九章　孩子们能行的

近年来，随着技术的快速发展，计算机和电子游戏成为了目前在数字学习中被讨论最多的争议话题。也许这是因为孩子们会盯着屏幕玩游戏长达数小时。然而，教育者已经开始看到这种新媒体的力量，并探索使用电脑游戏来支持学校学习的方法。

学习与玩电脑游戏并行，有越来越多的孩子创造了自己的游戏和它的教育价值。通过最近建构主义理论对技术支持学习的影响，这一趋势蓬勃发展，学习者通过实验和发现积极地学到知识。在线访问大量游戏设计程序的容易性，以及在没有任何技术技能知识的情况下创建数字游戏的能力也激发了这种兴趣。

在此之前，对儿童游戏制作实践的研究集中在对特定学习领域的影响，例如，识字技能、故事讲述和写作技能、数学、科学、艺术和计算机素养领域的技能；一些研究作为游戏素养的一部分，让学生学会批判性、创造性并在文化中成长为一个独立的个体。

还有一些研究通过游戏设计的活动来研究儿童发展自己的思维技能。帕珀特使用编程作为一种促进学习思维能力的方法。他将程序描述为个人表达和知识建构的工具，这使得学生能够进行心理和文化方面的学习。

乔纳森将计算机定义为认知工具，当用于建构主义学习环境时，会激活批判性思维和学习。乔纳森将技术描述为"吸引学习者的设计和环境"。他还谈到了学习者在成为学习材料设计师时如何才能学得最多，而不仅仅是从中学习。卡法伊研究儿童设计游戏的活动，他认为游戏设计是儿童练习和发展可转移的技能，如规划、数学思维和解决问题。

戴尔重点关注一些小学生的游戏制作项目，这些项目旨在培养学生基于课程的讲故事和写作技能。为此，戴尔解释说，创造数字游戏激励学习者实现目标、增加自尊、提供协作学习的机会、发展问题解决，培养学生观察、提出问题、进行假设、参加测试和促进元认知反思的能力。

毫无疑问，技术进步不仅改变了我们的沟通方式，而且改变了我们个人和社会的思考和学习方式。值得注意的是我们的大脑对这些技术创新的反应。神经科学研究表明，我们的可塑性大脑正在开发新的能力和策略。这种创新不仅影响今天的成年人，而且影响数字时代的孩子。

无论是通过玩游戏还是设计自己的游戏，孩子在与新技术的互动中逐渐转变了自己的内在思维，以及如何在社会语境中进行概念化学习的能力。理解思维和学习的解剖结构已经从一个准静态的角度转变成了一个互动的动力体验。学生不再是等待着被教导的被动学习者，他们变成了自己头脑实验室的主要工程师，他们有时单独设计和控制他们的思维过程，有时与辅导员（老师、父母、朋友或计算机）合作，这使得他们随时随地都能学习。

然而，定义这种变化如何影响儿童思维模式的背景仍然是一个模糊的领域。主要的困难在于我们是如何观察孩子的心灵，并在做游戏时获取他们的心理活动的形象，因为思维并不总是可见的。他们的游戏设计可以给我们提供关于他们是否能够使用该软件创建游戏的信息。然而，这不能解释认知过程中的步骤，如他们如何解决问题、他们使用的策略、他们遵循的步骤等。本章旨在进一步探讨这一点。

定义焦点

一个适当的建议是：数字游戏制作可以被看作是发展儿童思维的学习空间，因为它是一个吸引学习者不断解决问题的活动。然而，没有太多的信息来说明这是否是影响了孩子思维方式的基础。因此问题在于，"数字游戏设计活动是否影响儿童思维模式的学习？如何影响？"

虽然这是一个要回答的非常复杂的问题，但也是一个非常重要的问题，因为它直接关系孩子的学习方式。找到答案的一种方法是探索一个人的认知，进入一个孩子的心灵中。"认知"作为一个总括术语包括所有导致获得、存储、连接、传递知识和技能的心理活动。

它可以被看作是一个用大脑的思维功能来设计问题的解决方案。因此，如果我们要在设计自己的游戏时理解儿童的思维过程，则需要探索思维、学习和元认知之间的相互关系，因为它们都是一个人的认知。以下部分将探讨这种关系，亚塞明·阿尔索普称之为"思考—学习—再思考"，因为它不仅是相互关联的过程，还是一个连续的、重叠的过程。

思考—学习—再思考

很明显，游戏设计活动的思维元素正在成为一个焦点，因为目前越来越强调教育儿童的批判性思维能力，使他们成为一个成功的学习者。因此，定义思考是什么，以及如何最好地用技术发掘它仍然是模糊的。在这个领域最大的误解是"思维过程"，这是一个功能大多通过特定的学习成果来评估，而不是研究一个人思维中的认知活动的过程。

作为认知的主要基础，仔细观察思维可以被视为在我们所知道和我们所理解的概念之间建立不断联系以形成进一步意义的过程。思维与学习之间的牢固联系进一步扩展了这种定义。根据帕金斯的研究，学习是思考的结果，成功的学习取决于思考。

思维不仅是一个心理过程，它涉及与"自我"的对话，还有与"他人"的对话。同样的学习不能仅仅被定义为获得知识的过程。学习和思考是深刻相关的运动，有时会重叠。思维的确是这样的。部分是通过在现实世界中人的行为的内向、外向效应来学习的心理过程，这构成了探究、创造性思维、推理、信息处理和评价的技能。

至于学习，它还可以包括发展批判性思考和分析能力、有效使用信息、做出决策、批判性思考的能力。值得注意的是，这两个概念都包含许多类似的技能。但是拥有这些技能并不能保证学生会学习。学习广泛地源于学生如何转化和应用这些技能到不同的学习环境中。

布兰斯福德等人指出，当学习不仅仅是简单地记忆或应用一套固定的程序时，才有可能转化成技能和知识。首先，学生需要理解相关的概念并成为这一技能的专家，然后才会知道如何、何时将技能应用于新的情况。换句话说，虽然这些步骤看起来很直接，但只有当一个人能够理解和反映自己的想法时，元认知技能才是可行的。

克罗斯与帕里斯定义了元认知，这是有知识和控制的孩子对自己思维和学习活动有所了解的过程。学生可以通过自己的思维意识和调节他们的学习活动来改善学习。元认知的核心是能够通过与"自我"对话的可视化步骤来思考内心和组织心理活动。

这是非常重要的一点，因为当一个孩子被要求"思考"时，它基本上是在指示他们使用自己内部的声音与"自我"交谈。因此，这看起来像是认知过程的一部分，元认知是一种高水平的思维技能。斯特恩伯格指出，元认知技能是由激发学习和思维技能的动机驱动，然后反馈到元认知技能，使专业水平提高。根据斯特恩伯格的研究，这些过程涉及规划、评估和监测问题解决活动，并适当分配认知资源，这是智力的核心。

方法

为了使研究更具广泛性，我们使用为期 6 个月的参与者观察、非正式对话、深入访谈、学习期刊和视频访谈的方法，这要比仅仅进行关注好很多。然而，为了达到研究目的，我们会对儿童在游戏设计"思维地图"和小组讨论的视频记录之前、期间和之后进行分析，以便在进行各自的数字游戏时更了解他们的心理活动。在一个班级中，30 名 10—11 岁的孩子被教授如何使用一个含 3D 设计的免费游戏 ——"爱丽丝"。

思维地图

在游戏设计课程开始之前，每个孩子被分到一张白纸，老师要求他们解释在进行任何主题学习时的想法。老师没有给出任何特定的格式，以便他们可以自由地反映自己的思维背景和风格，而不是使用设置的格式。他们被要求在游戏设计活动期间保持住他们的思维地图，以便如果有任何改变，他们就可以在思维地图上进行直接注释。在项目结束时，孩子们被要求绘制另一个思维地图，以展示他们在游戏设计活动期间的学习过程和思考。

小组讨论

在不同的场合进行了两次讨论：一次是在游戏设计项目期间；一次是在项目结束后。每次讨论持续 40 分钟，内容会被视频记录，重点观察儿童对电脑游戏的思考过程的看法，以及其他与学习相关的活动。

研究学生的思维地图

乌杰瓦拉的思维地图

在项目开始前的思维地图（见图 9.1）中，乌杰瓦拉绘制了一个连续的图表，并将其描述为一个"蜘蛛网"。她的想法从一个简单的答案开始，然后检查了她的答案是否正确。这会变得很有趣，因为她谈到会再次记住这个概念，并能在几天的时间里使用它。

她的思维地图以建议几天后如果她忘记如何回答她没有学习为终止，但如果她这样做了，她就是在定义她的学习。在乌杰瓦拉的思维地图里，她还写了"集中"和"思考不同的东

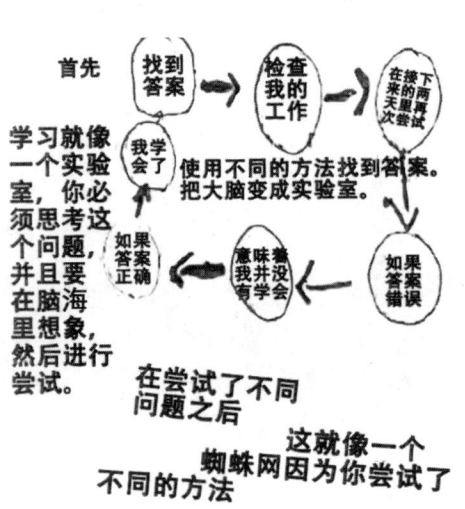

图 9.1　乌杰瓦拉在项目开始前的思维地图

西"的字眼。她在游戏设计期间注释了她的思维地图：

学习就像一个实验室，你必须思考这个问题，并且要在脑海里想象，然后进行尝试。使用不同的方法来找到答案。把大脑变成实验室。

她在项目结束后的思维地图（见图9.2）中有不同的布局，但仍然绘制为一个连续的过程。乌杰瓦拉开始在脑子里想象

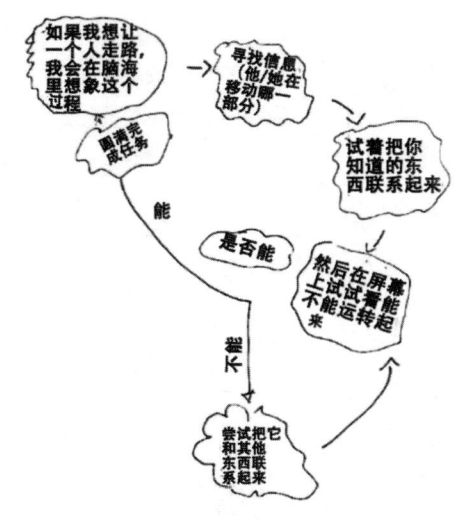

图9.2 乌杰瓦拉在项目结束后带有注释的思维地图

这个任务："如果我想让一个人走路，我会在脑海里想象这个过程。"然后，她开始寻找完成任务所需的信息。乌杰瓦拉将她找到的东西与她已经知道的东西联系起来，并试着在屏幕上查看自己的设计，看看它是否能够运转起来。如果不能，她建议重新联系不同的信息。

海伦的思维地图

海伦的思维地图是一个连续的圆形布局。她清楚地标记了"开始"点，这个"开始"点是接收信息。检查工作、看看现有的信息、尝试所有的可能性，如果能够运转起来就会获得新的信息，你可以在生活中使用这些信息。然后，海伦会再次启动该过程。

值得注意的是，在海伦的"游戏设计思维图"中，她还提到了将她的大脑变成实验室。她提到尝试不同的想法或方法（策划过程），并在屏幕上进行测试，如果这不能运转起来，那就尝试其他的东西。海伦项目结束后的思维地图也是一个连续的循环周期。她通过规划游戏"看起来像什么"开始了这个过程：查看游戏程序的信息（如命令"探索"），紧接着检查她已经

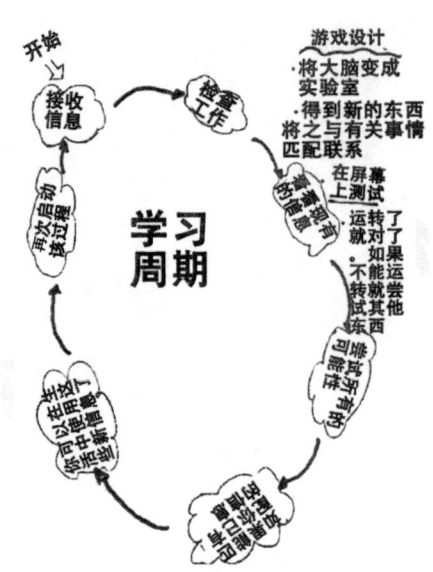

图9.3 海伦在项目开始前的思维地图

图9.4 海伦在项目结束后带有注释的思维地图

知道的内容,以及她是否可以将其与屏幕上的某些东西相关联。

然后她开始测试阶段(实验过程)。如果这个思维不能运转起来,她就会建议连接其他东西直到能够运转。如果这个思维开始运转,那就可以在游戏中使用(见图9.3)。当她被要求在小组讨论期间解释这个问题时,她的答案是:

我使用了代码。如果我想让一个女孩走向车,那么我创建的方法、属性和功能,也许是一个变量,我可能会需要它。所以我可以创建一行代码。如果这个能行,这个女孩移动到了我想让她移动的地方,那么我就可以使用它,或许我做了一个僵化的动作。

实际上,这告诉我们,她使用代码来编程,使对象移动到目标点。她使用代码来实验,使用实验和纠错的方法来概念化动作"移动"(见图9.4)。然后她将这个概念存储在她的头脑中,以在类似的情况下使用。她经常检查她的设计是否有错误,并进行更正以操纵一个或多个对象以创建所需的操作。

这是一个非常复杂的活动，需要有一个能力来分析他们的内在想法，可视化他们的想法对实际设计的影响，然后通过使用代码集，应用他们的想法到设计本身。

因萨夫的思维地图

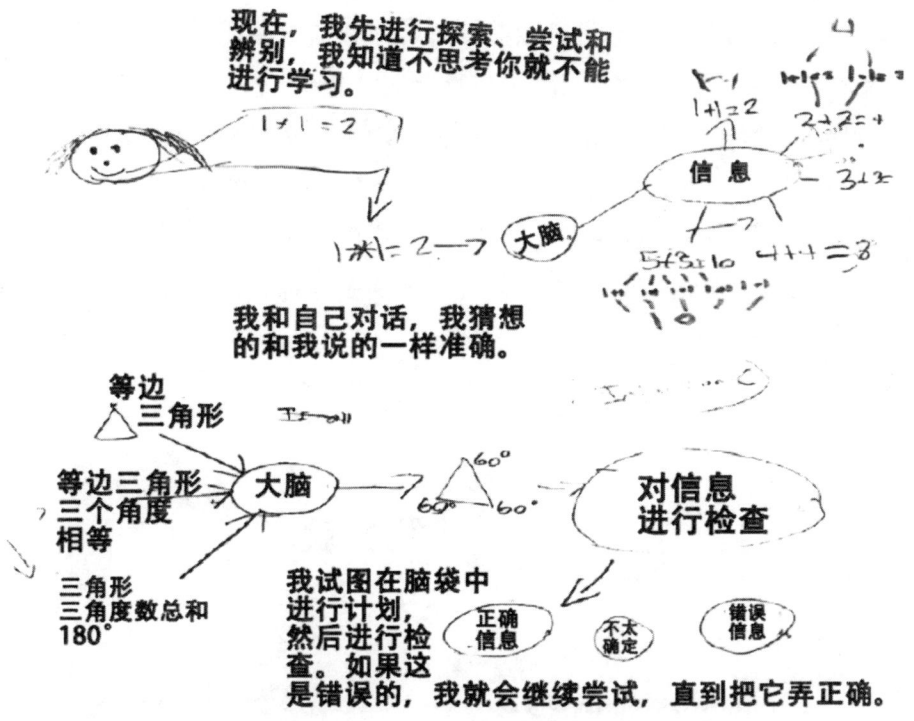

图 9.5　因萨夫在项目开始前的思维地图

相比之前的两个女孩，因萨夫的思维地图（见图 9.5）在项目开始之前的设计不是一个循环周期。他用例子来解释他的想法，而不是排列出步骤。他将大脑置于解决问题的中心地位，并显示出对于问题相关的不同信息进行连接和检查。他对信息进行分类，一些可能是错误的，在中间放置一个不确定的选项，并在游戏设计期间对地图进行文本解释改订。

他首先说道:"现在,我先进行探索、尝试和辨别,我知道不思考你就不能进行学习。"因萨夫接着说道:"我和自己对话,我猜想的和我说的一样准确。"最后他说:"我试图在脑袋中进行计划,然后进行检查。如果这是错误的,我就会继续尝试,直到把它弄正确。"

"与自我交谈"和"头脑中的计划"这两句话首次在游戏设计活动中提到。但这并不意味着因萨夫没有使用这些功能,但似乎他现在知道自己的想法,并能够反映出他的心理活动。

他在项目结束后的思维地图(见图9.6)如下。在这其中有4个连接框与文本,虽然不是环形的。因萨夫开始尝试如果他点击Alice身上的按钮会发生什么(探索过程),然后他使用他从试图计划做什么(策划过程)中获得的信息,接着他尝试他的计划来创建一个最终的游戏(实验过程与引出过程)。如果因萨夫发现了一个问题,他就会一直尝试直到得到正确结果(错误检查与评估过程)。他的思维序列被清楚地描绘出来,最后一步告诉我们他成功地参与了这个活动中来,因为当他遇到一个挑战或者问题时,他不会放弃,而是尝试不同的可能性,直到找到解决方案。

图9.6 因萨夫在项目结束后带有注释的思维地图

马赫因的思维地图

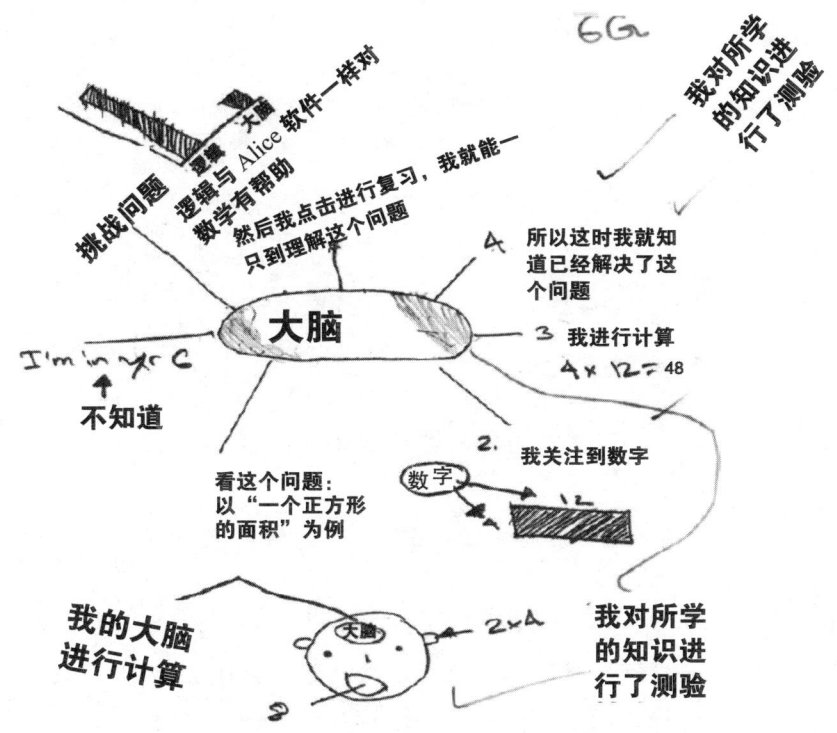

图 9.7　马赫因在项目开始前的思维地图

在马赫因项目开始前的思维地图（见图 9.7）中，他把大脑放到了地图的中心位置。然后，他按数字顺序从大脑中列出步骤。马赫因首先看这个问题（以"一个正方形的面积"作为例子），他关注到数字，然后进行计算；如果得到正确的答案，马赫因就知道已经解决了这个问题。然后他会进行复习，以确保能够理解。他在游戏设计中添加"逻辑帮助数学和这个项目"到他的思维地图里。

当被要求对此进行解释时，他的回答是：

"实际上，这是有逻辑的。如果你可以理解事物，就像连接你知道的东西并使事情有意义，那么你可以解决任何问题，例如代数。你可以做到，如果你能理解它，那么你就知道它。"

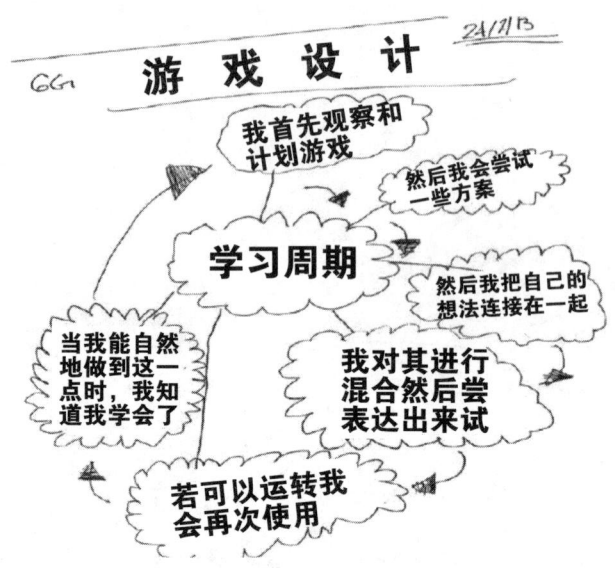

图9.8 马赫因在项目结束后带有注释的思维地图

马赫因在项目结束后的思维地图（见图9.8）中有不同的布局。他把"学习周期"放在中心。他的心理活动放在这些词周围，并通过连续循环类型的箭头连接进行显示。他建议首先观察和计划游戏（参与与策划过程）；然后他会尝试一些方案（探索过程）。这之后是连接他自己的想法，把这些进行混合然后表达出来（编码、实验过程）。如果所说的可以运转，他会再次使用。当他能自然地做到这一点（编码过程）时，马赫因将之描述为学习。

马赫因的思维过程从策划理念开始，然后转向了探索和实验。一旦他确信他的编码能够使他的想法发生，他就用其来设计他的游戏（引出过程）。

有关思考和游戏设计，与孩子们的对话

虽然不可能在这里分享孩子们的所有观点，但有一些观点绝对值得一提。孩子们认为他们在设计电脑游戏时必须做更多的事，因为没有人总是坐在旁边帮助他们。一个孩子表示：

我认为你必须将想法联系起来，因为老师不会一直帮助你，而并不是每个人都知道游戏设计。老师懂数学和读写，因为他们学习过。我认为你必须将想法和外在思考联系起来，因为你不会总是得到帮助。

他们中的许多人比较了游戏设计与学习一门新语言之间的关系。一个孩子说：

数学、英语是我们知道的语言。我们知道"5+5"是什么意思。在这个活动中，一开始我们不明白它的意思，然后我们学着去明白。如果你想要将某个东西在你没有控制它的时候进行移动，一开始你会知道怎么做，因为这是一种不同的语言。它是一种编码语言，你必须思考得更深刻。

他们还讨论了，当他们学会了这种语言时，他们会如何使用类似的代码来进行编程让对象做不同的动作。

但是你不需要把每个运动当成一段不同的编码。你可以对不同的操作使用相同的编码。这可能像是在添加。当你游泳时，你可以向前移动，然后向上或向外移动，所以你不需要创建每一个，你仅仅需要添加一个。基本上，你需要知道的是，你是否可以在另一个东西上使用以前的编码。

当他们在游戏设计期间被问及"思维序列"时，这就涉及广泛的心理活动。不过，"想象""可视化"是最常被提及的话。他们的一些意见是：

我会思考现实生活中的运动。当我想起游泳，我就会想象我的手臂在上下移动。

第九章 孩子们能行的 111

当你做数学时,让我们说一个字的问题,答案通常在问题中。但在这个项目中,你必须从头开始,构建一个想象的世界,必须做一些事情来解决这个问题。

有时你需要将想法可视化。

我在想象我之前做的游戏。如果我做一个发生在城市里的汽车游戏,首先我会想象这个城市的场景,然后是汽车。我会在脑海里思考该怎么做。

他们还经常提到"实验室"这个词。他们谈到了虚拟实验室(脑海里的想象)和物理实验室(编写程序),还谈到了他们如何通过设计将两者连接,然后在屏幕上做测试。

你把编写程序变成一个实验室,因为你在上面做尝试。当你按"播放",你基本上是在测试,它是一个真实的物理实验室。

我把我的大脑实验室、我的虚拟实验室与现实实验室进行匹配。我在虚拟实验室里进行计划,然后在现实实验室里进行测试。

我在我的脑海里进行测试。如果它不能运转,我也不会对我的设计进行尝试,因为我知道他就是不会运转。

我试图在我的心中设计运动过程,但我在现实程序里也做尝试,因为代码是在程序里的,不是所有的都在我心中。

我在我的脑海中进行想象。这就像按下了"播放"按钮,但你在进行操控。例如:我需要让人向前移动,让另一个人可以说话。你研究真正的程序才能使它变成现实。

当孩子们在讨论思维和学习之间的联系时,出现了一个有趣的地方。一个孩子用一个科学例子描述了这个过程:这就像电和开关。要开灯这两者都是必需的。只有电不行,你需要用开关打开灯。当另一个孩子问,你如何将它应用于游戏设计时,她的回答是:"开关就是学习,电是思考,因为思考与电一样,是不断前进永不停息的。"然后另一个孩子问:"那灯泡是什么?"她的回答是:"灯泡是最终的结果、解决方案,就像你的游戏设计。"

"6E 模型":定义"思考—学习—再思考"

虽然这是一个小型的研究,但这为我们提供了一些洞察孩子在游戏设计活动期间的学习过程的思考。这项研究将在未来几年继续深化一些概念。

在这个阶段,分享孩子在进行游戏设计时,报告自己的主要认知活动仍然是非常有益的。研究孩子们在项目前后的思维地图和他们在小组讨论期间分享的解释,可以表明他们的思维序列在游戏设计活动期间和结束之后的变化。注意到的一些变化是:

- 图形代表孩子们的思维过程中有一个明确的布局与连续的周期。
- 可视化、在屏幕上测试之前想象解决方案是主要的心理活动。
- 把大脑变成一个"实验室"。许多孩子都提到了把他们的头脑作为一个虚拟实验室来进行规划和测试他们的设计。
- 谈论"自我"。很多孩子都提到在计划他们的游戏或试图找到问题的解决方案时,他们会与自己交谈。
- 将"思维地图"命名为"学习环"。虽然讨论绘制"思维地图"可以展示他们的思维过程,但许多儿童将他们的地图当作是"学习环"。

孩子们在数字游戏中所做的思维方式也有类似的模式。最常提到的就是动机、探索(项目探索、设计思想探索)、测试(想法设计)、检查错误和决策(决定游戏想法,决定使用哪个代码)。值得注意的是,大多数孩子将思维的过程看作是一个具有灵活性的连续循环的圆圈,这允许他们可以根据需要在不同的步骤之间进行移动。"思考—学习—再思考"循环的主要阶段可以是如下的 6 种:参与、探索、策划、实验、引出、检查或评估错误,简称"6E"。

参与

参与是思维的核心推动力。没有它，思维的过程就不能体现出来。在思考序列的每一步，从创造性到策略的决定，孩子们需要保持他们的注意力以进入下一阶段。他们参与活动，有时是单独的，有时与他们的同伴或与老师进行合作，这是为思维过程奠定基础的关键要素。虽然参与似乎是思考的起点，但它是一个连续的运动，连接到思维系统的每一个阵列中。

在这个项目的 6 个月期间，大多数孩子都可以完全参与任务，一些人的参与要比其他人长。然而，有些学生不时地与任务分离，其中一个原因可能是缺乏应对复杂问题的认知。

有一些策略，教师可以用来支持学习者。他们可以鼓励同伴或全班讨论确定孩子们遇到的问题的主要领域，并允许小组进行协作来设计解决方案。他们还可以使用提问的方式来鼓励学习者大胆思考，深入了解他们的设计是否有错误。

探索

一旦孩子参与活动，他们就开始探索所使用的媒体界面，然后他们通过探索想法和可能性来扩展它。当亚塞明·阿尔索普第一次向孩子们介绍爱丽丝游戏设计程序时，他们花了大约 30 分钟随机点击字符和对象文件、方法、功能和事件。然后，他们观看了爱丽丝网站和 YouTube 上的视频。

甚至在了解程序的功能之前，孩子们也会与朋友谈论游戏可能的方式。其中一些人也试图复制教程，以更多地了解他们能做什么。因此可以说，探索发生在两个方面：学习介质的动力学（界面上）、知道他们可以用它（方式上）表现出来。

策划

在探索游戏设计程序的界面和它们可能表现的可能性之后，孩子们开始设计自己的理念。在爱丽丝游戏项目中，孩子们这样做的方式非常个性化。有些人使用故事板在纸上策划他们的游戏理念，一些人与合作伙伴们讨论完，就立即直接开始设计。

有几个人在教室里走动，看看别人在做什么。值得注意的是，在这个阶段，学生们在教室里的互动是微不足道的。他们的焦点和沟通比社会更加内化。还有一些讨论，围绕着技术上是否可能把他们的想法变成一个设计，以及他们怎么知道这一点的。

实验

这是测试、试验发生的阶段，孩子们在这个阶段检查他们的想法是否可以转化为设计。他们通过不断地对话、思考（与"自我"和"其他"的对话）和行动（与设计的对话）将他们的想法融入设计中，然后使用软件将其变成现实。孩子们有很多想法，他们可以将其中的一些想法变成一个设计，而有些他们就不能。但这并不意味着其他想法是不可能的，孩子们只是不能设计一个解决方案，所以他们就转移到另一个想法。

例如，孩子想要设计一个多玩家赛车游戏。他设法让汽车一个一个地控制，但他找不到一个方法让不同的玩家使用不同的电脑进行控制。所以他决定使用探索的方式，由两个玩家使用一台电脑控制汽车。这是一个非常有趣的方法，因为它允许孩子们重新思考他们的问题并设计可行的解决方案。

引出

这可以被看作是思维过程的决策阶段。在测试了他们的想法和可行性后，孩子们会选择他们喜欢的想法，然后发展成一个游戏。在我们的项目中，这个阶段的耗时最长。它也与实验阶段紧密相连。

这个项目使孩子们理解认真决定并做出正确选择的重要性。每次他们做出了错误的选择，他们就必须尝试不同的想法。他们在决策阶段的问题会在项目结束时变得更加明显，其中一些人非常接近完成一个游戏，有些人却还在尝试其他想法。在某种程度上，这使孩子们意识到错误的决策不仅会影响结果，而且还会导致时间管理的问题。

检查或评估错误

当设计游戏时,孩子们经常使用试验的方法来进行编码。他们不断地检查错误,但也评估了他们想要创建操作的编码是否正确。孩子们报告说,他们会自动开始检查设计是否正确,确认有没有问题。他们还说:"当你在没有任何人教你的情况下制作游戏时,你会更容易意识到错误,因为游戏不能运转。"他们把这与数学课进行比较,他们说:"直到你的老师告诉你,你真的不会意识到犯了一个错误!这总是不太容易察觉。"

结论

研究孩子们学习过程的思考给了我们关于学习者进行心理活动的信息。重要的是,虽然大多数孩子的思维过程都遵循类似的模式,但先后的顺序则大不相同。这可能与认知资源和孩子们的以往经验有关。

另一个有趣的观点是,游戏设计会如何影响孩子们的想法。他们谈论着使用他们的头脑作为一个实验室来计划、可视化解决方案,并在屏幕上对想法进行测试,不断检查错误,以及进行更深层次的思考(不是随时都有帮助)。他们说,大脑在游戏设计活动期间会变得更积极,因为他们必须在没有太多支持的情况下进行大部分的工作。

孩子们把这描述为"更深刻的思维"和"更快速的思维",这可以被视为认知的延伸。记住开始时的重要问题(数字游戏设计活动是否影响儿童的学习模式?如何影响?)很简单,游戏设计活动与孩子的思维方式之间有着牢固的联系。

我们建议说,制作游戏时,在把想法变成现实之前,孩子们将头脑变成实验室,在那里他们可以通过思考(与"自我"和"其他人"对话)和行动(与设计对话)来开发和测试他们的设计。这是一个持续不断的"有意义"的过程,孩子们可以在其中进行规划、决策、组织、测试和技能评估,这是许多领域学习的基础。教师、学习空间或任务、学生通过不断监测和评估

（元认知）来规范自学能力都是这个过程的核心所在。

在设计自己的游戏时，理解孩子们的思维过程，本章为我们提供了一个起点。亚塞明·阿尔索普希望在未来几年内，可以继续探索孩子们自己在设计计算机游戏或设计计算机程序时思考的问题。

第十章　教与学氛围中关于技术变革的思考

近年来，我们已经看到计算机（具体而言，是无线笔记本电脑）技术变得越来越精密，并且被更广泛地使用。从逻辑上讲，教育部门使用这些工具有很大的好处，尤其是考虑到即时获得的丰富材料和无限交际的可能性，从动机角度使用如万维网、社交网站博客和维基百科资源的时候。

顿·赛登（Dawn Seddon）曾讲道：

在教授语言课程多年之后，我观察学生学习的方式，观察他们的互动，并与同事进行多次讨论。我一直思考的问题是，使用技术的语言学习实际上是否与预想的一样有效。

个人笔记本电脑被引入阿拉伯联合酋长国高等技术大学，以取代计算机实验室和更传统的语言实验室。这种转变的主要目的在于，学习者能够使用方便携带的学习工具，这些工具可以在课堂内使用，也可以在课堂外进行自我访问和独立学习。此外，每个具有个人所有权的学生也能确保他们能够安全地登录和存储他们的工作。另外，教师也可以随时使用大量的工具，而无须去专门的计算机实验室。

因此，我决定通过评估学生和教师对英语课程中笔记本电脑的使用效果，进行深入地了解。基于我的初步讨论，可以确定的是，一流笔记本电脑的使用对语言学习既有利又不利。这可能是由于教师对信息通信技术价值认识的原因：那些接受并希望促进其使用的人与那些对其实际利益更加抵触和怀疑的人大有差别。实际上，在第二语言的学习中，学生愿意使用新工具的程度有所增加。

很多时候，关于最新技术制度性使用的创新是由管理层自上而下地强加的，因为它们通过其渐进的性质被假定是一种实现有效学习的"更好途径"。然而，这些举措通常会被接受，而不会被挑战或被拒绝，虽然许多从业者在开始实施时持怀疑态度，并且可能在一开始"恐惧"改变的发生，但多数人都会在某一时间内主动行动，而少数人会继续保持抵触态度。

特别令我感兴趣的是这个主题进一步地推进。这个学期（从2012年1月开始），为我们的新学生订购笔记本电脑的设想并没有按计划进行。当学生终于收到他们的"基本工具"时，我们已经上了8周的课，这已经到了学期中旬。学生将如何面临严重的不利因素？在类似这种最初的恐慌和喧嚣之后，准备充分的英语教师开始线下的教授课程。经过多年的隐喻"靠在电脑上学习"之后，学习还是有效地进行了。结果是教学基本上不受影响，学生积极地参与使用更多"标准"的方法。

这当然是纯粹通过观察指出的，所以进一步的研究似乎需要确定在最终推出后，学生和教师对笔记本电脑实际价值的感受。我的研究在这个学期进行得很好，因为学生和教师可以做出比较合理的学习计划。从根本上说，我有兴趣发现我们如何帮助学生进行最好的学习。要做到这一点，就需要有效地观察在网络课堂中学生的学习偏好和问题。

高等技术学院的基础课程是一个密集的英语四级学位语言课程，目的是在两年的时间内将学生的雅思成绩提高到5.5。处于一级的学习者通常是初学者或只有欧洲语言共同框架的级别为A1的较低基础。学生们来自同一个教育系统，他们在小学就接受过英语教学，但这在很大程度上是没有用的。大部分的学生只能用非常有限的语言进行交际，并有着在古老教育理念下产生的僵化认识。

此外，他们对世界的认识有限，可能部分是由于社会、家庭和宗教的原因。在进入大学之前，学生接受过多少计算机或信息技术的训练是不清楚的。对于一些人来说，这可能是他们第一次在笔记本电脑上工作，许多人可能不熟悉英语键盘或命令。几个学生来自没有互联网的家庭，虽然他们的家庭背景往往是少数极端保守的。

然而，大多数学校是唯一可以自由访问社交媒体的地方：敏感内容通常被政府（教育机构除外）屏蔽，并且可能存在家庭限制访问社交网站、短信和电子邮件的现象。

学习者的年龄范围通常在18—26岁，在目前的班级中有新学生（最近离校的学生），以及留级的学生。班级在本质上是相同的，所以跨班级的研究应该产生典型或具有代表性的结果。学生遵循相同的课程和班级规模（一个班的学生在14—20名）。那些留级的学生比新生多出一个学期的时间使用笔记本电脑，但他们不一定会获得更大的成功。

每个班级通常有一个或两个老师，在超过20周的学期里，他们每周都进行20个小时的综合性授课。老师们来自英国、爱尔兰和北美，英语都是他们的母语。所有人都非常有经验，在世界的各个地方工作过，并持有至少一个对外英语教学或英语教育的文凭（大多数有硕士学位）。

虽然，不可否认计算机技术已经变得更加精密而方便用户使用，这在探索英语教育课堂上开辟了许多的可能性。但在教育中，笔记本电脑是否如我们设想的有效，目前仍有相当大的争议。阅读目前的文章，顿·赛登发现主要有两个不同立场：一些人关注点在笔记本电脑干扰了学生的注意力，损害了有效学习；另一些人认为笔记本电脑技术在技术意识、当前教育实践和教室中是不可缺少的，它促进了学生的自主学习和与他人的交流。

穆雷谈到了技术工具如何像他们支持使用的教育方法一样迅速地改变。在过去的20年中，第二语言英语课堂与对外英语课堂的重点在于沟通和向学习者提供真实的交际机会。她指出技术可以提供一系列这样的机会，因此英语教师利用这一点是合乎逻辑的。

纽南将英语教育的重点转向鼓励学习者的自主性和以学习者为中心，因此笔记本电脑的使用可能是积极学习者的完美工具。莱文、塔玛尔、瓦曼妮和里维卡进一步建议，那些在思想层面上支持学生导向型学习和使用建构主义方法的老师，可能是在教室里首先推广新技术的老师。

未来苹果教室（The Apple Classrooms of Tomorrow）也强调，技术增强了以学生为中心的教学方法，这有助于增强他们的学习能力。事实上，使用笔记本电脑或无线技术（当被适当利用时）可以把修订过的21世纪布鲁姆分类法（21st-Century Bloom's Taxonomy）包含进去，包括整个金字塔、从"记忆"到"创造"的成果、完全支持的"高阶思维"策略。

穆雷推崇把信息通信技术作为一种工具来帮助学生组织、编辑和审查（特别是以书面的形式）。穆雷还指出，使用工具有助于沟通，这将教学边界延伸到了课堂之外并促进了学生的独立性。如聊天程序和在线讨论板的技术都提供了真实的交流机会。

然而，金和里瑟尔在他们的研究中发现，教师会经常使用信息通信技术，因为他们自己对计算机在学习中的地位深信不疑。他们还指出，许多教师看到了使用诸如讨论板等工具的明显优势，特别是在减少内向学生面对面参与的紧张感方面。

对于其他人来说，这些工具（聊天、社交网站等）的本质导致了低效率和离开课堂任务的行为，这对学习有很强的损害。弗雷德进行的研究表明，在课堂上使用笔记本电脑的学生会花费大量的时间进行多任务的操作，并且会在学习环境之外的聊天和社交中分心。弗雷德进一步指出：

> 笔记本电脑的使用与几种学习方法呈负相关。相关性的模式表明，笔记本电脑的使用会干扰学生的注意力和对课程的理解。

弗雷德还引用了关于认知干扰的其他研究表明，学生的表现速率会降低，并且由于弹出消息和屏幕上不相关的信息造成的分心，学生的错误会增加。对于低级别的学习者而言，这是特别正确的。对于一个初学者而言，即使英语课堂的界面会造成严重的混乱和恐慌加剧，但这也会大大减少处理手中任务的时间。

虽然电子邮件和即时通信可以被看作是促进现实生活中有目的地进行真实通信的工具，但劳里塞拉和凯认为，当技术在课堂上被用于娱乐时，它们也可能对课堂有害。

在笔记本电脑效率的研究上，劳里塞拉和凯收到的学生意见证明，主要的分心因素有上网、看电影和在课堂上玩游戏。70％的学生会在50％的课堂时间里干这些事情。

反思这些观点，它认为如果一位教师承诺并相信使用技术能适应和丰富良好的教育学，同时可以为学生仔细地设计任务，许多这些负面影响是可以根除的。类似地，如加塞姆和哈什姆指出："语言教师应该仔细考虑教学中的新策略，信息通信技术在没有正确的策略下是不能帮助我们进行教学实践的。"

顿·赛登讲道：

> 为了从不同的角度进行评估，从而更准确地概述教学和学习中发生的情况，我决定对三种主要工具进行调查。这些问卷一个是针对学生；另一个是针对教师，还有一些是来自现场观察的"现场笔记"。在与感兴趣的同事进行了一些讨论后，一位老师提供了他一个班级的反馈，他让学生们在接受任务时自己选择用不用电脑。这支持了我的主要研究，所以我也会在这里展示出来（已经得到完全授权）。
>
> 进行学习调查的逻辑起点就是对学生的询问。为了了解学生如何使用笔记本电脑，并得知他们的偏好，我调整了劳里塞拉和凯实施的笔记本电脑中的有效性量表，它考虑了在学生的进一步教育时，使用电脑来进行学术（基于教室）和非学术（娱乐）的情况。
>
> 考虑到被调查学生的水平，我认为不使用回答"是或否"的问题可能比较好，这样会受到模糊性的干扰。为了进一步地使调查清晰，我还将问题翻译成阿拉伯语，并保持问题的简单直接。最后3个问题是基于事先对学生的观察，得知了学生在回答笔记本电脑使用问题时并不想回答哪些问题。调查问卷第二部分的目的是获得更多的定性回答，并确定更多的个人意见，所以我引入了更多的开放式问题。我将其保持在最低限度以避免信息量过大而给学生造成困扰。

给老师的调查问卷

显而易见,教师的问卷比学生版本更加复杂,涉及了更多的问题。我询问了8位老师他们是否会参与并给出3个完整的答复。基于一位同事的意见,我认为调查应该在学年结束时进行,因为老师们平时太忙没有时间回复,即使完成调查只需要大约20分钟的时间。

所有教师都可以选择通过电子邮件或打印的纸质文件。两位老师选择了匿名的版本,一位老师用邮件把问卷发回给我。虽然问卷确实产生了大量详细的,或者说是更随意的回答,但在面对面地讨论后,我把这些意见排除在了这项研究之外,因为这些是同事之间丰富的讨论成果,在道德上我并没有获得明确的使用许可。

这些问题基于特定课程中,使用笔记本电脑的期望和常见做法的共同经验。主要目的是了解教师在课堂上做了什么,他们觉得什么有用,以及他们对于用在英语课程的笔记本电脑有什么样的保留。

第一部分专门指的是在学院系统及其应用中常用的工具或程序:

老师的调查问卷,第一部分(见表 10.1、表 10.2、表 10.3、表 10.4、表 10.5)。

在课堂上你怎样使用笔记本电脑?请指明:(1)你正在使用哪些工具,使用频率呢?(0是从未用过,5是经常使用);(2)你认为这个工具有用吗?(0是没用,5是非常有用)。

表 10.1

工具、程序、使用	使用频率	是否有用
与学生进行邮件通信	0 1 2 3 4 5	0 1 2 3 4 5
学生给提交作业	0 1 2 3 4 5	0 1 2 3 4 5
讨论板	0 1 2 3 4 5	0 1 2 3 4 5
其他	0 1 2 3 4 5	0 1 2 3 4 5

表 10.2

工具、程序、使用	使用频率	是否有用
自学或图书馆学习网站	0 1 2 3 4 5	0 1 2 3 4 5
全球初学者的电子教材	0 1 2 3 4 5	0 1 2 3 4 5
清晰（tensebuster 应用程序）	0 1 2 3 4 5	0 1 2 3 4 5
其他语言学习的游戏、程序或网站	0 1 2 3 4 5	0 1 2 3 4 5

表 10.3

工具、程序、使用	使用频率	是否有用
文档程序：输入、编辑和改错	0 1 2 3 4 5	0 1 2 3 4 5
展示、演示文稿、制作电影	0 1 2 3 4 5	0 1 2 3 4 5
录音等	0 1 2 3 4 5	0 1 2 3 4 5
其他	0 1 2 3 4 5	0 1 2 3 4 5

表 10.4

工具、程序、使用	使用频率	是否有用
在线词典	0 1 2 3 4 5	0 1 2 3 4 5
翻译工具	0 1 2 3 4 5	0 1 2 3 4 5
视频网站	0 1 2 3 4 5	0 1 2 3 4 5
其他	0 1 2 3 4 5	0 1 2 3 4 5

表 10.5

工具、程序、使用	使用频率	是否有用
网页和 Webquests 网	0 1 2 3 4 5	0 1 2 3 4 5
第二语言英语阅读网站或程序	0 1 2 3 4 5	0 1 2 3 4 5
有声文件的进阶阅读器	0 1 2 3 4 5	0 1 2 3 4 5
其他	0 1 2 3 4 5	0 1 2 3 4 5

第二部分是评价在课堂上使用笔记本电脑的实际经验（见表 10.6）：

老师的调查问卷，第二部分

表 10.6

1.你在本学期使用过笔记本电脑进行考试和测验吗？如果有,你有什么经验？是积极的,还是消极的？这种方式有什么优点或缺点？
2.从你的经验来看,笔记本电脑是可以帮助学生集中注意力,还是成为了分心之源？
3.你认为学生喜欢使用笔记本电脑吗？
4.你认为什么因素（如果有的话）让学生不愿每天都使用笔记本电脑？
5.你认为你的学生在开始课程之前有足够的信息通信技术技能吗？
6.你认为在课堂上笔记本电脑有什么好处？
7.你认为在课堂上笔记本电脑有什么缺点？
如果你正在教一个新班级（或者有一年级的新生）,请回答下面这个问题。
笔记本电脑在开始上课后才到达,你认为这会对教学不利吗？

现场观察的"现场笔记"

调查表在提供有价值的数据时,只显示情况的一部分。通常学生们会有主观的反应,特别是在使用开放式问题的情况下,并且有可能难以真实地反映出实际情况。虽然这项研究对于认识是至关重要的,但我认为通过研究和整合现场观察的要素,可以获得更完整的情况（见表 10.7）。

这并不是说在现场观察期间记笔记就没有问题。在讨论研究方法时,华莱士提出了"现场笔记"的概念,并指出在教学时做笔记不像其他语言教师那样普遍,因为：

> 保持纪律的必要性和与学生交流的复杂性使调查者基本没有做笔记的时间。

此外,他还恰当地指出这种方法的缺点,那就是教师密集地参与课程,本身就意味着重要的观察结果将要丢失,回应也会受到影响。

顿·赛登说："为了尽量减少这种干扰，我请我的同事或主管观察我的班级，并让他们注意在常规班级中，学生在使用笔记本电脑和不使用笔记本电脑活动时的互动和参与。"

表 10.7

	观察的要点
不使用笔记本电脑的活动。	学生参与度。
	互动。
	语言作业。
使用笔记本电脑的活动。	学生参与度。
	互动。
	语言作业。
• 使用笔记本电脑的活动与不使用笔记本电脑的活动一样成功吗？（使用笔记本电脑的活动更成功）	
• 有没有花费很多时间来准备使用笔记本电脑的活动？（例如教授信息通信技术的工具或信息技术技能）	
• 有没有在某些时候，笔记本电脑的使用适得其反？（例如对于信息技术技能较弱的学生、没有笔记本电脑的学生、出现技术问题等）	
• 在课堂的哪个时候，学生出现了分心的情况？	

现场观察记录表

顿·赛登说道："在上课的 1 小时 40 分钟的时间段内，笔记一直在做。在课后，观察者将笔记交还给我，我们进行了讨论。理想情况下，这可以在不同的班级和老师中重复该过程，使用无线技术和更多标准做法的各种活动都可以这样。我对其他同事提出建议，上课时他们可能会按照我说的方式做，但没有人决定这样，这可能是由于华莱士研究中反映出的原因造成的。"

学生对作业的反应和反馈问卷

在研究的最初阶段，同事们积极地帮助我。一位没有参加调查问卷的老师为他的班级独立设计了自己的小型研究，他的结果是可以使用的。

为此，学生们进行了一次写作活动，并得到了完成任务的不同方式：使用笔和纸、使用 Word 文档或使用电子邮件直接发送给老师。任务完成后，学生们被问到为什么选择不同的方法。问题允许简单地回答，有多个选项：

基础 1 级的写作任务：《我的故乡、邻居和家》请三选一

- 我 ＿＿＿＿＿ 写了这篇文章。

使用笔和纸；

用 Word 文档；

使用电子邮件直接发送给老师。

- 如果你用笔在纸上写了文章，你为什么这么做？（可多选）

我更喜欢在纸上写作，因为我可以有提纲还能更简单地看到；

我不喜欢用电脑进行写作；

我不太会使用电脑；

我忘记带电脑了。

- 如果你在电脑上写了文章（Word 文档里或邮件里），你为什么这么做？（可多选）

我不喜欢手写；

我更喜欢手写，但我也知道怎么用电脑写；

我认为打出来的作文比手写的作文看起来要更好；

用电脑就意味着有拼写检查，我可以减少拼写错误；

我不喜欢我的字迹（或者我有书写障碍），所以我更喜欢打字。

- 有了笔记本电脑之后，我觉得我可以更好地学习英语

是的，我同意；不知道；不同意；我还没有电脑。

谢谢参与调查问卷。

学生喜好的反馈

应该注意的是，这个特定的班级是一个最近刚收到笔记本电脑的新（没有复读学生）班级，因此学生们已经习惯于用手完成任务。老师给了我原始数据（完成的调查问卷）之后，我分析了学生们的回答。

学生调查问卷的回答

一共收到 64 份调查问卷。所有学生都完成了 8 个回答"是与否"的问题，60 个学生需要完成更多的开放式答案的第二部分。

所有受访者都说有一台笔记本电脑；92％的样本（59 名学生）说他们的老师强烈要求他们在英语课上使用笔记本电脑。97％的学生认为笔记本电脑帮助他们学习英语，但这似乎只限于在课堂使用，因为并非所有（81％）的学生在家里都可以使用笔记本电脑或计算机进行英语练习。

图 10.1 显示出学生对调查中前 4 个问题的回答：

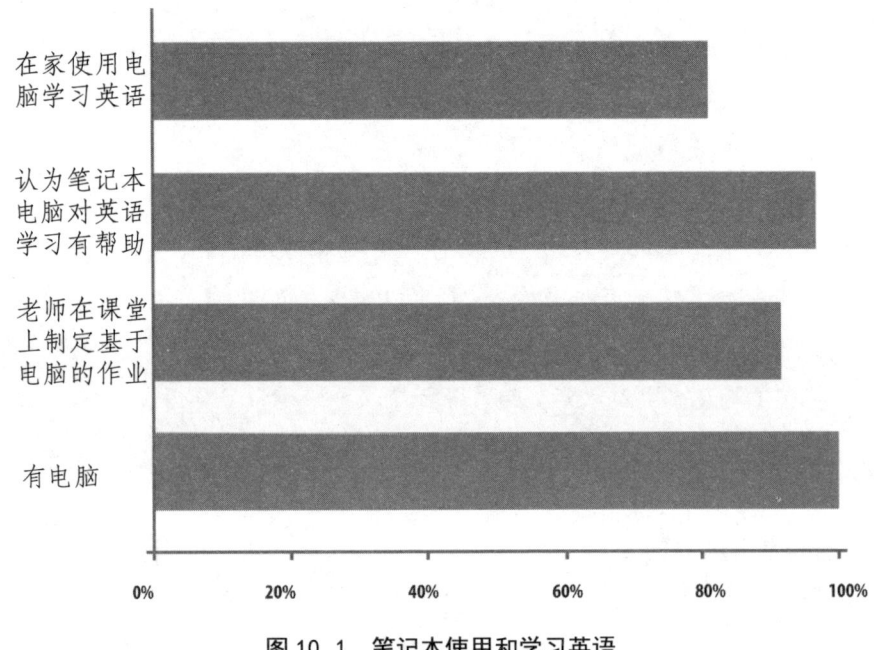

图 10.1　笔记本使用和学习英语

图 10.2 显示了后 4 个问题回答的分布,这 4 个问题与学生使用笔记本电脑的体验和偏好有关。

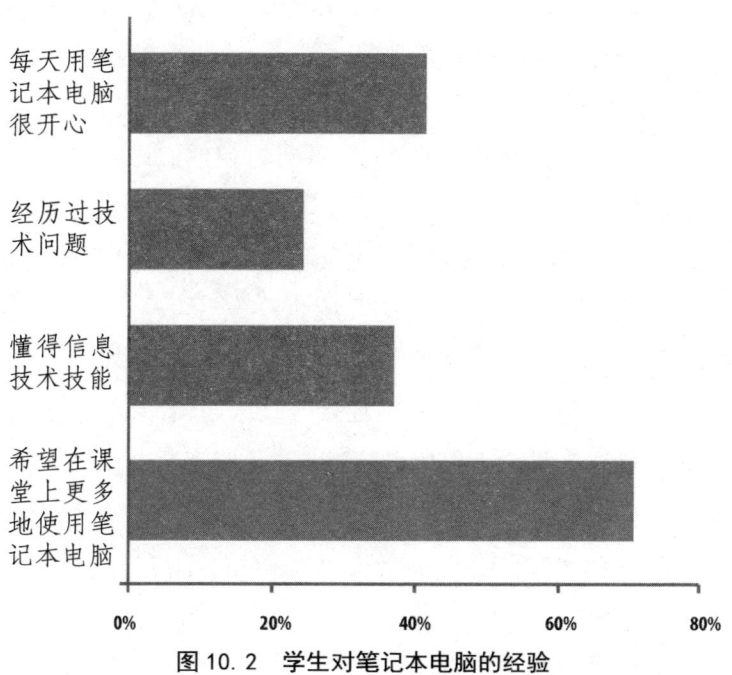

图 10.2　学生对笔记本电脑的经验

这些问题产生了各种各样的反馈。一些学生表示,他们不是完全满意增加笔记本电脑使用频率的想法,虽然 73% 的学生希望更多地使用他们的笔记本电脑。相对而言,较多的学生(69%)认为他们的信息技术技能不足以在英语课程上使用笔记本电脑;只有 39% 的学生认为他们目前的信息技术能力水平是足够的。

使用笔记本电脑的偏好似乎没有受到学生在课堂上遇到技术问题的影响,只有 30% 的学生报告了这样的问题。然而,主要的问题似乎是:学生不愿把他们的笔记本电脑带到课堂上,不到一半的学生(44%)很乐意这样做。

在第二部分要求开放式回答的问卷中,许多人提出了一般的非提交答复,并且许多答案都是重复的(可能是由于学生不知道怎么回答,于是和同学们讨论了该写什么)。然而,也仍有一些事情可以从学生的答案中看出来。

关于在课外使用笔记本电脑，大多数学生回答说，他们会使用它完成老师布置的家庭作业，或"找到"家庭作业的答案。同样，多数人表示，下课后他们会更倾向于使用笔记本电脑进行娱乐，例如以下活动：上网、看电影、上 YouTube 网站、用谷歌搜索、聊天。

有 7 个学生在课堂外根本不用电脑。

在课堂上，学生喜欢使用翻译工具，并且方便他们访问在线词典。使用互联网也很受欢迎，但上网的目的并不明确。老师简单地使用数据显示、快速搜索和图片来解释事情，学生们对此表示欢迎。许多学生表示，他们喜欢能够给予及时反馈的语法和词汇的练习活动。

使用键盘并不舒服、打字速度与否定性评价有关。另外，学生们还提到了诸如冻结、粘贴键和缓慢的互联网连接等技术问题，以及其他硬件问题。一位学生直接写道，在课堂上使用电脑真是"无聊"！

老师的反应

如上所述，只有 3 份填写好的表格送了回来，但是这些上交的表格提供了有趣和详细的答复。这些都是个性化的，表明了每位老师在如何使用笔记本电脑上都有自己的偏好。

例如这 3 个人中，有两位老师没有使用讨论板，因为他们不认为讨论板是有价值的，而另一位老师将这看作是最有价值的工具，并且使用最为频繁；电子邮件通信也未得到充分利用，但一位老师认为有用；只有一位老师要求学生发电子邮件作业，但另一位老师表示如果笔记本电脑可以在本学期早些时候介绍的话，她会更多地使用电子邮件。这些发现令人惊讶，并且表明笔记本电脑交际使用的全部潜力并没有发挥出来。

老师将课程书《新系统技术的组件》（全球初学者电子教科书）视为非常有用，并经常在课堂上使用。这与学生的喜爱相同。几乎没有交际上的使用，但这些材料允许学生进行独立学习、复习他们的功课并得到即时反馈。一位老师评论说，他们利用这些材料，通过创建一个每周的在线计划，学生可以按照自己的节奏进行学习。在课堂上注意到这些比做作业或者独立研究更有意义。

这 3 位教师都发现,在讨论板和新一代网络工具(如语音线程)中使用语音记录的程序和工具会非常有用,但是在文字处理工具方面似乎存在一些不同的使用意见。

没有一位老师广泛地使用或看到翻译工具的价值,虽然学生表示翻译工具对自己太重要了。显然,这与老师试图让学生不要使用翻译工具、以更多的自学有很大的关系(虽然老师们会经常用到在线词典)。

老师的评论给出了最好的观察角度。这 3 位老师都不愿意使用教育技术尝试集成测试模板,因为在收到笔记本电脑时就会有很多新知识出现,虽然这对学生来说习以为常。老师们认为这太耗时,也具有破坏性;另外,软件程序的漏洞也可能会损害结果的可靠性。

虽然注意到了笔记本电脑的好处,但有两位老师认为使用笔记本电脑会导致学生们分心而不是让他们在课堂上更加集中注意力。也就是说,如果学生们正确地参与到活动里,这也不算是什么大事。所有老师都相信学生喜欢使用笔记本电脑,因为它提供了一个不同的焦点。一位老师表示,她觉得有些学生过度依赖翻译工具、复制粘贴和拼写检查工具。

老师们表示经常会听到学生抱怨说,笔记本电脑太重难以随身携带,这使得他们不愿每天都背着电脑回家。这也显示在了学生的反映中,66%的学生不希望每天都携带他们的笔记本电脑。这似乎是主要的负面反映,其他因素还有:学生认为对着屏幕阅读太有挑战性,有些在线材料并不能在家里访问。

所有老师都认为,图书馆自学材料的价值在于它是课程信息通信技术的一个组成部分。老师也有一种强烈的感觉,应该在双语教学、使用笔记本电脑授课之前,让学生们学习一些基本的信息技术技能。一位老师指出,学生正在使用另一种语言表示的命令和界面(至少有一些超纲的特定词汇),这可以使简单的任务(例如引导一个额外的挑战)成为可能。

数字化学习案例研究：如何颠覆传统并提高效率

现场笔记

在观察一个班级的教学活动时需要注意几个关键点。学生在课程开始时充分参与了不使用笔记本电脑的活动，但当提到"笔记本电脑"这个词时，学生就会出现一些分心的举动。过程中没有故意破坏性、拆包、通电和登录行为，这意味着学生缺少必要的指示。尽管老师没有相关指示，但我也多次观察到了这样的情况。

正是由于这一点，学生们会首先使用阿拉伯语来互相检查和帮助。直到这时，所有学习者都完全专注于任务，而英语教学一直没有开始。标出演示文稿中的重点语句，教学生们通过必要的步骤进行搜索、准备图片，这些活动的设置总共花费了 10 分钟。

即便这样，还是有很多教学要求没有弄清楚：帮助困惑的学生、无意中走神、错误操作导致的错误程序或遇到了各种技术难题，例如：

系统运行丢失、没有无线网或者网速很慢、开机时间太长。

这种"故障排除"的间隔会被那些没有多少信息技术技能的学生复杂化，他们不能理解简单的文件管理，也不会使用键盘。观察员指出，学生缺乏基本的信息技术技能肯定会阻碍教学活动。

在这个特定的活动中（想象假期的样子并用幻灯片展示，引导学生们对其进行讨论），老师希望学生使用互联网搜索图片，并将图片简单地插入幻灯片中，这是因为学生们对其他国家的知识有限，他们也不能提供真实的照片和参加过的活动。

虽然在某种程度上，由于使用工具的困难会使课堂效果不太好，但是比起发放有关小册子，懂得信息技术技能的学生能更容易获得课堂资源，这也丰富了课堂体验。

老师们关于"学生意见"的问卷调查

老师已经告知在电脑上或者手写完成作业都是可以的，出乎意料的是

14名学生都选择了写在纸上。做出这样选择的原因是：

- 我更喜欢在纸上写作，因为我可以列提纲，还更方便检查；(14个人)
- 我不喜欢用电脑进行写作；(9个人)
- 我不太会使用电脑；(10个人)
- 我仍需练习如何使用电脑；(8个人)
- 我忘记带电脑了。(8个人)

有意思的是，所有学生都说"更喜欢手写"是不使用笔记本电脑的原因，还有一半以上的人表示他们只是不喜欢它。其他原因属于"计算机焦虑"的范畴，例如准备不足或练习不足，在打字方面有困难或感觉计算机使用技能较差。有8个学生忘记将笔记本电脑带到课堂上，这也证实了之前的研究结果，即学生不喜欢每天携带设备上课。

讨论

结果表明，对于在一般英语课程中应用技术手段的情况，师生们都表示了一定程度的沉默。笔记本电脑的延迟到来似乎已经把重点转向了更标准的英语教学和学习上。

虽然学生们喜欢基于信息通信技术的任务提供的要点变化，但是当给定选择时，这些较初级的学习者会感觉使用传统方法更为舒适。这可能是一个保持学生舒适度的问题。由于缺乏使用键盘的知识，用电脑的热情被抑制了，并且知识的获取因为缺乏练习或技术上问题而减慢了速度，这些都导致了进一步的复杂化。

教师对于花费大量时间"教会使用工具"的真正好处持怀疑态度，学生们缺乏或表示缺乏完成任务所需的基本技能。课堂中存在着一种普遍的感觉：如果学生有基础的训练，教师就会更渴望将信息通信技术或笔记本电脑应用在课堂上。

笔记本电脑的实际使用侧重于学生们独自进行的游戏或者活动，而不是利用交流的功能或获取最新信息。顿·赛登的假设是，教师觉得学生没有得到充分的培训，或者学生没有准备好在语言学课堂上接受这样的挑战。教师本身可能会受到很多技术挑战，这使问题更加复杂了。

在实践中，老师需要做大量的基础工作以确保笔记本电脑在课堂上被高效利用。如在现场观察中所看到的，课堂时间中排除故障和帮助某个学生会消耗大量时间。这样的问题也可能导致教师对笔记本电脑抵触的态度，因为当任务行为影响到教学安排时，笔记本电脑就会让课堂管理更复杂。这样的问题有很多，从学生忘记带笔记本电脑（因此无法正常参与）到学生在课堂上用笔记本电脑聊天或上网。

进一步的提问

研究没有想象的那么广泛，因为只有少数教师回答了问题，这不足以评估教师对笔记本电脑使用态度更广泛的看法，同时也没有一个针对笔记本电脑信息通信技术的应用程序的全面概述。如果能够获得更广泛的样本，我们应该能看到更多样的结果。同时，研究也没有评估教师"计算机恐惧症"的元素，从而解释为什么有些人反对在低年级使用笔记本电脑。在学习进行过程中，作为学生行为的影响因素就变得显而易见。

给予时间、在不同班级里（笔记本电脑的发放没有延迟）的重复研究是有益的，因为这可能对所有的调查领域产生一些影响。芬妮在解决第二语言英语课程中计算机的写作辅助时表明，至少需要一个学期才能发生积极的变化。

此外，由于分配给使用笔记本电脑的时间有限、学生具有沮丧情绪或缺乏先行培训，研究可能会出现负面的结果。如果教师的态度不同，学生的反应可能会更积极。正如海兰指出的，使用信息通信技术时，学生表现改善的原因不是由于计算机，而是由于指导任务的教师，他们重申"老师的支持是成功（使用计算机学习）的关键变量"。

纽南指出，许多对人种学研究的批评事实是，如果研究人员想要复制调查材料，其他人就不能进行正确地分析研究。在这里，我们面对的是一些非常特殊的学生，他们不代表全球其他学习者。学习者和老师如何看到笔记本电脑使用以外的具体领域的重点？这项研究并没有给出一个充分的答案。因此，对其他影响因素的分析也需要重新调查进行研究。

建议

在开始这项研究一年后，我们决定在高等技术学院里用 iPad 替代笔记本电脑，以便随着技术的进步而变化，并提供一个年轻人喜欢的工具来帮助他们进行语言学习。然而，经过一年的实验，我们又决定放弃强制学生们使用 iPad，并邀请学生带上自己的设备。不过在自带设备推出以来，出现的情况又让我们决定在新学年恢复使用笔记本电脑。

在使用任何无论是个人电脑、笔记本电脑还是 iPad 等设备时，都有一些重要的问题需要解决：

- 学生需要熟悉键盘和软件的操作；
- 计算机或笔记本电脑的活动必须正确运用到英语教育课程中；
- 必须提供协作和同伴支持的机会；
- 学习者必须接受明确的初步指导，以在英语课中为了特定目的而使用有关工具。

虽然许多学生和老师仍然对在课堂中使用该技术的有用性持保留态度，而且，目前的研究表明笔记本电脑会在课堂中起到反作用，但不可否认的是，完全使用传统方法是不太可能的。因此，我们有责任推进这项工作，以确保学生从无线技术提供的各种通信中充分受益。这只有通过为学生和教师提供培训的方式来使用该工具，才能在英语课程中适当利用这些技术。

没有教育方法支持的工具是没用的，也不可能引导更好的语言学习。同样，指定的新技术也不能取代良好的课堂实践，而只能做些改进。此外，尽管需要适应学习，但移动或无线技术也不是一个"适合所有人"的解决方案：老师必须继续适应所有学生的学习风格和个性，并充分意识到他们的学习偏好和行为表现。

词汇表

  CALL 计算机辅助下的语言学习
  CEFR 欧洲共同框架参考
  EFL 作为一门外语的英语
  ELT 英语语言教学
  ESL 作为第二语言的英语
  HCT 阿拉伯联合酋长国高等技术学院
  ICT 信息通信技术
  IELTS 国际英语语言考试系统
  IT 信息技术
  PC 个人电脑
  TESOL 针对外国人的英语教学

第十一章 以公元前 3 世纪的视角看 21 世纪的学习

> 毁灭掉一个人最有效的方法是否认和消除他对历史的理解。
> ——乔治·奥威尔

似乎没有人能够确定 21 世纪的学习意味着什么，在教育框架内何种技能可以被定义为 21 世纪的技能，对此有很多猜测和争论。事实上，从儿童到家长，从公司到政府，每个人都对 21 世纪的技能是什么以及如何将其纳入学校课程中有自己的意见。在海伍德富有见地的、引发争议的文章中，他断言："可以肯定的是，在 21 世纪学习的框架内，我们必须面对已有的人类条件，并提供一个包容性的价值观和想法，以体现跨文化意识和精神性。"

当前，21 世纪学习讨论的一个基本前提是，各个级别的教育需要以满足 21 世纪需求和挑战的方式做出改变。然而，这给每个人特别是政策制定者和课程设计者带来了难题，因为没有人知道该如何确定这些需求和挑战的优先顺序。坦率来讲，最迫切的问题包括气候变化、青年失业率持续快速增长、全球贫富差距扩大和地缘政治的紧张局势；特别是在中东和东南亚，宗教、教派冲突和战争，这些是最常被排除在任何有着明确定义的 21 世纪调查课程学习成果与教育框架内基于学习目标的研究之外的。海伍德再次提出了这个论点，在这里值得一提：

> 对于存在主义的问题，一种特别阴险的方法就是从独特的学术角度看待它们，这允许心理学、人类学、历史学或社会学的见解，但

是没能尊重学生去感觉与这些经历亲密接触的真实性。我曾访问过一所学校，这所学校里宗教研究课程是必修课，在这里我只发现了一个内部报告说道："没有证据表明基督教研究和伊斯兰研究为全球正念问题留下了空间。"这份报告进一步指出，属于批判性、分析性和推理性方法的语言课程设立了适当的宗教研究奖学金。但我们学校会教授宗教排外主义、灌输行为、教诲和超集体主义。我们失去了一个能让教师和学生参与到真正具有包容性的跨文化项目的机会！

然而，对海伍德论点的反对声可能是融入了国际文凭学习者（IB Learner）中的内容、理想和世俗价值观。这种声音试图通过关键的学习领域（情感、认知和精神运动方面）来提供一套教学和学习标准，其目的在于世俗的自由主义理想。尽管在实践层面上，可能更多地会出现一些希望进一步学习的、已经毕业的国际文凭学生的性格类型：

咨询者：他们发展天生的好奇心。他们获得进行查询和研究以及在学习中独立表现所必需的技能。他们积极地享受学习，这种对学习的热爱将在他们的生活中持续存在。

博学者：他们探索具有本地和全球意义的概念、想法和问题。通过探索，他们获得了深刻的知识，并在广泛、平衡的学科里培养了理解能力。

思想者：他们主动运用思维能力进行批判，创造性地发现、处理复杂的问题，并做出合理的、道德的决定。

交流者：他们用不止一种语言以及各种沟通方式自信地、创造性地理解和表达想法和信息。他们乐意与别人进行有效的协作。

有原则者：他们以诚实行事，具有强烈的公正、正义和尊重个人、群体、社区的尊严感。他们对自己的行为和后果负责。

开放者：他们理解和欣赏自己的文化和个人历史，并且接受其他个人和社区的观点、价值观和传统。他们习惯于寻求和评价一系列的观点，并愿意在经验中成长。

关怀者：针对别人的需要和感觉，他们表现出同情、关怀和尊重。他们对服务有个人承诺，并采取行动对他人的生活和环境产生积极的影响。

冒险者：他们用勇气和远见思考陌生的情况和不确定性，并用独立精神来探索新的角色、想法和战略。他们会勇敢、清楚地表达自己的信仰。

中庸者：他们了解智力、身体和情感的协调对自己和他人实现个人幸福的重要性。

反思者：他们仔细考虑自己的学习和经验。为了支持学习和个人发展，他们能够评估和理解他们的优势和局限性。

这些理想高尚而深刻，但它们并没有反映人类的存在性条件，这使得在教育背景下作为一套21世纪的教育技能，国际文凭学习者在能力范围内可以得到、预见和实现它。此外，大多数情况下，一旦学生通过了三个国际文凭课程中的任何一个课程，就很难被定义了。有趣的是，他们并没有接受不同于宗教学校和教育机构在几个世纪里尝试的价值观教育。这种教育更加强调模子的性质，而不是自由思维的独立个体："给我一个7岁的孩子，我会把他变成男人。"然而，归因于耶稣会士，这更反映了强大的意识形态因素（无论历史背景如何）：在日复一日的练习中塑造了性格。

国际文凭学习者概况的长期性质，以及其他类型的教育过程的固有问题之一是它试图强加价值，而不是允许发现、接受和整合到学习者的生活中。

也可以说，作为21世纪的技能，国际文凭学习者只是一个自由思维的框架，它认为其远远优于所有先前和未来的思维框架。但是讽刺的是，它与众多教育学理论和框架中的任何一个并没有什么不同，或者是先前的教育或社会承担在公共或私人教育系统内被称为"时代直觉"的权利的政策目标。"你不能教会一个人，"伽利略说，"你只能帮助他，让他自己找到。"这句话在教育学里有很强的共鸣，它支持了国际文凭学习者在21世纪技能的理想。

著名教育家大卫·波佩尔（David Purpel）在寻求一个能够为21世纪提供一个变革性的价值观的技能组合时，采取了与海伍德和他的国际文凭组织非常相似的主题。他在关于教育改革的讨论中打破了层层意义，揭示了我们人类的脆弱性和恐惧，最终导致教育课程的巨大变革。他的论文的核心是，人们相信人类必须朝着善良的方向努力。但这不是天生的。作为一种物种，我们的自我欺骗能力可能导致各种麻烦。如果教育是为了人类的改善，"为什么？"波佩尔问道，"通过人类发展我们是否正面临灾难性的后果？"波佩尔认为，我们对宇宙的机械比喻使我们能够欺骗自己，相信我们可以征服自然（包括人性）。

作为教育者，大多数人能够（愿意）将我们对教育的关注同我们讨论最严重和深刻的事情分开。什么是生命的意义？我们如何作为一个家庭、国家人民？什么是公正的分配权利和责任的方式？我们如何做出适当的道德选择？

尽管大多数学生和教师做出了非凡的努力，他通过询问教育在社会上的真正差异来挑战教育的现状。教育如何促进积极的社会变革？他认为，如果我们通过分区的镜头，就可以看到，人类努力的一些领域是我们能够实现它的证明。艺术、运动、科学、人文科学和宗教等方面，仅举几例，阐明我们的善良、同情、宽容、理解、爱和合作的能力；但是，如果我们调整我们的镜头，我们就会看到整个图景——战争、冲突、贪婪、砍伐、冲突和野蛮竞争破坏了的图景。

波佩尔认为，人类面临的各种危机都没有简单的解决办法。然而，他警告道，机会主义者正在抓住时机，在教育改革中宣扬自己的社会和政治观点。特别是，他认为，拒绝任何可靠的道德和精神理解所留下的真空，为右派团体以及保守的政治家和公司带来改变学校教育进程的议程。在定义21世纪技能方面，只要有任何影响，这个变化就只是表面的，更多地在处理文本权威、权力、控制问题，而不是认真分析假设，而这才是我们教育目标的基础。只有基于对这些假设的敏锐分析展开一个调查，才能使我们改革21世纪的教育。

波佩尔说明了后现代主义21世纪教育过程，作为一个人的潜力和可能性之间的比较，或既得利益集团和政府之间的不灵活性和力量联系的、价值观的矛盾（见表11.1）：

表 11.1

变革价值	制度化价值
社区。	个人。
值得。	成就。
平等。	竞争。
关怀。	敏感。
责任。	内疚。
民主。	权威、权力、强制、控制。
普遍主义。	民族优越感。
人性。	傲慢。
承诺。	疏远、流离失所、自满。
信仰。	理性。
敬业。	自我欺骗。

他对通过在学校中促进和制度化的价值观的内在矛盾所产生的二分法分析，以及通过行动表现出来的二分法分析，是对我们作为教师和管理者在21世纪的行为后果的感知、洞察力和指导。他的论点仍然是相关联的，并表明价值观中的矛盾为参与21世纪教育多方面进程的所有人造成了混乱、不稳定和挫折。我们最终在复杂的问题中应用简单的解决方案。讨论课程改革、选修课、学生行为、行为准则、评估程序、考试结果、体育成绩、学生和员工的士气以及建筑维护，而不是解决日常生活中面临的核心问题、失业、环境恶化、精神贫困、战争、饥荒和贫困的指数增长，是21世纪生活的接受条件。波佩尔表示，在否认这些严酷的现实时，我们有一种虚假的意识合法化，这导致我们自我欺骗的原因。一个根本的巨变正在我们的思维和生活的方式中发生，我们正处于世俗化的21世纪数字时代，人类是自己命运的主人。换句话说，21世纪的教学和学习技能将看到弗朗西斯·福山的预言：作为一个物种，我们正在接近社会和文化演变的终点。

国际文凭组织、海伍德和波佩尔提供的框架中的一些主题可以在其他模型中找到，这些模型是被作为21世纪教学和学习的基本技能的。几个前提是一个不可动摇的，就像福音派的技术信念，作为人类学习的顶峰。有一个假设是，我们的世界正在被技术塑造和重新设计，这样的技术将能够回答我们在生活中最深刻的问题，例如：我们是谁？为什么我们在这里？我们要去哪里？技术素养（我认为这是一种技能，而不是素养）被认为优先于波佩尔的变革价值，因为数字公民将取代我们对属于特定国家、文化和宗教的独立概念，还有其固有的伦理框架、价值观和具体的道德世界观。国际技术教育协会（The International Society for Technology in Education）的议程以及对 21 世纪学习的学生、教师和行政人员行为的僵化规定与 19 世纪社会科学疯狂的议程毫无异曲，这是通过圣西蒙、昂方坦和奥古斯特·孔德得知的。这三个人声称，有可能有效地衡量和理解人类行为的所有基本原则，从而指导社会在行为主义范式内的重组。我们现在知道这是不正确的，我敢说我们会发现，即使在最困难的情况下，国际教育技术协会组织可能会通过技术和数字化学习，改造将遭受类似命运的社会文化尝试。

　　一些私人和政府的智囊团已经开始了关于什么应该和什么不应该是 21 世纪学习中的技能的辩论。梅蒂里集团支持数字学习、创造性教育和高阶思维技能（奇怪的是，他们似乎不知道我们已经在教授这些技能了）；另外，经济合作与发展组织不同于所讨论的一些备选的 21 世纪框架，该组织没有忽视教育首先是在识字基础内出现的社会、交际过程的公理。它需要一种更加平衡的方法，在教育技术和协作学习的使用中争取平衡，并在发展人际关系原则的基础上进行学习。

　　政府、私人和教育部门之间更加激进的伙伴关系之一是 21 世纪技能的伙伴关系。他们的议程也建立在一个技术乌托邦模式基础之上，其中内容有：未来将是一个相互关联的全球化世界，个人将合作并共同努力继续学习和获得数字时代前所未有的进步。然而，这个模型中一个令人担心的根本前提是，并不是每个人都会被接受进入这个数字化存在的勇敢新世界。作为一种价值的社会正义没有被提到，以确保对全球社会阶层的严重不平等做出同情的反应。这在技术时代已经很明显，通过儿童受教育的不平等，以及如何设想的数字化世界秩序永远地将数百万人隔离开。他们的一个关键论点是，没有或不能够接受 21 世纪教学和学习的伙伴关系模式的学习者将被遗忘。正是这种激烈竞争、制度化的学习方式,波佩尔在某些方面强烈反对,国际文凭组织试图通过其形成学习者特征的角色来进行纠正。

21 世纪学习概念的一个更加开明的框架是欧洲议会和欧盟理事会的终身学习的关键技能。它概述了 8 个技能领域(见表 11.2):

表 11.2

识字能力	胜任
语言学。	用母语交流。
语言学。	用外语交流。
数学、科学与技术。	数学能力和科学技术的基本能力。
多媒体。	信息技术和数字化能力。
关键学科。	学会学习。
交流。	社会的与作为公民的。
拥有权力。	主动性和创业精神。
文化。	文化的意识和表达。

这套 21 世纪技能的最显著特点是,它识别和利用了过去的大量知识并建立于此,不同于梅蒂里集团和伙伴关系 21 世纪的技能,这套技能似乎避开了从前几个世纪的学习误导和错误的信念。作为寻求知识的物种,人类即将通过技术达到其最高的进化级别。

很显然,在分析 21 世纪提出的教学和学习的各种框架和论点时,他们的假设是 21 世纪(仍然只处于前几十年)与前几个世纪脱节,因此我们如何准备当前和通过教育的未来、世代必须基于可能是未知的教育学。因此,现在也许就可以解释为什么使用术语"多元文化"作为它们的核心基础,体现后现代主义对技术、艺术、文化、政治、经济和哲学的看法。

21 世纪的教学与学习。他们声称,由于技术的迅速变化和我们的世界通过数字和社交媒体的相互联系,教学和学习必须通过运动身体的视觉、语言、数学、逻辑、听觉、空间和符号的使用。换句话说,多元文化的教学框架将使 21 世纪学习转化成为相关的一套技能,使学生利用自我发现和探索,从而促进沟通和支持，并帮助在他们的生活中共同创造意义。这对任何人来说听起来都是非常熟悉的，这些都是历史上教育学理论的发展和创造（见表11.3）：

表11.3

理论家	理论	描述
奥苏伯尔	补充理论。	可以将在学术环境（讲座）中呈现的新材料运用到现有心理结构的机制中。
班杜拉	观察学习理论。	行为可以通过观察他人来学习。
布鲁纳	构造主义理论。	个人通过比较新的想法或概念与他们当前的知识（模式或心理模型）进行积极地构建。
夸美纽斯	无所不知（普遍知识）。	学习、情感和精神增长交织在一起的想法。通过刺激感觉提出教学，而不仅仅是通过记忆。被认为是"现代教育之父"。
杜威	动手学习。	
埃里克森	社会发展。	埃里克森"人的8阶段"理论描述了个人在不同年龄段经历的一系列危机，始于婴儿期的"信任与不信任"，以及一系列针对每个年龄到成年后的成对结果。
费斯廷格	认知失调。	行为和信念之间的不一致激励人们改变。
弗洛伊德	意识水平。	心理操作在不同的层次：有意识和无意识。他进一步细分为本我（原始动机）、自我（在可能的情况下，满足本我思维的逻辑部分）和超我（良心）。
保罗·弗莱雷	批判教育学。	社会阶层和知识是生命成功或失败的决定因素。
加涅	学习环境。	对于不同类型的学习（运动技能、言语技能），需要不同的条件，因此应该使用不同的策略。
加德纳	多元智能。	每个人拥有7种不同的和可衡量的智力形式：语言、逻辑数学、空间、身体运动、音乐、内在和人际关系。
柯尔伯格	道德发展阶段。	前常规：基于自我中心的利益；常规：基于符合实际期望；后常规：基于更高的原则。
洛克	纯洁质朴的思想状态。	人是"空白板"，教师可以在上面"书写"知识和想法。行为主义的先行者。
马斯洛	需求层次理论。	人类自然地努力满足需求。从最低到最高的5个层次的需求是：生理、安全、爱、尊重、自我实现。在个人可以继续前进以满足更高水平的需要之前，必须满足较低水平的需求。

续表

理论家	理论	描述
米勒	信息加工理论。	短期记忆一次只能保存5—9"块"的信息。"块"可以是任何有意义的想法，如单词、可识别的图像或数字。
巴甫洛夫	经典条件作用（行为主义）。	新反应与现有刺激反应的联系。经典的例子是摇响铃铛和狗粮的联系。重复试验后，狗听到铃声就会流口水（即使没有食物）。原始刺激（S）响应（R）对应的是食物与流口水。新的S—R对是铃铛与流口水。
皮亚杰	发生认识论。	儿童成长的发展阶段：0—2岁"感觉运动"：运动发展；3—7岁"预操作"：直观；8—11岁"具体操作"：逻辑、但非抽象；12—15岁"正式操作"：抽象思维。
罗杰斯	从实践经验中学习。	两种类型的知识：学术和经验。不同于学术知识，获得经验知识以满足学习者的需要，通常是完成一个重要的、现实生活的任务。示例：学习开车。
斯金纳	操作性条件反射（行为主义）。	学习是行为变化的结果。随着刺激反应周期的加强，个体被"条件化"以响应。区别于连接主义，因为个人可以发起反应，而不仅仅是对刺激的反应。
苏格拉底	苏格拉底式的对话。	最古老和最可靠的教育方法，通过提出问题而不是回答来培养批判性思维能力。
桑代克	联结主义（行为主义）。	学习者形成刺激和反应之间的关系。通过实验与错误，加强了对奖励的回应。
维果斯基	社会发展理论和近端发展区理论。	社会互动对认知发展至关重要。与此相关的是"近端发展区"的想法。一些技能，个人可以独立地执行；如果个人有其他技能也可以执行。可以帮助执行的技能被认为是在个人的"近端发展区"内。"近端发展区"是鹰架理论的理论基础。
沃特森	行为主义。	建议大多数人类的学习和行为是由经验控制的（不是遗传上预先确定的）。相信唯一应该研究的行为是"可观察到的"行为。
维特海姆	格式塔理论。	一些想法只能被理解为"更大想法"的一部分，这在解决问题时非常重要。

上面的表格描述了几百年来教学和学习中关键技能发展的全面概述。它表明，我们不应该寻求一个新的 21 世纪框架，而是应该从这个广泛而深远的古老知识体系中发展。因为在它里面是学习的基础——我们今天拼命寻求的东西。通过上面提到的 24 个理论家所涵盖的洞察力和参与性知识体，问题解决、批判性思维、创新和创造性思维以及风险评估、探究和分析、公民知识和美德、社会责任、生活技能、终身学习、动手学习、文化和全球意识已经很清楚了。

21 世纪的学习与前几个世纪的学习并不相同。然而，今天有一个显著的差异，因为 21 世纪的教学和学习已成为那些促进一个日益技术驱动的世界、似乎无法打破自由的人的辩证法的囚犯。

海伍德认为，柏拉图已经谈到过，一些教育工作者、学生、家长和公司信息技术部门的成员在教育和教育理论的历史上，绝大部分是未经学习和没有学习的。柏拉图会指示他们使用类似的方法：关在一个洞穴里，连头都不能转动。他们可以看到的是洞穴的墙壁，在他们的后面是火焰在燃烧。在火和囚犯之间有一条路，一条计算机程序员、软件和应用程序设计师、图书出版商、信息技术公司和知名的学习机构的成员走的路。他们坚持他们的产品和小玩意儿，在洞穴的墙上投下欺骗性的影子。囚犯无法看到他们身后传来的真实物体。囚犯看到和听到的是被他们看不到或完全理解的物体所造成的影子和回声。这些囚犯将错误的外表称为现实。他们会认为他们在墙上看到的东西（影子）是真实的，他们不会知道影子的真正原因。柏拉图认为："如果他们能够彼此交谈，你认为在他们之前的事情里，他们会觉得使用的名字适用于他们看到的东西？"柏拉图的观点是囚犯会被误导，因为他们把他们语言中的术语称为眼前的影子，而不是投射影子的真实东西。

同样在今天，当我们辩论什么是 21 世纪的教学和学习技能时，我们认为我们创造了这些新的想法和概念，但是我们错了。我们只是通过一个黑暗的玻璃看到了影子。真正指向 21 世纪的教学和学习技能的概念，我们是难以看到的。直到链条被打破，我们离开了洞穴，眼中不再只有影子，并寻求清晰地理解教学法时，教育的历史才会真正地改变。

第十二章 关于出版业"以需求为导向"的思考

以下是克莱德·柯礼尔（Clyde Coreil）的故事：

我教的本科生是在数字革命发生后出生的。不过，正在进行的革命和已经完成的革命是完全不同的。上周，当我拿出我的提示之盒（里面装的是画作的上乘复制品）时，我从锋利的剃刀中意识到了这个问题。

我说，学生必须记住一件作品的内容，然后在课堂之外写一个故事。他们每个人都快速地拿出一部手机用摄像功能拍摄他们选择的复制品：这很像他们在决斗，手机就是他们的手枪。我本应该预料到这种"电子武器"，但后来我发现我和他们并不是一代人。

考虑到这一个教训，我将谈论出版业中按需印刷革命对我意味着什么。我认为你可能会对两个主要原因感兴趣。第一个是我个人的看法，我在数字鸿沟的两侧之前、之中和之后都曾经生活和工作过。第二个是几乎所有我做的出版物都与学术界密切相关。我说"几乎"是因为大学毕业后，我去了报社工作，更特别的是，作为一个英语专业的毕业生，我对任何有报酬的工作都很关注，但我错过了一个安静并耐心的编辑提供的所有新闻培训。

上面所说的一切都在毕业后的那一天结束了：我需要一份工作，而最终我在美国路易斯安那州的拉斐特每日广告公司找到了。在那里，平易近人的编辑文斯·马里诺和我分享了他宝贵的经验，如页面设计、故事发展，用一个巨大的摄像机拍摄照片（在技术上容忍了每一个缺点）。50年过去了，从来没有一个工作，不给我提供短期培训的机会。毕业后的两年，可能是我的问题和情况砥砺了我，而不是其他的事情。

在这时，我在校园里有10箱精美好看的图书，都适合在喝咖啡时阅读。它们还是《语言学习的想象杂志》(The Journal of the Imagination in Language Learning)的第十卷。当收到迟到的请求时，我们打开了这些未经分配的箱子。这些材料打印完之后装了大约300个盒子，我就不得不请求借一个房间来进行存放它们。如果数字革命已经完成，我不会有这个相当可怕的任务。毕竟，我编辑的书和存储只是皮毛，这些都不是管理员能看到的。

在发行了10年后，我觉得这个杂志终于完成了。但我很高兴地说，我们出版的125篇文章现在都可以在一个名为CoreilImagination.com的网站上找到。但是所耗的时间和金钱都是显而易见的。当我自豪地说这本经过仔细编辑的资料是免费提供的时候，我其实并没有谦虚。至少已经有两个完整的硕士论文得益于这些材料，我认为随着时间的推移，还会有更多的相关学术作品出现。

同时，在课堂里，我一直都装配着一个持续增值（至少对我而言）的文件夹。我想到以某种方式组织这些东西，并交给出版商。最大的缺点是，我很可能要出售它的版权。如果我找到了一个出版商我也必须做出一些改变，这变化可能会由一个英语系的人提出来。我非常清楚这个场景。

一旦编辑完成了定稿，公司本身就可以继续出版或在选择后将稿件放在一旁等候。如果不是完全地控制了封面设计、页面布局以及根据销售和盈利能力做出任何其他决定的权力，出版社的权力还会更大。一旦收入抵消了费用，我就可能会收到特许权的使用费。当出版社宣布我的书将暂时或永久地不出版时，情况就是这样的。

当你在考虑的时候，这就是一个必须优先决策的刺激点。例如,《掌握国际语音字母表》（Mastering the International Phonetic Alphabet）就是一个你可以完全信任的好书,它由 IPA 声音和空白线组成。这个很薄的小册子已经连续出版了至少 30 年。为了让我的学生能够用到这本书,我一直在尝试购买它的版权或者复制权。

即使这是不可能的：出版该书原本的公司已经被出售了两次,几乎不可能找到该书版权提示的复印件：至少他们是这么暗示的。它不值多少钱,也没有人感兴趣。所以,我就只能继续"违法"：我复制了黄色和破解的书页,把它们放在文件夹中,只给我班上的学生复制足够用的就行。

我能想象得到等待着任何"老版"书的命运。我可以再讲一些其他的故事,例如一个老版本的《贝德福德文学简介》（Bedford's Compact Introduction to Literature）或者我大学里的书店。总之,听我的建议,不要试图阻挡书店只关注新版本的潮流。这样的建议没有阻止另一个出版商（牛津大学出版社）在这个学期开始时从本质上改变书的版本。相同可惜的故事是数不清的。通常也没有其他的选择：亚马逊似乎是同谋,尽管它的卖书能力特别强大。

以前被戏称为"名利印刷机"的公司提供了一丝希望。在商业中他们仍然没什么突破,但业务已经彻底地改变。大家都使用他们的按需打印技术,他们需要做的只是维护一两张 CD 光盘而已。如果我想要一本 10 年前他们出版的某本书的复印件,他们只需要把光盘放入机器,几分钟后书就被打印出来,看起来和原来的一样好。对这些公司而言（至少对我工作的公司而言）不会有"无法打印"的问题出现。

受到上述必要性的驱使,我观察了这些出版社。我被美国一项很好的政策吸引,这项政策要求电子出版物中没有标点符号或拼写错误的。最明显的短板是缺乏声望,有时还会尴尬地体现在书的封面上。这些出版社对封面、字体、布局和语法错误的要求是非常低的。

但是,一旦这些问题都得到了解决,编辑内容的错误就是作者的责任了。在做出最终决定选择哪个出版社之前，我通常会与一家相当有名的公司签订合同。当我发现该出版社不同意给我几本在书店出售的纸质书时，我们的合作就结束了。

通常，出版商都会有这么一个政策，即由书店购买预期销售的书，有权将未售出的图书退还给出版商，出版商退钱。然而，这个出版商却没有这样的政策。如果书店买了这本书，这本书就是书店的了，不能退还给出版商。我问大学里书店的经理，这是否会影响交易。他笑着说没有办法，他还是会从这样的出版商中订购图书。"这不是图书销售业做生意的方式。"他说。

所以我没有签订合同，而是考察了另一家公司。我发现他们也是这样的。该公司还强烈建议让我仔细阅读一本75页的小册子，里面规定了作者和书店交易的所有事宜。我仔细阅读了这本小册子，对这里面该公司的政策十分赞赏。如果我有机会再出版图书的话，我会要求当事公司也提供这样的小册子。该公司完全按照我读到的这本小册子里的内容办事。

我选择的公司还有一个记录部门，每年向美国国税局发送关于利润和特许权使用费的通知。他们向作者发出了关于版税的标准月度报告，无论这种版税是否会发展，我怀疑这并不是普遍的。根据涉及的销售类型，这些书的利润范围在15%—40%不等。我是一个不怎么关心这些事的人：我关心的是我的书或者书的可用性。

学生直接向书店或公司付款买书，而不是我。如果我选择不在办公室里放几本出版社赠书的话，每个人都会很开心。销售将会继续，因为我的公司与亚马逊网站和巴恩斯来宝书店（Barnes and Noble）之间的联结不需要额外的费用。

几乎其他所有的宣传都是以一个很痛苦的自助选择方式提供的。你可以获得每个特定部分的指定金额。例如，我最近通过公司出版了一本名为《期刊论文和学术写作：设置新参数》（*Term Papers and Academic Writing: Setting New Parameters*）的书。由于例子与空白行的数量太多,我选择购买了 8×11 的格式。

我选择的唯一宣传方式是将书列入国际名单。我还要求为教师和评论家等提供 40 份先行阅读材料。我为这个名单和副本总共支付了约 450 美元。我本可以享受斯摩加斯博德的额外项目,但我没有使用。

出版商编辑我的书的基本成本约为 550 美元,这其中还包括平装书、全彩色封面和黑白内置照片的费用。他们按照我的要求设置基本页面色为紫红色,还有一张本人潇洒的彩色照片,为此我靠着一棵树、对着蓝天拍了一张。但我拍的这张照片没有涉及额外的版权,这些都是版权的附随物。

非常重要的是,出版商没有购买我的版权:我保留了完整的所有权。如果明天我选择收回手稿,他们就会照着做。当然,出版商不会允许我保留使用封面或其他格式的权利。这已经很公平了。费用的问题就是这样。一个最基本的命令,例如我的成本,只花了我不到 1 000 美元。根据著名的亚马逊模拟,考虑到该书已经存在于完整的国际名单上,并且已经被初步审阅,我认为这个价格是相当合理的。

此外,我还做了大概 8 张树木的黑白照片,也放在了正文中出版。(我在报社培训的经历告诉我,如果有一张图片就绝对不要纯文字。所以,我买了一些用来拍摄树木的胶卷。这些照片确实减轻了纯文本不易被留意的负担,书中再也不只有需要仔细观察的表格和满满的重点符号了。)

在我的经验中,与出版商联系的最大一个困难是:他们显然更喜欢电子邮件,而要得到回复就得等到几个小时之后。不过,这本书最吸引我的地方是封面上的基础紫红色与书里面的细节。如果读者很细心,他就会发现这本书和其他普通出版商出版的书是不一样的。

目录排列、页面设计超出了我的想象。总之,我觉得这是一本相当"好看"的书。现在,如果我想要一个紫色和黄色的圆点封面,我觉得这正是我理想的样子。出版商也为小说制定了一个适度的价格范围。因为这本书被认为是一本参考书，我可以收取一个稍高的价格。如果我想要一张 CD，出版商就会放一张 CD 在这本书后面的袋子里。等待时间比我想的更长：三个多月之后，该书也同时在亚马逊发售。作为作者，我买书的话就有 6 折优惠。

我把这本书送给几个学者，他们都很关心是哪个出版商出版的。他们对内容进行评估。现在，如果这本书的封面上有波尔卡圆点，出版商可能会要双倍的价格。但是多亏我的经验和我很久以前的编辑，出版商并没有这么做。

如果你决定自己也出版一本书，那你得小心了。不是小心出版商会不会欺骗你，而是要小心你向世界展示了什么：你的书会花上很长的一段时间才可能问世。在数字时代没有什么隐私可言，我建议你在发给出版商之前，让一两个朋友来参考参考吧。如果你撒下的蒲公英是枯萎的，不要指望它会开出花。这有点像一个胖子站到体重秤上：体重数字是不会变色的。

我竟然花了将近 1 000 美元？不，我完全知道我在做什么。如果只有我的学生买我的书，我仍然不会遗憾。至少我不会再做很多的讲义：这变成了出版商的活儿。总有一天，这本书可以成为世界第一畅销书，我则变成了一个世界闻名的、靠在沙发上看电视的又懒又脏的胖子。

我会建议你这样做吗？我想我会的，但请你仔细想想：你刚发给出版商书稿马上就被退回了。如果你在书稿中闹了很多愚蠢的笑话，出版商是不会帮你纠错的。另外，如果你有一些东西，如果发表出来会带来更多的价值的话，请考虑我的提议和结论，然后继续做你想做的。

第十三章　作为一种教学工具的社交媒体

本章的目的是双重的：第一，调查大一新生对同学书面作品的在线反馈；第二，聚焦直接和间接行为，在"言论行为理论"框架内审视这一反馈。

脸书是学生用于发送各自作业和接受反馈的媒介。作为一个社交网络工具，脸书是一个更好的社会策略手段。在学术背景下，它让学生交流各自的想法，被年轻人用来进行更好的沟通。

脸书还将增加对使用社交媒体提高学术技能的有限研究。对直接和间接言语行为的调查清楚地表明了，学生们在多大程度上对他们的同学是礼貌的；并为他们提供直接或者间接反馈（无论反馈是积极的还是消极的）。这项研究的结果，也将以适当的方式引导他们的注意力，用一种有意义和清晰的方式表达自己的想法。

提供反馈的重要性

尽管有些人反对向学生提供关于写作的纠正性反馈，但许多研究人员也在为提供反馈进行辩护，以证据来反对特鲁斯科特的论据。作为理解师生关系的一种方式，学生可以继续获得反馈。

反馈还教会学生提高熟练水平的技能，这样就可以使他们明白作为一个写作者需要注意的地方，并教导他们如何有效地完成写作。无论指导他们进行改写，还是重写，学生们都希望得到关于作文的评论。

老师通常向学生提供的反馈有3个方面：语言上的、内容上的和行文组织上的。老师通常会使用一种或两三种组合的方式来向学生提供关于其语法错误的校正反馈。老师会对表面上的错误进行订正，使用标记来指示错误的位置和类型，而不提供正确的形式；或仅仅强调错误所在，而不提供对于错误类型的任何改正建议。至于内容上和行文组织上的问题，老师就会对这些想法与主题的相关性、是否一致和组织有序的看法提供书面意见。

本研究调查了另一种类型的反馈，这不是教师提供的反馈，而是同学提供的反馈。同学评估已被研究人员证明是一种有效的方式，可以为学生的书面作业提供反馈。有调查表明这对学生的成就和态度有积极的影响。

第一，同学评估不像权威人士如教师的反馈那样使人担惊受怕；第二，如果学生训练有素，他们就可以提供有效的纠正反馈，包括帮助学生改善工作的意见；第三点很有趣，学生有时会发现老师忽略掉的错误。

言语行为理论

本研究使用"言语行为理论"（SAT），特别侧重于学生对同学发表的评论的直接性与间接性。

虽然术语"言语行为理论"表明了该理论是处理口语的，但实际上说话者与听者、作者与阅读者之间的交互是在该理论范围内的。根据该理论，言内行为即所说或所写的，不一定决定言外行为、说话者或作者背后所说或写的意图。该理论认为，在说出"那只狗很危险"这句话时，说话者的意图可能不仅仅是进行告知，而还有警告。如果你说"这里很热"，你可能是在要求听者打开空调或者窗户。

希尔勒把言语行为分成了5个类别：

陈述言语：通过断定、下结论、主张等方式描述某种状况，例如太阳从东方升起。

指令言语：要求听者做某事。请求和要求是指令的两个例子。

承诺言语：通过承诺发言者许诺要做某事。保证是一个承诺言语的例子。

表达言语：表示说话者的心理状态。例如，当祝贺或道歉时，说话者表达他的感觉。

声明言语：实现事务特定的状态变化。洗礼婴儿和解雇员工是两个例子。

发言者与写作者根据以下几个因素选择直接或间接地表达信息：发出言语或写作的目的、接收者的性质以及希望通过语言或写作达到的预期效果。霍纳提道："有时作家直接在开头中宣布他们的想法，但有经验的作家往往会更加隐晦。"

间接性是在言语交际中的策略，这样做可以避免或减少在个人交往中的对话冲突。我们通常是"间接"的，因为我们和谈话者都要面子。虽然一些实用主义者认为间接性和礼貌之间没有必然的相关性，但在本研究中，"间接性"这个词通常意味着"礼貌"。

当一个人参与谈话时，他的想法有时候会与对方的想法背道而驰，这同样适用于写作。为了让对话或者写作进行下去，就需要使用礼貌的策略。间接性是这些策略中最常见的。我想调查就是在脸书上面，大一新生在多大程度上会对同学的书面工作使用间接或直接的反馈。

参与者

在 2012 年和 2013 年的两个秋季学期，有 32 名大一新生参加了这项研究，他们都是开罗美国大学英语语言学院大学生。在进行研究时，学生们的平均年龄是 18 岁。他们主要来自英语教育背景，例如高中美国文凭、国际中等教育普通证书或埃及政府高中文凭。其中两个学生完成了法语课程，一个在进入开罗美国大学之前获得了德国高中证书。

数据采集工具

脸书是研究人员用来收集研究数据的主要工具。所有学生都有脸书账户，研究人员创建了一个不开放的脸书小组，能让学生参与不同的学术阅读和写作活动。

这些活动包括上传学生阅读的短篇小说、在讨论特定主题之前观看 YouTube 的视频、发布每日任务、提出与学生工作相关的问题让他们在上课之前思考、发布与语言学相关的笑话、名言、动画片与谜语。老师也会要求学生发布自己的工作、提出问题并回答老师和其他学生的问题，还要对各自的工作相互反馈。最后一项是本研究的重点。

程序

进行这项研究需要在这两个班级进行一个完整的课程，第一次是在 2012 年 12 月的第一周，这大约在考试的前 10 天，学生之后将复习期末考试。第二次是在 2013 年 9 月秋季学期的第 3 周，这个时候学生还只写了两篇文章，这项研究进行时他们就可以写第三篇文章。每次课（3 个小时）都在计算机实验室进行。学生都会有一个文章提示，并且老师会要求将该主题写成一篇约 500 字的文章。他们在 80 分钟内完成该文章，这是完成一篇文章的常规时间。

然后，学生就要把自己的作业以电子邮件的形式发送给老师。老师将所有的文章进行编号，然后贴在班级脸书小组里。这样做的目的是使文章保持匿名状态，如果学生作业中存在许多错误也不至于让他们感到尴尬。所有的学生都可以看到其他人的作品。然后学生会休息 20 分钟，当他们回来时，就会阅读两篇文章并给出反馈。

反馈应涵盖 5 个主要方面：内容、组织、词汇、语法和方法。2012 年，由于学生们在学期结束时完成了任务，他们的成绩就体现在这 5 个方面。学生们有了足够的经验对手写作业进行自我和互相评价，网上评估也难不倒他们。

然而在 2013 年，因为活动是在学期开始时就进行了，所以学生们还不能熟练地给同学进行适当的评价。这就是为什么老师或者研究员不要求他们打分的原因。成绩不是本研究的重点，因为对参与调查的两组学生没有成绩要求。总的来说，学生的反馈有两个方面：2012 年有 58 个；2013 年有 31 个。

分析与结果

这两个班都使用特别关注直接或间接言语动作类型的计数。按照发生频率进行顺序排列，调查产生了3种主要的言语行为类型：陈述、指令和表达。

本数据中确定的陈述言语可以分为积极陈述言语与消极陈述言语。积极陈述言语表示撰写反馈的学生对文章中某部分持积极态度，而消极陈述言语则是学生申明不喜欢同学文章中的某部分。

积极陈述言语的例子如"文中明确的表述有着充分的论证""你的观点与文章的主旨句遥相呼应"；消极陈述言语的例子则是"第一段里用来反驳的观点太短了，而且站不住脚""文中存在一些语言错误"。

指令言语是针对某人做某事的请求或命令。在本研究中，学生有时会给出直接的指令，有时则是间接的。在任何一种情况下，提供反馈的学生会要求作者在今后的写作中做些什么，以避免再次出现在当前文章中已经存在的问题。

直接指令言语的一个例子就是："为了文章的通顺请再仔细检查一遍"；间接指令言语的例子则是："第二段还可以再拓展一下""你需要努力丰富词汇"等语句。在这些例子中，言语在形式上是陈述言语，但是实际上是指令言语，其目的是告诉写作者需要"拓展第二段"和"多用些其他单词"。一个指令言语形式的有趣例子是"写得不错！请继续保持。"实际上，作者的意图是赞美作者的文章，而在这种情况下就属于间接指令言语行为。

需要重点注意的是，数据中给出的一些语句是可以分为陈述言语和表达言语的。例如，"我能理解这些想法"这一表述是作者认为的表达言语，同时在功能上则可以从提供反馈的人的角度来提供事实信息。不过，为了研究的目的，当语句清楚地表明学生对写作感觉如何，例如以"我觉得""我喜欢""我认为"开始时，我们就认为这是一种表达言语。在不包括作者感觉的情况下，提供关于写作信息的语句我们认为是陈述言语。

下面的表1表示了在资料库中涵盖的两个学期的不同类别言语行为的数量。请注意，在2012年秋季这个学期，学生是在学期结束前对同学文章给予反馈，因此，老师或同学对他们自己的写作有了更多的反馈。结果就是，学生很乐意给予反馈以及更多的评论，特别是对同学文章的负面评论，都发了出来。

表 13.1 中可以看出一个有趣的发现，这就是直接指令言语的数量。在 2012 年秋季学期，学生们非常肯定他们的同学需要为了改善写作必须付出努力；不过到了 2013 年，由于该研究是在本学期的前两个星期进行的，所以当学生们认为同学的文章需要有所改善时，他们更多地使用了间接指令言语。

在这两个班中，学生们使用的策略之一就是"含蓄"，这样做可以减轻给出批评的力度。"含蓄"的例子就是"比较"和"还行"的使用。在"这些想法比较清楚，文章的组织结构还行"这句话中就有两个"含蓄"表达的地方。原因可能是反馈者想有礼貌地向同学提供反馈，使消极批评的力度没有那么强烈，让被评价的同学好受一些。

"含蓄"的另一个例子是"你需要在语言上稍微改进一下"句子中的"稍微"一词。许多学生会意识到要给别人进行反馈时，必须要有礼貌地表达才能照顾到对方的面子。这种情况在不开放的脸书小组里尤其存在，因为在这里每个人都能看到别人的反馈。还有一种可能就是，学生会觉得他们需要提供间接或者礼貌的反馈，因为他们也希望别人这么对自己，所以才会这么做（见表 13.1）。

表 13.1

	陈述言语行为		指令言语行为		表达言语行为	
	积极的	消极的	直接的	间接的	积极的	消极的
2012 年秋季学期	45	51	14	12	4	4
2013 年秋季学期	37	27	2	11	9	3

学生们到底是以积极评论开始反馈，还是以消极评论开始的？答案是，大多数反馈都以积极评论开始；还有一种方式就是在很多的积极评论之后再提出一个或多个消极评论。两种类型的反馈，不论是温暖的还是冷酷的，积极的还是消极的，类似的转变大部分都会提前有个"警告"，这用来告诉指示被反馈的学生：接下来评论的含义在本质上就与之前的不一样了。

"警告"有"但是"或"不过"这样的词，下面就是一个例句："文章内容很好，介绍吸引眼球，引语的使用很妙。不过，文章里并没有一个明确的论证，而且长句的使用太频繁了。"

在32名学生发表的所有评论中，只有3条里面有消极的评论。其中两条是在消极评论后又有一条积极的，而第三条则从消极评论开始，然后写了一个积极评论，最后再以消极评论结束。无论是普通评论模式，还是"积极评论后消极"的模式，这都表明学生明白需要有礼貌地提出对同学文章的意见。他们也可能从他们的老师，即现在的研究员那里学到了评论的方式，老师就是这么评论他们的：通常，会积极表扬文章中不错的地方，之后就是要点出需要改进的地方了。

总结性评价

本研究试图探索大一学生为同学学术写作提供在线反馈的方式。我们希望通过把脸书作为提供同学改订反馈的工具，在阐明学术环境中使用社交媒体的可能性和有效性问题上有所发现。

由于参与研究的学生人数有限，所以研究结果不能代表所有大一学生。我们需要更多代表不同水平的研究，这样就能获得更准确的结果。尝试研究在线同学反馈对研究生的影响也是有趣的，研究的内容主要就是看他们对同学文章评价使用的方法是否同大一新生一样。

这项研究的一个限制可以纳入未来的研究，那就是研究没有进行与学生的交流，这可能是在线反馈研究媒介的问题。对参与研究的同学进行交流有助于进一步探讨反馈的问题，学生说出自己的理由：为什么用这种方式进行反馈，而不是用另一种？

　　让反馈者和写作者坐在一起讨论反馈也将是很有意思的事，这将使反馈活动变得更有意义。最后也是最重要的，学生们需要明白，无论是由老师还是同学提供的，反馈的最终目标都是为了帮助他们提高学术写作能力。

第十四章　教育时间机

想象一下大约 55 年前,没有发现石油的阿布扎比海岸还处于沙漠中的游牧文化。而到了今天,这个地方则以世界最高建筑物、现代机场、F1 赛车、音乐会、一个带有水族馆的购物中心、一个带有室内滑雪场的购物中心,甚至因 2020 年世博会而世界闻名。

你很难想象阿拉伯联合酋长国这个小国家所经历的变化。这是一个公民数占人口比例极小的国家,这个国家非常传统,还遵循着伊斯兰的生活方式。鉴于这些可见的变化迹象,这个国家不可避免地也会有更多变化。本章会简要地介绍在相对较短的时间内,阿联酋的教育如何为当今的大学生做出改变的。

在许多国际机构里,课堂技术的出现越来越需要笔记本电脑、iPad 或某种移动设备的参与,阿联酋也不例外。在阿联酋,更令人印象深刻的是技术的参与已经实现了。尽管当今的大学和大学生有着独特的背景,学生们从开始接受教育以来经历了令人难以置信的变化。这是一个不同寻常的背景,下面就进行简要描述。

学生的背景

2005 年底,阿联酋开始改革国民教育,主要是因为大量的教师授课资格不够。他们的课程被证明是没有效果的:由于逃课和纪律性差等原因,日常的学校文化难以令人满意。更为严重的是,由于专业水平、工资水平、职业地位的低下,导致了教师职业性的骄傲和气度的缺失。当这些变化开始的时候,今天的大学生大多处于接受教育的阶段。

在这些改变之前,他们主要由只有短期合同的阿拉伯外派教师进行教育,这些人经常被更换。法文斯塔克继续说道,外派教师被要求创造一个安全的学习环境:这种安全是仅仅让学生们在课堂上学习、回答讲义上的问题和做其他不严苛的作业。这种没有想象力的教学活动是无聊的,会导致学生们不喜欢和反感学习。

根据许多公立学校的教学方法,巴尔建议道:

> 阿联酋学生从学校毕业时,已经具有了发达的"表面"学习能力。这种能力使他们能够记住知识的细节,并通过考试的方式进行学习。但并不是所有人都掌握了(甚至完全没有理解)"深入"的学习策略,那就是学习者把所学的东西进行使用、批评、解决问题或者继续学习。换句话说,表面学习在第二天很容易忘记,但深入学习会一直存在,因为它促进了对知识的真正理解和学习能力的提高。

因此,这些学生在进入大学后,他们会突然接触要求他们进行独立探索和学习的、更具创新性的教学法。例如在数学问题上,你会需要理解某个知识点,而死记硬背是没什么用的。

如今,每个学生都有移动设备,他们被要求对自己的学习进行评估,以掌握某些概念,然后独立地学习知识,而不仅仅是完成作业以通过考试。但由于很少有"学术大咖"可以求助,父母的教育水平也有限,学生往往无法充分地发挥潜力。

外部环境也影响着学生对教育过程的看法。德尼科拉认为,阿联酋庞大的福利制度有可能会在工作与回报的关系中造成裂缝。例如,当今阿联酋受过良好教育的青年人常常可以负担得起崭新且昂贵的运动型多用途汽车,但同时代其他国家的许多学生甚至连汽油都买不起。

由此可见,通过要求学生在学习中做出如此的飞跃,阿联酋的大学会引起学生怎样的失望情绪,而失败的痛苦很大程度上是难以理解的。

本项目

作者开始探索使用一个名为 ALEKS 的程序,该程序是艾因高等技术学院基础课程的在线数学课程。ALEKS 是"知识空间中的评估与学习"的首字母缩写,这是一个基于网络的人工智能评估和学习系统。ALEKS 使用适应性的提问来快速准确地确定学生在任何课程中知道或不知道的知识,然后指导学生对可能会学到的知识进行准备。

当学生上某个课程时,ALEKS 会定期地重新评估学生,以确定应当学习的知识点得到了保留。这种以考试形式(有老师监考)出现的评估每周都有一次,如果学生忘记以前学习的知识,那他们就必须返回再去学习一次。ALEKS 课程考试的知识点非常完整,并且没有多项选择题。

该程序的另外一个功能叫作"快速表",学生们使用该功能练习数学心算的能力。他们每天需要不带计算器学习 15 分钟,一周学习 6 天。这项成绩会折算成为总分的 20%。整个课程完成后,学生需要在 ALEKS 中获得 75% 的成绩才能算是通过,这相当于高等技术学院成绩中的 60%。显然,这会鼓励学生获得更高的分数;不过,这也是学生们从本科课程进入更高阶段学习的最低分数要求。

这个课程完全以学生为中心,这意味着学生需要在自己的移动设备上进行独立的工作。不过,学生每周需要上课 4 个小时,并且还有一位老师出席。如果需要的话,老师可以帮助学生,或者学生可以按自己的速度进行学习。学生必须回答问题和解决工作上的问题,并以书面的形式对知识点进行介绍。

该程序没有音频的部分。学生可以通过书面的方式在网上请求额外的帮助和额外的练习,或者再次询问老师帮助他们理解没有掌握的知识点。每班约有 20 名学生,上课时间为一个学期,一个学期有 16 周。

2011 年秋季,艾因女子学院试用了 ALEKS 提供的 4 门基础数学课程,每班约有 20 名学生。同时,学院里也仍有几个班级使用传统的以教师为中心的课程方法。从 2012 年春季学期开始,艾因女子学院这个特别的数学课程就是通过ALEKS进行的。

在这个被称为ALEKS基本数学的教学课程中，包括了整数、分数、小数、比例、百分比、几何、测量、数据分析和统计、实数和代数表达式和方程式等主题。本课程是ALEKS提供的高等教育数学课程之一：课程水平基本符合8—10年级学生们首次进行的美国课程学习标准。

这个程序的一个独特之处在于，如果学生提前完成了课程，那么他们就不需要参加本学期剩余的学习部分了。这项研究的总体目标不仅在于确定学生们在该程序中取得成功的水平，还会确定他们的满意程度。一个问卷调查表被放置在了学院的官网上，学生会用笔记本电脑回答这些问题。

研究发现

根据反馈信息，学生们似乎更喜欢在电脑上学习。但由于这个程序是为以英语为母语的学生而编写的，因此就引入了一个不受控制和不可避免的变量。学生们在学期期末的评估中对此进行了评论，这些评论似乎是合理的。除此之外，其他的投诉主要是针对学生完全的独立性。从数据看来，学生们仍然希望老师可以在课堂开始时进行教学，然后让他们在了解新的知识点后，独立地在ALEKS上进行学习。

显然这是不可能的，因为每个学生都按自己的进度进行学习，同一时间内他们正在学习着不同的知识点，老师难以将知识点解释给整个班级的学生。这是ALEKS的一个好处，因为学习能力较弱的学生就不会被学习能力较强的学生牵着鼻子走。但似乎学生们没有认识到这一点。同时，还有一种学生比较熟悉或适应，老师对知识点进行解释的方式来学习新的知识，而不是学生自行在移动设备上学习。

大约有15%的学生表示更喜欢利用ALEKS进行完全的自主学习。近一半的学生提到了他们没有了教科书，并希望ALEKS程序能够有一本教科书。有人说他想用纸和铅笔。学生们非常喜欢能够提前学习并且提前完成的主意，但令人惊讶的是，并不是所有的人都乐意这样做。

一个非常有趣的统计数字是，大约85%的学生认为他们利用ALEKS程序学到了更多知识。这个发现不是支持ALEKS的专门设计，而只是在数据中发现了而已。作为学院里工作了10多年的老师，我们非常了解学生，我们也知道在传统的、以教师为中心的课堂里，学生的学习时间其实更少。我们知道，在过去，如果学生无法完成家庭作业，他们往往就会抄别人的。

然而，使用ALEKS对学生也有不利的方面。换句话说，课后的时候，如果学生们真的会让其他人帮他们做作业的话，那么当他们回到课堂上时，他们一定会遇到问题。由于每周学生们都会进行评估，再根据具体作业情况进行独立的评估，如果被评估的材料是由其他人完成的，他们就不能通过评估。最终，该程序会迫使他们重新学习知识直到他们能够通过考试。显然，他们必须学习更多知识才能通过考试。

人们可能会认为任何授课的程序都会这样，但使用ALEKS确实让作弊变得更加困难。诚然作弊仍然可能发生，但由于学生们是按照自己的进度学习的，所以在考试时，坐在他们旁边的人不太可能也学习到了同一进度。此外，如果真的发生了这种情况，题目顺序会是打乱的，答案也会不一样。

另外，在传统的以教师为中心的课堂中，当老师讲解知识点时，学生们是在进行被动的学习。他们积极学习的时间不尽相同，但使用ALEKS就不会有这样的问题。学生一定会一直积极地学习，这意味着可以学习更多的知识。而且，只在课上学习是远远不够的，学生必须在课后学习（即做家庭作业和理解课上的知识点）。但如果学生们通过考试检测了这些知识点，ALEKS就不会让他们进行课后学习。

因此，如果要比较在传统的以教师为中心的课程下与在ALEKS程序学习下通过一门数学考试所需的时间，你会发现明显ALEKS需要下更多的功夫，不过这最终会引导学生进行更多的学习。我们会接受一些学生不喜欢它的原因，毫无疑问，工作量的增加是其中的原因之一。然而，尽管有这样的问题，但归根结底程序是有益的。

这其中还有其他的原因，如ALEKS成绩的要求太高，但这只是在与以教师为中心的课堂的比较之下。学生们也会抱怨说这个课程非常难，或者需要花费大量时间，但这是许多课程的要求。有些学生抱怨说，当考试成绩出现下滑时，他们会变得沮丧。但如果这种情况发生后，学生们最终都没有掌握有关知识点时，那就需要重新访问了。

在传统课堂里，这当然不会发生，所以这并不是一个熟悉的教学方法，似乎学生们的抱怨是有道理的。不过，本文作者认为，ALEKS 迫使学生们去做的事情是完全有必要的。

结论

本研究仅仅是在一个学院里进行的小范围研究，在回答了一些问题的同时肯定也会有一些问题的出现。研究结果是不具有概括性的，但是可以为本项目未来的研究进行一些论证的，也能够在以后的研究中调查学生们的情况。

考虑到学生们在短暂的教育经历中发生了这些变化，他们的坚持不懈是值得信赖的。与他们的先辈不同，教育是他们生活的重要组成部分；他们也认识到这一点，并在努力改善自己和国家。

第十五章　未来就在当下，未来就是平面化

在数字技术支持的新兴学习环境中，不同的互动和共享方式为每一个人提供了许多机会。学习从来没有像现在一样这么流畅。移动设备与无处不在的无线网络相结合，意味着我们可以随时随地地学习任何一个人的课程。我们认为好的教育意味着每个人都能够以独特的方式建立自己的学习途径，不同的学习者可以有不同的经验。这也意味着对于那些能够接触到技术的人而言，现在是一个真正的"个性化终身学习"时代。

本章目的在于分享与互联学习相关的想法和做法，以及鼓励更深入地了解可以嵌入当前课程目标之外的平面化学习的协作工作模式。本章还关注到建立强大的学习型社区以便学习全球化的问题，并提出建立领袖风格的意见，提出促进这一点需要的态度。

本章主张在于：学习是全球性且必须是全球性的，因此教室必须是"平面化"的。这与教学法的转变、思维方式的转变有关，还与整个课程整合技术的基本目的有关。为了接受全球性学习和平面化学习，教师、学校和领导者需要采取不同的领导风格和模式，并重点关注课程的重新设计，将互联学习作为必要的基础工作。

互联学习

互联学习不是孤立地工作，而是与别人一起学习。通过与其他人进行互动和联网，可以建立起个人学习网络（PLN）。数字通信是PLN发展的关键，包括推特、脸书等在内的社交和教育网络，它们为频繁和有意义的交流提供了方式。

根据乔治·西门子的观点，连接主义理论从个人和人们学习的背景开始。学习节点的发展，能够过滤和综合信息，以形成新知识的重要性，通过学习网络以循环性方式实现是理解这一概念的关键。

每个使用数字工具的学习者，负责制定各自的互联策略并建立起一个可行的 PLN，这在平常的学校和工作的互动之上。强大的 PLN 可以为跨文化、跨国家和跨世代的学习提供不计其数的资源和支持。此外，学习者可以找到并加入有意义的学习社区。这些学习社区通常由已经在学习 PLN 的人们组成，他们出于同样的目的聚集在一起。这样的目的可能正在进行中，例如教育用户群体中的 iPad，短期内的专业发展课程，或 10 年级的历史课程。

这些专业学习社区（PLC）是很重要的，因为它们提供了超越我们传统认为可靠和可行学习模式（如书籍、文章、讲座、视频）的想法和资源。为了达到效果，PLC 会在成员之间建立信任；通常，快速自我调节并进行过滤是不合适且没有必要的。PLC 将学习界限延伸到目前的兴趣圈外，通过讨论、博客、分享多媒体等在线实践鼓励更广泛的社区参与进来。在线学习和 PLC 开发的社交性建立起一个强大而可行的社区。

大卫·劳德尔在他的新书《新一代的竞争》（*Jousting for the new generation*）里告诉我们，知识在学生之间的共享可以是内容和教学法的主要来源。在平面课堂里我们会说："对彼此而言，学生就是最好的教科书。"新学习环境里 PLN 的质量对学习途径有直接的影响，课程、内容和学习责任在所有年龄段的所有学习者中都平等的分享。建立起基于合作的实践社区的网上学习和互联学习的图景，也让每个人都必须对新观念有开放和欣赏的态度，还要有一个在没有偏见的情况下进行分享的意愿。

平面化学习

所以，如果互联的学习与其他人一起加入来支持我们的学习，那么平面化学习会变成什么样呢？其实不会有那么大的差异，但是可以稍微改变一下对技术的理解和接受情况。在平面化的学习环境中，技术成为连接和协作的真正推动力。通过技术力量，人们的力量可以被有效利用。

技术工具被用来消除现实课堂或学习环境里的物理墙壁，这样就让全世界进入了课堂，课堂也对全世界开放。这意味着你可以与不同地点的其他人一起发现、参与、协作和共同创作。平面化学习很重要，因为它将学习者与世界联系了起来，并影响了我们学习的境况。

平面化学习是技术支持的教学法。在许多方面里这不仅仅意味着互联：它是关于全球公民身份的技术，打破了接受他人的传统观念。我们知道，无论是在当地还是放眼全球，平面化学习可以改变世界。更重要的是，平面化学习是要求主动地学习而不是被动地灌输，因为它承担了学习者通过PLN进行联系并了解这些联系（文化、社会、政治）的后果的责任。平面化学习认为一个有责任心并且主动的学习者会是一个可靠的贡献者和合作者，既在接受，也在给予。学生中心化和学习个性化是平面化学习的自然结果。

平面化学习使用新兴的技术工具来支撑学习，但是远不止开始参与时的惊奇感。不过，真正的平面化学习不是关于硬件或软件的问题，虽然硬件软件可以一同提供访问、构建技能和激发参与热情。平面化学习是关于持续互联教学法的问题，具有改变学习范式的不同实践和习惯。

进行平面化学习的方法

让我们在这里列出进行平面化学习的简单方法。这个数字时代教育的整体方法包括、假设、包含了所有其他模式，如混合的（及其子集、翻转课堂）、基于提问的、基于挑战的、基于项目的、基于问题的学习和思维设计、可视化思维等众多的最新模式。

进行平面化的学习有3个基本步骤：第一步是互联；第二步是公民身份；第三步是合作。（请注意，"平面化课堂"一共有7个步骤，这使课堂授课变得更广泛、更有效。）

第一步：互联

这个步骤是将自己互联到 PLN 上并培养终身学习的习惯，这包括在全球范围内保持互联性的日常工作流程。了解到在互联的学习模式下，没有工作时间或休闲时间的设置是很重要的。异步交互维持了社区学习，而同步交互的机会为学习提供了即时性和流通性。

同步和异步工作模式的混合意味着，一个真正的全球互联的学习者可以在一天的任何时间里进行工作和学习。但现实是你如果使用 Skype 与世界另一个地方的人联络，就意味着其中一个参与者的时间是凌晨或半夜。这些互联的机会是不容忽视的，所有的老师和学生都必须制定一个灵活的时间表，这些时间表应充分考虑不让任何人在一个尴尬的时间段里互联学习。

使用推送的技术是第一步的关键。在当今世界里，信息爆炸影响着我们所有人，能够整合有用信息至关重要。简易信息聚合（RSS）允许我们将信息推送给别人，别人也能这么做，这样将相关信息整合起来可以帮助我们理解。如果不能与他人分享博客，那为什么要写呢？

例如，分享可以通过推特或其他数字通知进行，也可通过其他 RSS 订阅者的订阅博客更新来进行。这将使新的博客文章直接成为一种易于访问的格式，并可以用于访问多个作者。社交书签是分享最喜爱的在线网站和媒体的另一种工具，这是通过有效的群组创作与 PLN 和 PLC 进行互联的一种方式，Diigo 就是一个这样的工具。

通过互联进行平面化学习包括创建连接策略，以便为所有学习者建立多样化的体验。这种连接策略可以包括信息、位置和通信的学习途径。信息包括 PLN 发展，但不止于此。在最广泛的意义上，这意味着做出决定，使用坚实的研究技能，资源审查，然后与他人分享讨论。

位置是指互联的范围。通过融合当地和全球的模式可以实现互联实践的重要性，这样可以使学习与现实世界相联系，而不是与抽象理论联系。最广泛的沟通是使用技术与非技术方法来进行个人内外、人与人之间的互联。这并不全是技术的问题，而是理解如何利用互联的方法在人与人之间产生关联的问题。

最后，作为第一步的互联涉及教育工作者发展更多"创业"技能和态度的问题。"教育企业家"是指通过建立伙伴关系以及对学生学习需求进行创新和定制、为学生创造有效学习体验的老师。有时被视为"反叛者"的"教育企业家"实际上是学习的连接者，"教育企业家"领导了互联和平面学习方式的发展。

第二步：公民身份

仅有互联是远远不够的。在这个方法中，公民身份是平面化学习的第二步。这涉及数字公民身份和一种新的启蒙方式，这其中包括进一步超越技术本身的意识领域。公民身份将所有的学习方法放在首位，我们需要通过使用技术来进行有效的互联。

这一步包括了理解如何安全和隐私的进行互联、在线学习的版权和法律问题、学习的基本习惯、基本素质和流利程度。此外，新的公民模式包括通过技术、个人、社会、文化以及全球意识领域方法的学习者的在线情况和机会。这超出了数字公民的简单结构，并拥有进行更好的、全球化学习的机会。

公民身份也在数字化学习中发挥积极作用。如果不进行数字活动下，就不再需要进行数字公民的学习了。教师和学生都需要感受到全球互联的力量，参与到全球讨论和全球项目中，这不仅要了解如何成为合格的数字公民，还要更多地了解这个世界，以及回到学习者本地时能够实现行动的项目。弗里德曼将此称为"地域化"，这是一种全球化思考和地区化行动的能力。所有年龄段的学习者已经利用数字学习模式的力量与其他人一起学习，而不仅仅是向其他人学习。他们正在使用这样一个坚实的数字公民的方法来支持互联学习。

第三步：合作

我们需要学习如何合作吗？如果这是一个21世纪的技能，如果技术支持是一个更有效的协作手段，特别是在一个不仅仅是即时虚拟和异步平面化学习环境中，教育者就不但需要教授合作，而且还需要对合作进行应用和模拟。进行平面化学习的最后一步包括理解社会合作、教育合作以及共同创作的合作。全球合作对于现代课堂和数字学习环境的学习者来说至关重要。

建立起合作文化，鼓励学习型社区的扩张至关重要。如今的学生必须学会如何进行远程协作，以及如何进行有效的异步沟通来支持这种合作。团队合作依旧存在并发挥作用，但平面化学习的团队合作越过了国界，跨过了海洋。

在实际的平面课堂项目中，来自不同国家的成员在学习小组里进行合作研究，并利用一个多作者的维基百科来分享他们的成果，最后设计并创建一个单独的多媒体文件来分享他们的学习。这个多媒体文件的外包剪辑出自另一名学生之手，这使其成了共同创作的作品。在全球范围内，有效地实现这一目标所需的沟通和协作技能要求是比较高的。但最后的结果是令人振奋的。

将平面化学习在课程中表现出来

遵循上述简单的方法来进行（教师、学生、家长或其他人的）平面化学习是一回事，但把平面化学习在课程中表现出来又是另外一回事。这会是什么样子的呢？平面化学习又该怎么理解呢？平面化学习必须无所不在，要成为日常学习工作流程的一部分；但像所有新的教学法一样，平面化学习需要在专注与互联、培养学习技能和习惯方面创造机会，以便对该技术和该技术设计的过程更加熟悉。

作为一个工作流程，如果有下面的情况，你就会知道教室（不论虚拟或是现实）是平面化的：

- 你与你的学生期望与来自世界各地的老师和学生定期进行日常对话；
- 你与你的学生与来自不同国家和文化背景的其他人进行交流、合作、创造产品，一同改变世界。

为了体验这种平面化学习，一些技术比其他技术提供了更好的访问体验。诸如博客、维基百科、社交网络的第二代互联网工具，以及诸如YouTube（视频网站）或Flickr（图像和短视频网站）的多媒体门户，提供了开放性访问（或者根据需要进行半封闭性访问），以便学习者可以互联并一起学习和共享。其他工具，虽然从组织的角度来看似乎很重要，但往往并不会这样。例如，以学校为基础的学习管理系统通常是"封闭式"的，需要许可才能进入，这通常不会为学校以外的不同群体或团队提供协作学习的机会。

塔普斯科特在他的《维基经济学》（*Wikinomics*）一书中将维基百科定义为"破坏性"的技术，因为这影响了通常情况下的学习模式。与其他第二代互联网技术一样，维基百科的创新大大改变了用户互联、与世界相关联并改变社会的过程。像维基百科一样的简单工具可以让学习者主动分享想法、进行在线合作创作，而在这之前这些方式是不可能的。

重新设计平面化的课程

所有的教育工作者都可以采取一些简单有效的方法来重新设计课程以支持平面化学习。真正的平面化和互联学习会在学校和社区，以及其他的学校和社区之间进行协作规划。技术支撑的丰富学习经验不能只是简单地发生，必须要经过精心地设计、规划和实施。

精心计划的平面化学习经验需要时间让主要利益相关者分享他们的需求和情况，并将不同的全球学习尝试融入日常的课程之中。组织全球性的互动（例如使用一次性的Skype电话或旅行剪贴簿等）相对容易，现在有很多示例可供教育工作者参考。然而，真正的挑战来自在课程中嵌入合作的经验，所以来自12年级（及以上）的学生每年都需要在全球协作小组中工作。更重要的是，如何把所有学科的学习都进行平面化展示。

让我们回顾一下，能够将本地和全球学习纳入课程设计的目标和必要的框架。想要开始，最重要的是记住：当我们在全球范围内接受平面化学习时，我们很快就会发现不同的系统、不同资源、能力和时间表的学校的存在。根据经验，如果预计可以在两周内完成有多个合作伙伴的全球范围内的活动，实际上可能需要4周或更长的时间。

因此，包括远程交互的课程首先必须要根据目标、标准、所需成果、团队结构、评估、时间表或工作流程和学习等项目的设计要点进行规划（这是指合作中为别人学习所留下的内容）。

在设计平面化课堂项目时，我们将其与"7步设计原则"相结合，即：

- 互联（如何做到？）；
- 沟通（模式、样式、工具）；
- 公民身份（可接受有效学习和工作模式是数字化的）；
- 贡献和合作（所有参与者明确的期望）；
- 选择（不同的学习方式和获取资源的方式）；
- 创造（明确的结果，包括共同创造的目标）；
- 庆祝活动（反思和目标评估）。

除了这些设计上的方式之外，其他需要考虑的因素包括社交媒体的作用、第二代互联网工具的选择，以及实际选择不限制参与并使学习"非平面化"工具的能力。在设计全球合作经验并将其嵌入课程中的时候，建立的严谨性和学习相关性会成为关键的决定。这就是设计师眼中PLN和PLC出现的地方。

平面化学习和全球化未来的领导

技术的影响

技术是满足21世纪学习者需求的一部分。技术还支持同一视野的个人共享，通过使用同步和异步通信技术对虚拟网络功能进行授权。据帕说，技术指导更多的是教育学和人际关系，而不是技术本身。因此，支持技术指导更多的是设计和实施新的方法，从而帮助教师和学生在教学过程中认识、理解和整合技术。

技术背景并没有改变发展合作与协作文化的指导挑战（而不是技术挑战）的事实。如果这还没有到位，引进新技术就不会改变文化，只会促进合作。人们必须具备利用技术分享知识的能力和意愿，愿意建立不需要面对面的关系。

技术的使用促进了透明性和可访问性。学校的校长现在更容易接近，其他变化也发生在人们的互动方式以及与他们每天互动的过程中。这其中的一个目标是摆脱战略领导层，鼓励领导们打破组织的局限去寻求信息和新知识，并转到更加平面化的环境中；每个级别的人都可以看到较少的层次结构，并寻找关键信息。

哪一种类型的领导会成功地支持平面化学习

当今，我们需要一个新的教育领导范式来支持地方性学习、联系主义和全球性外联。学习环境必须具有一定的灵活性，因此所有的参与者都可以在学习社区中进行整合和创新，并能够突破限制真正的全球独立性和协作学习的"泡沫"。

说"需要有远见的领导才能支持平面化和互联的学习"这种话是很简单的。实际上，例如美国国际教育技术协会（SITE）的全球标准包括了"全面整合技术以卓越和支持整个组织转型的共同愿景"。在实现愿景的时候，我们需要质疑什么是允许（支持）学生和教师（所有学习者）找到自己的声音并认真学习的最佳方法？我们该如何促进共享与协作的文化，以及平面化学习所需的思维方式，包括变化和正常的变化过程。

我们现在看到了一个新的教育领导的范式，这必须解决数字世界中振兴学校的问题。在线学习社区和全球互联的能力正在给有优势的学习者调整竞争环境。因此，教育领导者必须认识到教师是新型领导力的提供者。支持教育企业家成为领导教育和最新技术进步的最佳领导者,并利用他们在教学过程中开创的新路线,这些路线重点关注了互联与合作,这是我们需要注意到的重要的持续性变化。

一个典型的"教育企业家"领导是变革的赢家和愿景的实现者,他能够引入新的出版和分享的方法,他善于建设和改善社区,他是一个研究员,他从内部创新,他具有课程的灵活性和自主性,不论是不是学校文化他都能展开工作,他可以根据需要担任管理者、导师、监督者等角色。

学校的领导可以通过鼓励制定学习体验的地方标准,同时灵活地通过新的课程方法来拥抱世界,培养和支持"教师企业家"领导。他们还可以给教师配备调查新的全球关系和设计解决方案的资源,用于支持(平面化学习)在创新和教学法上的尽善尽美。

符合这些需求的新型领导模式是"平行领导",即分配式领导的一种形式。在这种模式中,教师领导和校长在相互信任和共同目标的基础上,进行集体行动以提高能力。对于成功的平行领导模式,专业学习的社区必须被认可为组织发展的组成部分,其核心目的是创造和维持"新知识"。

有效领导的重要性

连接学习者和合作学习是一种与学校文化有关的心态。领导会通过规划合作来影响作为学校社区共同承担责任的这一领域,以使用全球学习的优势。希望承担风险的老师必须在校内得到支持,并尝试新的技术和创意。不然,严重并持久的变化是难以持续的。互联学习促进学习途径所有权的获得,所有利益相关者都要依靠有效的领导力,而不扼杀创造力和合作能力。

互联学习领导的框架

在互联和平面化的学习环境中,使用移动和无处不在的工具需要一个更加整合的领导框架。这包括3个主要的利益相关者:学校领导、作为领导的教师和作为领导的学生。并不是所有的3组之间都存在紧张关系,为了进行互联和合作的学习必须通过共同的理解和动机进行调整,以提高学习的效果。

学校校长（以及其他非常任领导）的角色以一个循环方式去领导从整合到创新的过程。他们必须通过成为一个"学习看守"并建立与世界的互联、沟通和协作的最佳方法，从而模糊传统和虚拟学习之间的界限以及使用技术的相关方法。最重要的是，这种领导框架依赖于领导层次化的方法，同时也促进了维持学习能力的并行方法；事实上，这种领导框架也是一种领导者通过增加技术支持和参与（而不是被动的学习模式）来不对学习进行干扰的脚本。

学校的作用（在所有利益相关方的共同努力下）是在学习过程中提供动力、鼓励和责任感；学校也为互联学习提供技术性的基本支持，创造最理想的学习条件，从而减少学习上的摩擦和障碍。

学生的作用是成为自身学习的主要推动力，并成为线上和面对面模式下有责任心的沟通者、贡献者和合作者。除了把使用技术作为全球公民明确和有道德的方法外，学生们必须学会如何在保持自我的同时进行合作，必须能够（共同）创建有关的内容，并通过网络将其分享出来。

老师的作用与学生的学习目标相同，但同时也包括了作为学习构建者，对课程进行创造性重塑和利用多种互联和学习的模式。老师也必须成为一个变革者和"教育企业家"，能够找到丰富的学习机会并与学生分享。

结论

平面化学习不是将来式，它是现在式。提供了无数机会的数字革命将继续改变学校，并支持学习的互联和合作。教师和学校领导人是否准备好了互联学习并建立最佳实践的全球性方法？学校社区能否迈出对技术的"恐惧"，并采用一种所有人都受益的、平衡的、以学习者为中心的方法？那些将会继续进步、提供替代学习方法的人，同时也会鼓励全球性的态度和理解。这些替代方案必须将平面化、互联的学习模式包含进来。

社区应该规划专业的学习机会，并使所有人的学习变得平面化。一位带着25名学生的老师是一个已经过时的方法，这在概念和实践上都会受到限制。技术会允许教师、学生、家长、专家在需要的时候开始学习。平面化学习趋势的增长可能是成指数的，在开明的领导模式下尤为如此。

现在，我们已经有了工具，我们已经有了方法，让我们互联全世界吧！

第十六章　技术的过度使用对孩子感官发展的影响

回想起在"过去的好时光"中长大是一次记忆的旅行,这在尝试了解如今孩子们所面临的问题时值得一提。仅仅在 20 年前,孩子们一整天都在室外玩耍,他们骑自行车、玩游戏或者修筑堡垒。因为拥有创造力,孩子们玩游戏不需要昂贵的设备或家长的监督。从历史上看,孩子们与其他人一起玩耍、接触和联系的时间很多,他们的视觉和听觉的发展在很大程度上是自然而简单的。

在技术大爆炸之前,孩子的感官刺激是平衡的,感官能得到充分的发展和融合。感官一体化是实现学前基础技能的先决条件,足够的感官发展在儿童注意力、识字能力和阅读能力方面起着重要作用。而到了 21 世纪,电视、视频游戏、电影、互联网、iPad 和手机等技术的迅速发展创造了一个与 20 年前有很大差异的感官世界。

快节奏、刺激的虚拟世界技术已经对儿童在运动、触觉、人际关系和自然等方面发展的关键因素起了重要作用,这具有毁灭性的后果。在感官加工和运动发展领域,职业治疗师成了研究技术的过度使用对孩子产生影响的领导者。

本章讨论了感觉处理、运动发展和技术过度使用之间的交叉情况;还讨论了职业治疗师帮助父母、健康教育的专业人员实施平衡的技术管理原则,以确保孩子处于最佳的健康状态,获得最佳的学习成绩。

过去与现在

过去，家庭时间经常是做家务的时间，孩子们被要求每天都做一点基础家务活，这样就可以培养他们的内在动力和对成功的渴望。餐桌是家庭聚集的中心地点，这是一家人每天吃饭、谈话，并在晚餐后进行烘焙、做手工活和做作业的地方。

现如今，家庭不一样了。"大屏幕"取代了餐桌，电视已成为新时代家庭的标志。众所周知，技术的过度使用正在破坏家庭和教育制度的基础，并且分解了原本将家庭与学校黏合起来的核心价值观。

100年前，为了生存人类需要活动起来；而现在，人人都需要依靠技术才能生存。凯泽基金会（Kaiser Foundation）2010年的研究报告，以及加拿大的"积极健康的孩子"组织（Active Healthy Kids Canada）在2008年的研究显示，小学生平均每天进行7.5小时综合性的技术使用，其中65%的孩子会在卧室中看电视，北美家庭中50%的孩子会看上一整天的电视。0—2岁的小孩每天会看2.2个小时的"婴儿电视"；3—5岁的小孩则会每天看4.5小时。这与儿童发育延迟有着紧密关系。这种情况促使法国禁止了广播电台播放针对3岁以下儿童的电视节目。

父母不再拥抱孩子，与他们玩耍、交谈，而是越来越多地将婴儿放在婴儿车、儿童座椅上，然后将他们放在电视机前。为孩子提供最新的电子游戏、车载电视和时尚的iPad或手机，这正在加深两代人之间的代沟。

技术的过度使用对成长中孩子的影响

现在，孩子们大部分的玩耍都要依靠技术，这大大限制了他们的创造力和想象力，并且让他们的身体不能接受必要的挑战，难以达到最佳的感官和运动的发展。混乱和激烈的感官刺激堆积在久坐不动的身上，这会导致孩子的发展缓慢，从而影响基本素质技能的获得。

从生物学角度来看，孩子成长中以适应当今技术导致的久坐不动的问题的感官系统并没有得到。快速发展的技术已经使成长中的孩子出现身体、心理和行为上的障碍锻炼，而健康和教育系统方面的问题才刚刚被察觉到，我们对此的理解还远远不够。

在加拿大，已经有14％的孩子被诊断为有精神健康障碍。在1991—1995年，2—4岁的孩子、儿童以及青少年的精神科药物处方量增加了3倍。80％的药物是家庭医生和儿科医生开出的。加拿大15％的孩子发育迟缓，15％有肥胖问题。最近，影视中的暴力被列为一项公共卫生风险，因为它造成了儿童攻击性的增加。四分之一的小学生被网络化，而在过去30天里，青少年被网络骚扰的可能性比携带武器高出了8倍。

诊断显示，注意力缺陷或多动障碍、自闭症、协调障碍、感官加工障碍、焦虑症、抑郁症和睡眠障碍可能与技术的过度使用有关，这些问题发生的频率在以惊人的速度增长。如今，不会说话的婴儿和难以行走的幼儿是儿科理疗和职业治疗诊所的常客。

陷入网络技术的小孩子在学校里难以学会自律，也难以对学习集中注意力，这最终会导致教师在行为管理上的严重问题；手眼之间的不协调影响了孩子的阅读能力，加拿大小孩的读写能力下降，这在历史上尚属首次。现在的研究表明，增加户外活动可以减少注意力缺陷或者多动障碍的发生，课堂中的运动可以提高学习能力。职业治疗师必须更加关注为了促进成长的关键感官和运动要求的问题。

职业治疗师对研究成果（技术的过度使用对感官和运动发展的影响）的应用将有助于家长、教师和卫生专业人员更好地了解这一问题的复杂性，并帮助制定有效的策略来对平衡的技术使用进行管理。

实现感官和运动发展的4个关键因素

实现孩子们在身体、心理、社会性和行为上健康发育的4个关键因素是运动、接触、与他人的联系和亲近自然。运动、接触、人际关系和亲近自然为发育中的孩子提供了基本的感官输入，是一个孩子运动附随系统最终发展的组成部分。

运动、接触、人际关系和亲近自然的感觉被剥夺时会产生毁灭性的后果。孩子们每天都需要2—3个小时的身体活动，随意地打打闹闹对他们前庭、本体感受、触觉和附随系统的正常发育有足够的感官刺激。这些类型的感官输入可确保姿势、双边协调、实践、最佳求知状态和自我调节的正常发展，从而实现学前教育的基础技能。

今天，许多家长都认为户外游戏是"不安全的"，这进一步限制了通常在户外打闹中所得到的必要发展的组件。触觉感官系统研究的阿什利·蒙塔古博士表示，当婴儿被剥夺人与人之间联系和接触的机会时，他们将无法茁壮地成长，最后许多都夭折了。蒙塔古博士说，被剥夺接触机会的婴儿会成长为过度激动和焦虑的幼儿，并且可能在孩子的早期阶段变得抑郁。

尽管蒙塔古博士报告说0—7个月是附随系统形成的关键时期，但人与人之间的联系是终生存在的生物性需要（见图16.1）。身体、心理和精神主要通过人与人之间的联系实现，没有这种联系会对人的身体、心理和行为状态产生严重影响。

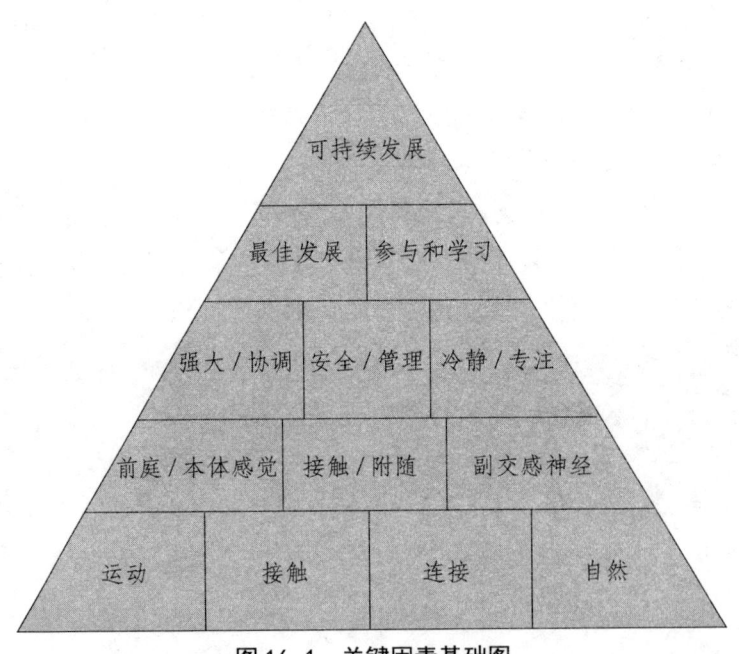

图16.1　关键因素基础图

研究表明，亲近自然会对副交感神经系统起作用，这样可以降低皮质醇和肾上腺素，并诱导孩子们在需要集中注意力学习的时候保持一个平静的状态。当儿童从运动、接触、人际关系和亲近自然中获得到必要刺激时，他们能够优化身体上、精神上、社会性上和学术上的发展，并实现作为人类发展的可持续性。

与技术的联系正在导致与自我、他人、自然和精神的分离

技术的过度使用不仅对孩子的感官和运动发展产生了破坏性的影响，并且还对孩子的自我认同、与他人关系、自然经验和精神感觉的发展产生了破坏性的影响。随着孩子越来越多地与技术关联，社会见证了他们与自我、他人、自然与精神的渐行渐远。

自我发展和身份形成遵循职业治疗的前提，即"你做什么，你就是什么"。如果所有的孩子都看电视或者玩电子游戏，那么他们就会成为电视或游戏里出现的东西。小孩子常常无法从电视、电子游戏和互联网看到的"杀人机器"中来辨别自己的感觉。因害羞、孤独和需要一个朋友而逃向技术的虚拟世界，正在造成全球孩子不可逆转的心理障碍。

技术也迅速摧毁了人类最渴望、最喜爱的东西：与其他人联系。联系是发育中的婴儿和父母之间形成的主要纽带，是成长中儿童安全感的组成部分。通过与主要亲戚的密切联系、大量的眼神接触和"我看到你了"的沟通，婴儿和父母之间最容易形成纽带。

在家庭里过度使用技术不仅严重影响了早期依恋的形成，而且对孩子的心理和行为健康也会产生不利影响。看起来如今的家庭已经被拉入了"虚拟梦想"：每个人都认为生活是需要逃避的东西，技术则是美好的"避风港"。从持续看电视、玩电子游戏和网络中获得的直接满足，似乎已经取代了人类之间的联系。

大自然是"所有感官体验之母"，是孩子的能量源泉。职业治疗师在感官处理方面的培训使他们能够很好地描述自然在感官上的积极方面。青草

和泥土的气味刺激了古老的嗅觉系统，这会导致心情放松和平静。太阳照耀叶子和花朵产生的美丽图像，比任何电子游戏都更加有趣。

风吹过脸庞的触觉体验，或爬树时感受粗糙的树皮丰富了孩子们的感官信息。通过走在海滩上不平坦岩石的本体感觉输入，或听海鸥叫声的听觉输入，甚至是沙子的味道，都是融合在一起的感官输入，这最终能够帮助孩子对自己的环境做出回应并进行适应。

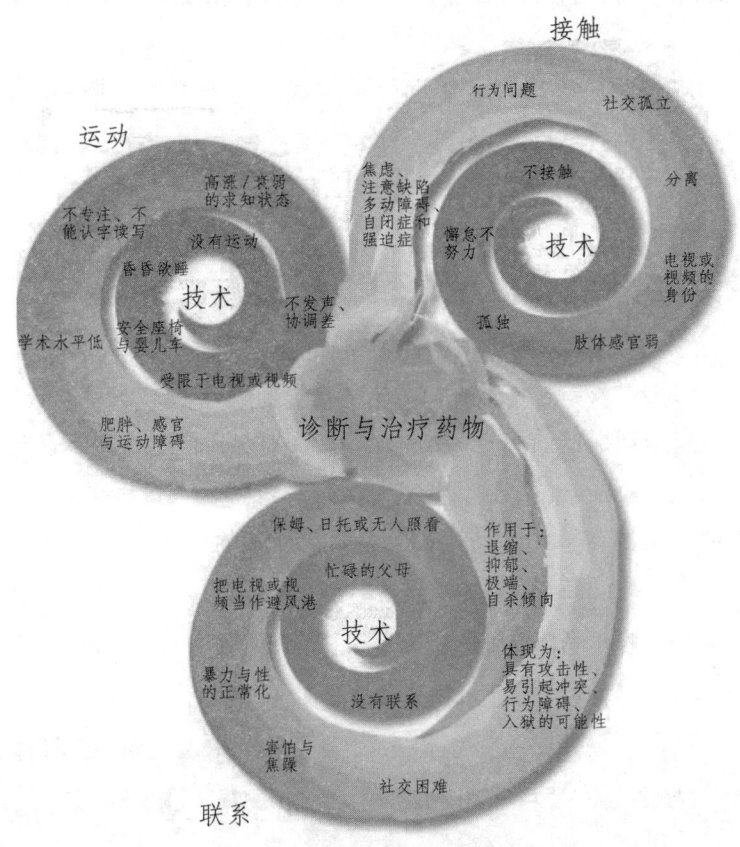

图 16.2　孩子成长的关键因素

最后也是最重要的——精神，孩子眼中的光让我们都知道他正处于最佳的求知状态，他会利用自己的内在动力学习技能（见图 16.2）。技术的过度使用可能最终导致孩子精神感觉上的"死亡"，盯着显示屏的眼神是沉闷而无神的，因为这时的眼睛早就不是灵魂的窗户了。

感官与运动系统的不平衡

进一步分析技术的过度使用对孩子成长的影响，当前庭、本体感觉、接触和附随系统受到刺激的时候，视觉和听觉的感官系统就会处于"超载"的状态。这种感官的不平衡状态在神经系统的整体发育中会产生严重问题，因为大脑会永久性的改变和受损。

加拿大不列颠哥伦比亚省商业委员会（British Columbia Business Council）同不列颠哥伦比亚大学"孩童的学习伙伴关系"项目研究人员的联合研究表明，在读幼儿园的儿童中，有不到30%的人有"发育脆弱"问题。他们缺乏在学校和未来蓬勃发展的基本技能。这些孩子会在4年级和7年级的考试中继续失败，而且会在完成学业之前就辍学。这个题目为《不列颠哥伦比亚省孩童人力资本投资的综合政策框架》（*A Comprehensive Policy Framework for Early Human Capital Investment in BC*）的研究写道：

> 经济分析显示，这种人力资本的枯竭将导致本省的GDP增速在未来的60年内降低20%，这会导致本省经济成本达到全省负债总额的10倍。

孩子们一直接触电视和电子游戏中的暴力，他们的肾上腺素和压力始终处于较高水平，因为身体并不知道他们正在看的东西是不真实的。据报道，过度使用技术的孩子会感受到身体的战栗、呼吸加快、心率增加，还会有一种不安的普遍状态。职业治疗师会把这种状态描述为持续的高度警觉感官系统，孩子们会对游戏角色可能受到的突然袭击"保持警惕"。

在电子游戏过程中发生的高水平皮质醇（应激激素）的慢性状态对幼儿感觉发育的影响在很大程度上是未知的。在美国，由于可能导致了儿童攻击性的增加，美国儿科学院、医师、心理学家和精神病学家已经与美国医学协会合作，将媒体暴力划分成了一项公共卫生风险（仅次于吸烟对肺癌的影响）。

人们不禁会想，这些过度接触于媒体内容的孩子会不会发展出后创伤压力障碍，因为孩子的身体经验可能会将媒体中的暴力情节视为"现实"。虽然网络欺凌主要发生在家庭中，但往往孩子就会在学校中进行欺凌，这是学校行政部门越来越担忧的问题。神经生理学家斯莫博士在《数字大脑》（*iBrain*）一书中写道，技术的高强度、高频率和在视觉与听觉刺激方面的持久性已经导致了儿童感官系统中的高速"硬连接"，随之而来的便是对孩子在学习任务中想象力、参与度和关注度的毁灭性影响。

迪米特里·克里斯塔基斯博士的研究报告中提到了一个技术对儿童学业成绩不利影响的例子。该研究报告说，0—7岁的小孩如果每天多看一个小时的电视，那么等他长到7岁，他的注意力问题发生的概率就会增加10%。克里斯塔基斯博士在2011年的补充研究显示，如果一个4岁的孩子看到了电视里的《海绵宝宝》动画片，那么仅仅9分钟后，他们的执行能力就会出现显著下降。开着电视的时候，父母的话90%都成了耳旁风，这严重影响了语言的成长。

职业治疗师的另一个担忧在于，孩子们在看电视时，长期将视觉固定在一个距离上（眼睛到屏幕的距离），这会对他们以后的识辨能力和阅读能力产生影响。近距离、远距离、不同形状、不同大小的物体会使得视觉大范围的调整（例如在室外玩耍），从而使感官和运动得到发展，而如果只是保持一个固定的距离看着屏幕，视觉不会有这样的调整与发展。

在线阅读（而不是阅读书籍）已被证明会显著降低阅读的理解水平，这主要是电子阅读器的"快速因素"造成的。由于对眼睛生理学和识字阅读技能所需功能的了解，职业治疗师可以帮助学校了解技术的过度使用对学业成绩的影响，并协助学校对技术使用进行平衡管理。

虚拟化的特点

人们必须要问：我们可以通过技术的可持续发展来教育和抚养孩子吗？一个在电视电脑前坐很久或玩很久手机的孩子将面临肥胖和糖尿病以及早期的心血管疾病（如心脏病或中风）的危险。21世纪的孩子们通常与朋友和家人隔绝开来，花三分之一的时间在黑暗的地下室中玩电子游戏或者观看色情内容。

研究显示，孩子们（主要是男孩）最早在10岁左右就受到色情的影响；而10—18岁的孩子中，有40％会积极使用技术来获取含有性暴力的内容。

这些孩子经常被父母忽视，而父母们也被网瘾所困扰，21世纪的孩子们在行为或应对困难时是存在问题的，这很容易被诊断为精神上的疾病。专家建议每天最多使用1—2个小时的电子产品，而那些超过这个限度的孩子存在心理障碍的概率增加了60％。

在美国，一项全国性的调查报告显示，病态地玩电子游戏与生活满意度分数较低、焦虑和抑郁升高有关。另外的研究报告说，焦虑和躲避性的附随风格，以及抑郁症和恐惧症都可以用来解释病态的网络使用。据估计每11名8—18岁的小孩中就有1名对技术成瘾。

由于技术的过度使用，沉溺于视听刺激会导致视觉和听觉负担过大，随之而来的问题就是在学校里出现了专注困难。韩国最近创造了"数字化痴呆症"（Digital Dementia），这个词用来描述在全球范围内年轻人中出现的现象：永久性的记忆丧失和难以集中注意力，这与技术的过度使用有着密切的联系。《计算机和教育杂志》（*the Journal of Computers and Education*）最近报道说，笔记本电脑上的多任务处理对用户和同学们造成了严重的干扰，这可能不利于理解授课的内容。

发育迟缓、肥胖、精神疾病、被分离、注意缺陷多动障碍和自闭症会导致早亡、关系紧张和失业等问题。技术过度使用的最终后果是：在21世纪，人类历史将首次见证这一代孩子中会有很多人的寿命要比他们的父母更短（见图 16.3）。

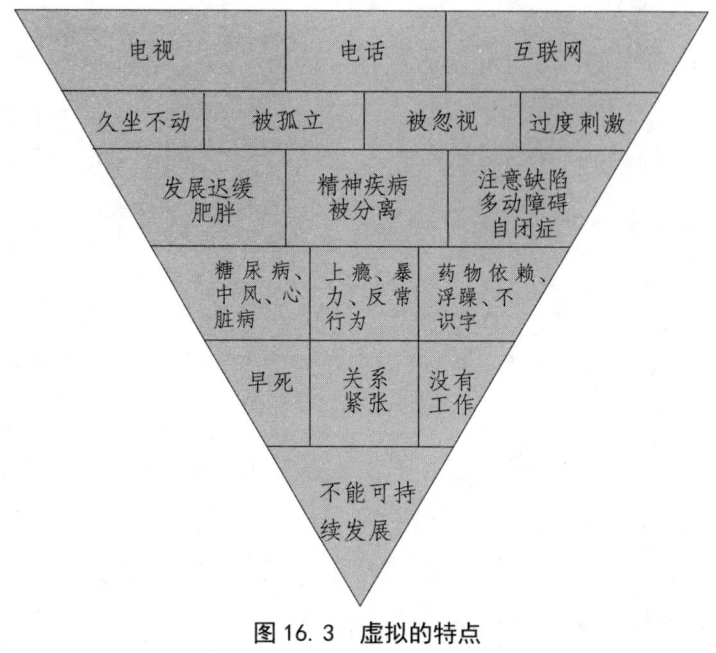

图 16.3　虚拟的特点

职业治疗在平衡技术管理中的作用

儿科职业治疗是一个极为突出的行业，训练有素的专家将所有必要的发展组成要件组合起来为，儿童的健康和学习创造基础。技术过度使用的职业治疗范围包括日常生活活动、教育、休闲、娱乐和社会参与等传统领域。

职业治疗师旨在评估儿童感官加工和运动发展的具体方面，以及对表现技巧组成部分的相关影响。相信在不久的将来，这一职业会继续保持高需求。对于技术的过度使用问题，卫生和教育部门的顾问、职业治疗师可以解读研究信息，进行标准化感官和运动发育的评估，并表现出优秀的观察能力。这些独特的技能使职业治疗师处于关键的领导地位，能够帮助他人学习如何平衡技术的使用与儿童成长之间的关系。

美国儿科学会（The American Academy of Pediatrics）在 2001 年发布的一项政策中声明，建议不到两岁的儿童不使用任何技术，但实际上 0—2 岁的小孩平均每天会看 2.2 小时的电视！学会进一步建议，如果两岁以上的孩子有身体、心理或行为上的问题，每天最多就只能使用 1 小时；如果没有，每天则最多 2 小时；有小孩的家长每天只应用 8 个小时。重要的是，职业治疗师需要将家长、老师和其他卫生专业人员聚集在一起，帮助社会注意到技术过度使用不仅对儿童的身体、心理和行为健康有毁灭性的影响，而且还会影响到学习和维持个人与家庭关系的能力。

职业治疗是通过提供程序设计来帮助社会扭转技术过度使用对儿童的影响的最佳准则。通过培养自我意识，促进健康关系的形成，利用户外环境中玩耍的好处，并且引导孩子的内心发展，职业治疗师可以扭转这种过度使用技术的趋势。促进前庭、本体感觉、触觉和附随感觉刺激，限制视觉和听觉感官超过负荷，职业治疗师可以帮助家庭和学校平衡孩子的生活方式。

了解和促进家长和孩子之间健康的联系已经是每次职业治疗的一部分。职业治疗师通过建立技能和自信来促进职业性的表现，从而帮助孩子从技术里脱身，让父母和老师感受到轻松。使用感官和运动发展实践的参考框架、专业设计和实施有效的干预措施，职业治疗师可以帮助家长和老师了解技术的过度使用，以及对孩子的发展和学业成绩的深远影响。

无论是在学校还是家庭环境中工作，职业治疗师都是未来技术平衡管理领域的领导者，在这个领域里成年人会平衡孩子成长和成功需要的活动。

结论

虽然技术是一列不断发展的"火车"，但职业治疗师了解其有害影响的专业知识。为了平衡技术的使用和运动、接触、人际关系和亲近自然之间的关系，他们采取的即刻行动将会朝着维持儿童、家庭和教育环境的方向而努力。

虽然没有人能够在今天的世界中争论先进技术的好处，但是与这些设备的联系已经导致了与儿童健康和学术卓越之间的失联，这是社会尤其需要重视的。职业治疗师具有独特的资格和技能来评估和治疗过度使用技术的孩子，最终有助于将技术"火车"带回到健康的轨道上。职业治疗师能为每个孩子创造出一个可持续发展的未来。

第十七章 有残疾与有学习困难的学生对包容性无障碍技术的需要

本章讨论了这种想法：如何使针对有残疾或有学习困难的人而设计的辅助技术更具包容性。本章还会关注分析技术的教育模式，并且探讨已经看到包容性技术革命的移动学习的发展。

本章的目的在于告知教师和子女有学习困难的家庭，如何将包容性技术纳入其对子女教育方法中，还会帮助有残疾或其他学习困难的人在特定情况下，选择最佳的技术形式，并为教育工作者和技术专家之间关于最有效的包容性辅助技术的未来发展的讨论做出贡献。

本章对探寻未来教育方向而言是必要的，因为许多富裕国家的学校里都在引入新技术，而在学习有困难的学生教学中，这些技术的应用相对较少。

例如，在阿拉伯联合酋长国，迪拜的学校和政府高等教育机构为所有低年级教师配备了移动平板电脑，旨在使学习活动更加独立和灵活。然而，针对有残疾的学生实施该首创性举措前后的研究却很少。这让人感到遗憾，因为在许多情况下，技术已经被认为是可以对许多阿联酋学校的教学情况提供帮助。

例如最近的一项研究发现，基于图标的界面，例如平板电脑中的界面，可以帮助到英语作为第二语言的学生。此外在许多国家，法律规定了残疾学生能够参与教育和类似文化活动的权利，例如英国的《2010年平等法案》（*2010 Equalities Act*）和《美国残疾人法2008年修正案》（*Americans With Disabilities Act 2008 Amendments*）。在这个过程中，技术是一个充满价值的工具。

本章共分为4个部分。第一部分考察了关于教育技术的研究，将学习理论和教学模式与技术相结合的研究，以及技术如何通过"替代、增强、修改和重新定义"（SAMR）模型融入教育的研究；第二部分描述了残疾是什么，技术如何帮助有残疾或学习困难的学生，以及这些技术如何改变授课方式和学习的机构；第三部分论述了对可访问技术的重新定义，还介绍了移动学习作为一种包容性教育技术形式的案例研究；第四部分是结论。

以教育技术为研究对象的基础

教育技术的课题被设计成一个"通过创造、使用和管理适当的技术过程和资源以促进学习和提高绩效的"研究和道德实践。正式学习技术的第一批研究始于公元前5 000年的古希腊，虽然技术在学校教育中重要性的理解才刚刚开始。关于这个话题，特别是有关学校电子媒体的文章，需要多年综合的历史记录。

不幸的是，我们现在才认识到，技术往往在教学的交付和评估中发挥重要作用，并且在最早的心理和课堂实验中参与和了解了学习的过程。例如，设计用于模拟学习的最早行为实验，例如伊万·巴甫洛夫（Ivan Pavlov）的行为实验，使用了诸如铃声和节拍器的设备来提供刺激源。同样，当代"巴甫洛夫"爱德华·索恩迪克（Edward Thorndike）也设计了一种技术创新，即拼图盒，以模仿一种有复杂形式的学习行为。后来，布福鲁斯·F. 斯金纳（Buhurus F. Skinner）设计了类似的杠杆来提供惩罚和奖励，马丁·塞利格曼通过惩罚的手段将技术作为学习媒介，以衡量没有帮助的学习。

在他最受欢迎的作品《超越自由与尊严》（*Beyond Freedom and Dignity*）中，斯金纳进一步提出了教育技术这一观念，建议学生们摆脱传统的教学和老师，在自己的时间里通过设备来进行学习，提供正负面的刺激依据学生是否以正确或不正确的方式学习了一些知识。即使现代的认知研究也是指技术，霍华德·加德纳在文献中特别引用了音乐、艺术和物理技术来开发和应用多重智能。然而，尽管技术需要开发和应用所有这些学习理论，但已经研究的技术性质和作用往往会被认为是除了高科技以外的学校教师学习行为中多余的科目。

然而，教育技术已经在其他机构建立了一段时间。在一些特定的大学里这种态度是截然不同的。50年前，高等教育界的教育工作者开始认识到，科学衡量的行为与教育环境对于教与学同等重要，因此教育技术对新兴大学和学院来说具有很大的价值。

1966年，英国首相哈罗德·威尔逊描述了通过为英国工人提供终身学习来跟上所谓的"白热化技术"，以便更新他们技能的事情。由于这些工人不可能上全日制的大学，因此开放性的远程学习得以开发，通过电视、电话和广播等通信技术让工人们在各自家中学习。

这是通过更传统的通信途径、纸质文件和当地学院的周末讲座所进行的学习。因此，开放大学通过其教育技术研究所开发了相当多的专业知识，通过日益复杂的数字化技术（包括最初的互联网与现在的社交网络）提供学习和评估的资料。现在，开放大学的课程可以通过网络技术进行研究，这样的技术例如第二人生、幻想世界、虚拟世界等，在这里人们可以通过自己的头像来代表人物，并在没有重力或地理界限的情况下生活。

尽管在考虑学校教育技术的方面缺乏平衡，也没有统一实施或发展的教育技术理论，但在20世纪的进程中，教育和学习技术的历史已经分离出了一些阶段，并在21世纪初继续发展。在本章中，需要指出的重要一点是，自从将电子技术引入学校以来，有两个特定的阶段将我们的技术转变为主流学校使用的技术：个人计算机阶段和移动计算阶段。

个人计算机阶段本身有两个独立的时代。第一个是在20世纪60年代，通用计算机技术的引进：这就是没有占用整个房间的计算机技术，虽然当时没有改变主流的教学，却把在教室中学习的学生带入了使用技术的环境。20世纪90年代出现的第二个时代就涉及在非技术主题和环境中使用计算技术。这开始于引进教师使用的电脑、投影机和互动电脑驱动的白板；也就是所谓的智能黑板。

不久之后,学生就开始使用电脑学习非技术的、高科技的课程。随着第二阶段到来的教学和学习的转变,以及对数字技术在课程规划、课程开发和教育评估中的接受。第二个时代随后引起了新的教育技术模式,这种模式不仅包括在以前的时代中使用的识别技术,而且还根据其教学设计和需求对这些教育技术进行了分类。

其中一个就是对技术使用进行分类的 SAMR 模型。该模型将技术应用分为课程中的"变革型",即将教育课题转化为课程的全新课题;另一个是"增强型",即在课堂期间使用技术来增强传统科目和职业技能的教学。通过技术来加强教育,将教学类型分为两类:将机械的任务替代和增加成为数字的任务。

例如,像过去许多秘书学院和秘书工作所要求的那样,教学生不是按照类型进行的教学,而是将数字技术取代这种旧技术的文字处理程序,并且要求教授相同的技能课程。数字技术的引入也导致了一些机械化工具的出现,例如对文档进行破碎或归档;数字的等同物就例如在现代操作系统的桌面上使用垃圾桶和文件夹。

同样,为了将技术使用作为教育增强的方法,教学又分为了两类:对机械任务进行修改或将其重新定义为新的数字教学。例如,文字处理程序不仅有替代和增强的功能,还拥有全新的工具,它可以将机械、物理的工作方式修改成认知的数字化过程。这样的例子包括保存不同版本的文件、直接从文档发送电子邮件,以及将纸质文档改为网页的功能。

类似地,通过使用诸如键盘的老式技术进行教书的任务,已完全被重新定义,并且在现在可以通过诸如语音输入或滑动、敲击有触摸屏的数字输入设备来实现,这是 21 世纪的学生需要掌握的全新技能。教学法的这种变化如表 17.1 所示。

表 17.1

	转换	
重新定义	允许通过使用互联网或自动化新任务的训练转化的技术。	教学生如何使用平板电脑、操作系统等。
修正	允许进行完全重新设计任务的技术。	有文字处理器、整合邮件合并或超文本编辑的包容性邮件功能。
增强	作为直接工具、具有功能改进的技术替代品。	剪切和粘贴功能、垃圾桶功能、拼写检查功能、文字处理中的语法检查功能。
替代	作为直接替代工具、没有功能变化的技术。	使用文字处理器而不是打字机或热金属出版的流程。
	增强	

这提出了与技术和残疾有关的两个问题：
- 技术如何改变有残疾或有学习困难的学生的生活和教育？
- 描述技术增强教学的 SAMR 模型能否适用于这些学生的教学？

为了解决这些问题，首先需要考察教育背景下残疾和学习困难的问题。

残疾、学习困难和无障碍技术

残疾一词和学习困难这个短语意味着很多，虽然直到 20 世纪后半叶它们才被教育界使用。这些概念的现代起源可以追溯到 18 世纪的欧洲，那些无法在学校（数量仍很少，而且只对身体健全的人开放）里学习的人越来越被城市发展边缘化，他们只能在城市街道，特别是港口城市的街道上乞讨。

虽然当时也有身体健全的乞丐，但据说有身体障碍的人越来越多地选择了乞讨。事实上，现在被称为"残疾人"被认为是特别成功的乞丐或被视为一个需要慈善资助的乞丐，因为基督教伦理认为他们需要援助。然而，这也将所有残疾人定性为懒惰和不道德，特别是因为许多导致残疾和学习困难的原因与由不道德或"较低阶层"造成的疾病相关联,而他们常常被认为是精神不正常的。

因此,一些基督教机构在法国、接着是英国、然后在欧洲大陆的其他地区成立,这使有着不同形式残疾人寄篱于公共机构之下。这些机构旨在教育残疾人士,对他们进行智力"启蒙",或学习一门手艺,而不鼓励他们进行乞讨。虽然这些机构最初是为成年人设计的,但后来这些机构也适应了照顾孩子的需要,并在此过程中发挥了更为正式的教育作用。

虽然失明、耳聋、精神疾病等情况不同的人在18世纪到20世纪上半叶都与社会分隔开来,但普遍存在的一种认识默契是:有损伤的人,特别是身体损伤的人在社会上都有相似的难处。这在欧洲的许多国家里和19世纪的北美得到了认可,许多国家通过了残疾学生法律,创立了有关部门,聘请了有关专家为这些学生开展教育。

也许在这些专家中,最受尊敬的便是教育心理学家利维·维果斯基,他曾被苏联任命为有"缺陷"学生的指导者。在这方面,维果茨基是第一个承认"至少在教育中,社会因素与身体、感官和学习障碍同样重要"的理论家。对于这个问题,他说道:

> 每一个身体上的缺陷,无论是失明还是耳聋,都改变了孩子对世界的态度,这主要是针对其同胞的。例如,让我们来看看一个人在社会领域的几何地位和他作为生命分享者和社会生活所有功能的部分和命运,我们都会得出结论:一个人在有任何缺陷的情况下,一切都被彻底改变了。任何身体上的缺陷都会引起社会性的挫伤,最终产生不可避免的后果。

首先与这种不断变化的残疾观念相一致的是,教育和其他社会和文化机构接纳残疾人的发展。其次是认知、发育、情绪和社会障碍的结合,例如可能导致学习困难的读写障碍和行为问题。

近年来,随着残疾人的平等和更多机会成为西方国家政治的主题,残疾人平等的辩论也成为国家政府、准国际组织和非政府组织的主题,如世界卫生组织和联合国。因此,这些机构也对残疾有了一系列的定义,这些定义越来越多地吸纳了社会和文化的因素,而不仅限于身体方面的障碍。这尤其体现在联合国对残疾的最新定义中,这其中包括学习困难的概念:

> 残疾人士一词适用于所有有残疾的人,包括有长期的身体、精神、智力或感官障碍的人,这些障碍会与各种态度和环境障碍发生相互作用,妨碍了他们在与他人平等的基础上充分和有效地参与社会的机会……残疾源于社会而不是人本身。

为辅助有残疾和有学习困难的人而开发的技术被称为辅助技术,这个概念被广泛地定义为"通常使用的商业、修改或定制的任何物品、设备或系统,旨在增加、维持或提高残疾人的实用能力"。历史上关注残疾人的机构一旦得到发展,技术和适应性的教学方法就会发展,有关研究就会论证,教师和创新者的协会就会纳入新的教学法和技术以克服其障碍。

例如,特殊学校和机构已经成为盲文教学方面的专家(这些盲文由巴黎盲人研究所之前的学生创造,在此之前是18世纪触摸语言的发明),他们通过放大镜和设备(例如拐杖、手杖和之后出现的轮椅)来协助和改善移动障碍。随着电子音频设备的出现,诸如助听器,聋人放大器,以及盲人或视力障碍者无线电传输等技术也出现并发展了起来。后来,数字技术也为残疾人能够识字和获得知识提供了帮助。特别是有助于克服学习障碍的软件的开发,例如书籍和艺术品的音频描述,屏幕上文本的放大或重新排列,以及作为文本的声音表现的软件等。

为了配合 SAMR 模型在教育中对技术进行分类,已经有一些培训策略被制定出来,将这些设备的使用纳入增强学习的过程中。取而代之的是允许主流教学采用与课程教学法相融合的技术。例如,有阅读障碍的学生可以通过 MP3 设备录制老师的授课内容代替笔记,或者在电脑屏幕上使用放大或彩色的方式代替传统的阅读材料。

增强技能通过使用诸如 JAWS、Ruby on Rails 等其他屏幕阅读器来增强盲人计算机用户的声音，或增加面部肌肉不能运动的人的声音软件来进行授课。除了这些增强技术之外，还有更先进的辅助技术可以转化授课的大纲。

例如，软件和硬件重新定义了如何通过诸如 Perkin's Brailler 等设备在盲人学校进行阅读和制作写作的课程。使用更多当代技术（如盲文阅读器，用来帮助盲人利用触觉识字）的传统延续了下来。同样，可以修改特殊学校传统的教学方法的设备也已经被开发出来。例如，四肢运动受限的学生可以通过虚拟现实（VR）设备学习移动技能，而不是传统和有潜在危险的设备。所有的这些类别如表 17.2 所示。

表 17.2

	转换	
重新定义	允许通过新技能培训的技术。	允许学生使用替代技术来编写或阅读的定制技术，例如珀金斯盲文打字机。
修正	允许进行完全重新设计任务的技术。	允许教师和学生移动性、写作工具、阅读工具、听觉工具的订制技术。
增强	作为直接工具、具有功能改进的技术替代品。	可访问的设置，如语音识别。
替代	作为直接替代工具、没有功能变化的技术。	平板电脑、智能手机、MP3 播放器和具有不同输入和输出的多媒体设备。
	增强	

然而，传统辅助技术的想法也存在问题，因为它已经应用在了教育背景下，但也可以应用在其他社会环境中。辅助技术本身常常将残疾学生与正常学生区分开，并为不将残疾学生纳入主流课程和学校提出了理由。在许多情况下，需要老师使用的辅助技术会要求将它们安装在特殊学校里，这对残疾学生而言，社会包容实在是不存在的。

此外，许多学校、教师、学生和家庭发现，提供传统的辅助技术存在着许多经济上的问题，由于它们的专业性质和少量开发制造的事实，它们要比主流的、批量生产的技术更昂贵。此外，虽然"辅助技术"旨在技术为课程提供帮助，但这种对差异的区分往往意味着，对于那些有主流技术支持的班级而言，有残疾或学习困难的学生往往与前者分离开来，只能单独使用辅助技术对现有课程进行修改。

对于 SAMR 模型而言，辅助技术在教育中的许多应用是经常可以观察到的。这些技术往往专注于对教育进行转变，而不是增强主流的教学方法。这可以表示成一个倒置的金字塔，其中大多数辅助技术的教学都处在金字塔的上半部分。这在图 17.1 中有所表现。

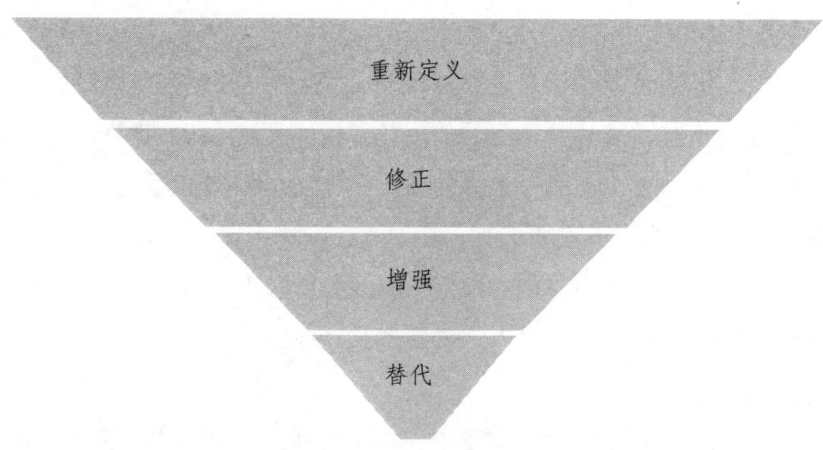

图 17.1　辅助技术的 SAMR 模型说明，显示了使用辅助设备进行教学的传统平衡

将辅助技术重新定义为包容性技术

因此，我们可以说，传统的辅助技术是将有残疾或学习困难的学生纳入全面教育的最后几个文化和社会上的障碍。这是辅助工程和设计上的一个问题，因为这些技术经常是被健康人开发的，他们只能试图想象残疾是什么样的。

此外，工程师和设计师往往不会因为学术问题、社会和文化的思维定式而牺牲自己的想法。因此，传统的辅助技术通常包括无法移动、笨拙和有物理限制的设备，这些设备还必须与单一教室和环境相结合。此外，许多辅助设备也仅限于在专为残疾人设计的专门学校中使用，因为就像已经说明的那样，在主流的学校中安装和维护费用太贵，这么做并不经济。

传统的辅助技术也有社会和文化方面上的消极影响：使用它们会影响到学生们的自尊心。尤其是我们已经了解到，传统的辅助装置经常会认定一个人有特殊需要，这可能会使有残疾或学习困难的学生感到羞辱。学术界本身也无法通过辅助技术开发出把学生包含在内的方法，因为在大部分讨论在教育中使用辅助技术的学术文章中，人们的关注点都在硬件和软件的机械和电子属性上，而不是在其设计美学，或主流设置这类设备的文化和社会接受程度上。

此外，尽管通过移动学习这样的创新开发出了主流教育技术的新形式，不过，对这种新技术与辅助设备的使用几乎没有研究，即使现在的许多移动技术都具有辅助功能。这就在教育的研究中抛出了一个问题，并强调对配有辅助技术的教学法进行重新审视。这个重新审视可以通过以下两个问题来总结：什么是辅助技术的"包容性"？如何包容这些技术？

在回答第一个问题时，有人认为包容性技术是：

> 作为一种可获得的主流技术，残疾人不需要适应就能使用。这个技术还是为残疾人提供社会融合（如沟通和互动）的技术。

因此，为了使这些供有残疾或学习困难的人使用的技术设计完全有用，就需要以主流的社会和文化形式来推动学生本不该分离开的教育形式。这使得辅助技术的研究符合教育中的包容性理念，这是指所有的学生都应该在各种形式的教学中得到社会和文化上的平等。

在回答第二个问题时，有人认为，我们需要重塑一种对辅助技术的现有理解，以及需要重新定义用来描述技术和主流环境中教学法的术语。可以做到这一点的第一个方法就是，将教育中的辅助技术重新命名为包容性教育技术，这将有助于将关注重点从针对有残疾或学习困难的人的设计和工程上，转移到设计师们所支持的教育包容性，以及他们所解决的社会和文化包容的问题上。

这个过程的第二个方法是重新定义工程设计本身，以便其适合有残疾或学习困难的人的过程，即不由学术或工程师定义的设计和工程的实际措施过程。还要使其以客户为导向，仅专注于为个人创造的技术。

这可以通过培训和鼓励有残疾或学习困难的人来创造自己的技术，至少将他们纳入设计的过程，而不仅仅是被当作最终的测试者。此外，使用辅助技术不应该意味着低人一等，特别是在智力方面。必须强调的是，有残疾或学习困难的学生仍然是人力资本，这对社会是有价值的。

如果这种情况实现了的话，那我们就可以颠覆 SAMR 模型的金字塔，将重新定义的任务列为有残疾或学习困难的学生的教育中最不重要的技术任务，而替代则作为这些技术中最重要的角色。这在图 17.2 中进行了展示。

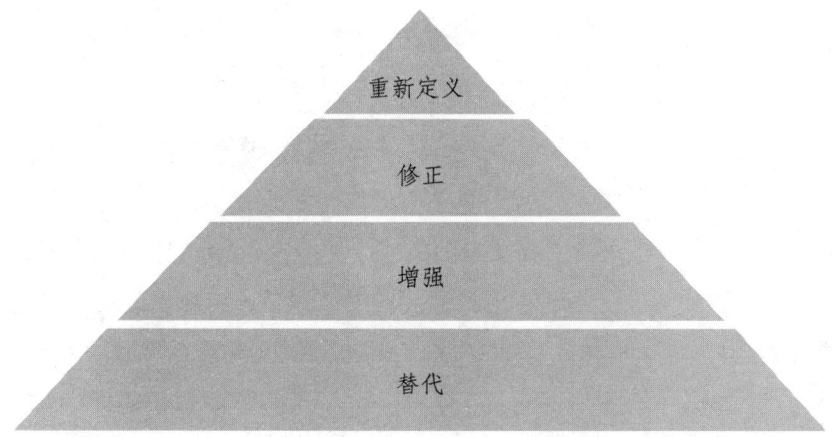

图 17.2　辅助技术的 SAMR 模型的说明，显示了真正包容性的技术教学

对于一些工程师和设计师而言，这个过程已经开始了。如前所述，移动学习是用于教育移动设备的教学法，例如平板电脑、MP3 播放器、录像机以及移动电话（通常意味着智能手机）。这意味着教育的许多方面都在传统教室之外进行控制，而且在所有的学习环境中，资源都可以很方便地被访问，而不仅仅是在图书馆里；教室本身对于教学和学习来说就不会那么重要，

从而允许了学习可以在多个地点、任何时间段进行。

这种学习形式适用于有残疾或学习困难学生的教育培训，因为他们可以记录主流课程，在主流课程中获取他们可能需要的额外数据，甚至可以通过网络访问盲人专业媒体。尤其是苹果设备被发现是值得注意的移动学习设备，因为它们被设计用于多个通信通道、多媒体使用和快速访问应用程序。

此外，苹果公司已经全面承诺可以对其主流设备进行访问。在平板电脑、手机或播放器等设备中，在不针对个人残疾问题的工程特征下，特殊教育功能分为了以下4类：

- 识字与学习
- 视力
- 听力
- 身体和运动技能

对于苹果公司而言，智能设备（尤其平板电脑）具有标准配置的多种包容性功能，例如用于对盲人或有阅读障碍的人进行识别的语音功能，对于有听力障碍的人而言，就变成了屏幕上的文字；用于阅读的软件和应用程序以帮助有学习障碍的学生；为低视用户设计的缩放设备；将颜色改变为底片颜色的功能：这种功能可以帮助有低视力、有阅读障碍或有计算障碍的人。

然而，正如这个设备值得一提的方面一样，有些方面也仍需要改进。与其他主流平板电脑相比，iPad的价格相对较高。另外，在使用包容性功能时，设置会占用很长时间：这些设置在用户手册中有所描述，但对于许多盲人、学习困难或视力障碍的人来说，设置是很困难的。因此，现在就说技术大大地提高了有残疾或学习困难学生的学习前景为时尚早。

结论

200年来,辅助技术帮助了许多人,并在很大程度上被认为是对有残疾或学习困难的学生有益的。然而,与教育的其他方面不同,它未能演变成将所有学生都纳入的主流教育。这是因为辅助性学习技术的工程和设计重点在于其技术能力和感知功能,而不是将残疾人纳入所有主流社会和文化环境的形式或能力。

当然,这种设计上的问题往往是设计师和工程师缺乏理解的结果,设计师和工程师通常对残疾问题过于较劲。技术学习的SAMR模型应用于辅助技术就说明了这一点。因此,如果我们要使技术变得具有完全的包容性,就需要在设计过程的每一个阶段(而不仅仅是测试的阶段)咨询使用辅助技术的用户,并把他们纳入其中。同时,还要长期地对有残疾和学习困难的人进行培养,让他们最大化地利用工程技术来为自己服务。

更重要的是,我们必须把辅助技术的名称改为教育中的包容性技术,将目标定为"不仅让每一个健康的学生,还要让在生活的各个方面都有困难或残疾的学生都融入其中"。虽然这个过程已经伴随着移动技术和学习开始了,但我们还有很长的路要走。

第十八章 一个数字移民的思考

下面是雅拉·阿宗卡（Yara Azouqa）的故事：

作为老师，在评估技术对我的职业影响时，我想分享对软件、平台和设备初始魅力的体验。作为教育者和积极的代理人，我也想在我的教学环境中密切关注技术，而不仅仅是被动地吸收任何新奇的小玩意儿。古拉克认为，"我们真正需要理解的不仅仅是如何使用技术，而是如何与之相处，参与其中，并控制它"。

自古以来，我们发现、操纵、发明和重新发明技术来满足我们的需求。今日技术的共同特征是它们能够渗透进我们的生活中。技术无处不在，同时这也许是为什么我们不会停下来思考的原因：技术的确无处不在。它遍布我们生活的各个方面，我们几乎无意识地向这个力量投降了。我们喜欢的事情似乎就是这样，在其他活动之外，还可以听音乐、修改我们最喜爱的生日图片、打磨我们的重要笔记或演示文稿，并检查和更新脸书账户。

随着技术重塑了我们日常生活的方方面面，人们常常会声称我们正处于一个新的时代。苏亚雷斯和萨尔丁·巴哈伊认为，我们正处于一场可能超越工业革命影响力的信息革命之中。我同意这样的观点，因为在过去的10年中，技术显然改变了我的生活。尤其是在技术已经成为我们教育体系中的必然部分时，我们迫切需要仔细研究这个过程是如何影响了我们的教学环境和课堂内外学生的日常活动。此外，具体的教育技术也有可能会授权或破坏学生、教师和管理人员的工作。

阿宗卡说道：

现在的我期待通过使用某种形式的技术进行教学活动。至少当不能使用互联网时，我就不能上课了。我可以在上课前、中、后或这整个过程中使用互联网。互联网的魅力和它所提供的东西是无法想象的。为了更好地了解互联网，古拉克简化了速度、覆盖面、匿名性和交互性等关键术语。她解释道，互联网是一个强大的学习工具，我同意她的观点。

我每天接触到的技术类型可能会有所不同，从互联教室、遍及整个学校的无线网到完成在线课程（其中所有的教学实际上都在传统教室的常规范围之外）。作为定期使用教育技术的老师而言，我认为有两个方面需要说明。首先是使用的技术种类；其次是在学习环境中对技术功能性和实践性的应用。

大多数教育技术从积极的角度上帮助我摆脱了传统的教室设置和一些更传统的教学形式。我会利用技术来尝试更高级的教学，而不仅仅是把技术当作一种手段。例如，通过技术支持，我经过精心设计的课程可以"培养更高阶的思维和 21 世纪的技能，目前在虚拟的教育世界中可以使用"。

我喜欢的一种特定类型的技术界面是社交媒体。我认为这是一个能让在线课程和面对面课程得到拓展的平台。不过，我承认并不是所有的课程都提供 21 世纪的经验或更高阶的思维能力，所以为了进一步的发展，我不断提升学习成果和技能，以适应学习者的需要。例如，除了我的在线课程，我在传统教室里的风格也在采用更多的技术要素。这是通过不断地反思得到的，我会问自己如何以及何时采用特定技术或特定的多媒体界面。

仅仅了解教学技术的定义、过程和功能与我所教课程之间的关系是远远不够的。我必须知道如何在一个相当具体的框架中应用技术。这样做我就可以发现什么方式是有效的，什么方式没有作用，什么方式又帮助学生取得更好的学习成绩。我在职业生涯中发现，我需要对技术的使用情况进行持续的关注，以避免将其视为理所当然，并将这种重要的工具和概念变成了无效的实践：这时候就是将技术视为一种工具而不是实施创意教学的帮手了。

我对技术界面的使用是衡量我技术素养如何的手段，这与学习和练习一门外语相似。作为数字驱动型的教师，成功的条件就是我选择使用媒体的频率和功能性。为了使我的教学更加有效，当使用数字媒体作为我的首选授课方式时，我必须保持良好的功能性标准。作为一名数字移民，我正在不断学习成为一名多元文化的人。正如安斯蒂和布尔所指出的那样，我会"使用语言、视觉、听觉、手势和特殊符号系统来解释、使用和制作电子、生活和章节的文本"。

你可以看到我面前有一个多么重大的挑战！简言之，我认为教育技术确实对我的学生的学习经历有帮助，还能赋予作为老师的我以能量。技术也可以成为学校和生活之间的桥梁。我的学生在看到学校使用的工具之后，会马上在课后进行使用。目前，我使用博客让同学们彼此评价。博客也可以被用于不同的社会环境中，用于课堂外的另一些目的。

我的学生不再需要等到放学后才能在现实生活中使用学校里学到的知识。我们的工作效果将在同一周、一天或一个小时内对学生产生即刻的影响！课堂和现实世界的合并将创造有意义的学习，因为学生们看到学校以外的整体效益。

然而有时候，我也面临着在线学习和教育技术的一些挑战。例如有时在维基百科中出现的错误或虚假信息。我必须教会我的学生成为一名互联网时代的批判性思想家和有辨识力的用户。我不仅需要开发学生们数字化的学习能力，还需要帮助他们培养数字化的批判性能力，从而过滤我们在互联网上看到和听到的错误内容。作为老师，我总在反思这个问题，并始终牢记没有任何工具是中性的，所有的数字工具都有用于特定任务的特定用途。我已经认识到，我必须充当一位在课堂执行任务的数字设备仲裁者。

另一个重要的考虑是知识的质量和我们通过互联网提供所有数据的目的。在一名老师的日常工作中，我会和我的学生强调必须要净化他们在线访问的信息，并确保信息是有用的、相关的，并且可以运用到他们所需要的目的中。

在数字时代的教学要求我们大家彼此学习，以便进行富有成果的讨论和进行最好的数字教学实践交流，这在以前从未发生过。为此，我培养了一个与同事共同教学和共同学习的环境。这些专业交流的结果向我表明，我并不是独自使用数字技术的人，也不会觉得在使用技术时会被其他人疏远，更不会觉得我的教室里面出现了一系列新的挑战。我认为，数字素养将促进我的职业发展，使我能够更多地与同龄人交往，最终成为一名充满活力的老师。

第十九章　对英语非母语背景下数字化学习的转型性质的观察

自 21 世纪前 10 年引入沙特阿拉伯英语非母语（EFL）的背景以来，教育技术一直积极地以各种方式影响着教学过程。例如阿布达拉报告说，由于沙特国王大学迈季迈阿社区学院（Majma'ah Community College of King Saud University）使用了智能黑板，教学中就再也没有出现过怨声载道的拖堂现象，让学生们安静所花掉的时间也完全地用在了讲授课程上面。

此外，阿莱拜坎也说道，不允许在女校任教的男教授也可以通过各种教育技术应用来做到这一点。最重要的是，每个学期对学生进行的满意度调查都显示出了学生们对教师表现的积极反馈。

学生满意度的主要原因是教师在网页上发布课件的可用性，以及通过电子邮件或手机随时与教师沟通的可能性。与此相同，本章也认定将信息通信技术引入教育对课堂的透明度具有深远影响。

支持这一假设的一部分原因在于，曾经质疑信息通信技术的教师最近将其纳入教育制度中，尝到甜头的老师们对技术转变为更温和的态度，并且在积极地促进技术使用。其他方面都是没有变化的，这种教师态度的转变是由于这样的事实："大部分学生的学习都不再需要老师的推动。"

这种学习可能性是由于在相关文献中学生被认为是"数字原生代"，这意味着他们可以比老师更有数字素养，从而利用更丰富的在线教育资源。然而，只有在透明的教育环境中，这种数字能力才能融入课堂活动之中。现在，鉴于信息通信技术在课堂中的作用，本章会尝试回答以下的问题：

1. 学生的信息通信技术素养在多大程度上影响了英语非母语教师在课

堂上的作用？

2.教学过程的不同方面是否造成了英语非母语教师相同程度的透明度？

概念性的背景

一般来说，"透明度"一词被认为是及时提供信息的过程，这使得信息的不足被理解为偏见、腐败和无能的明确症状。因此，"当缺乏隐藏议程时，就需要充分表达透明度"。

谈到教育背景下的透明度，许多研究人员会从不同的角度来看待它。首先，一个观点的关注点在阿德奈特等人的术语"透明机构"（transparent institution）上。他们认为一个机构必须遵守一些标准，包括选择可以根据教育的成就和潜力完成课程的学生、使用可靠和有效的评估方法，并尽量减少对申请人的障碍。

其次，福特和黑吉登将透明度与质量保证认为是信息传递媒介，旨在帮助外部利益相关者"形成判断和做出决定"；再次，根据奥菲曼的说法，透明度是程序级学习成果的特征。换句话说，透明度包括以学生可以理解的方式进行学习成绩的声明和衡量，使他们能够对相关教育计划有从始至终的看法。

不过，透明度被规定此计划应该代表"一个概念的转变：将作为一个课程集合的课程转变成作为一个战略教育地图的课程，以显示发展能力的发展是如何和何时进行的……"这些观点侧重于学术透明度方面相关的"教育管理""财政管理""学术人员招生""入学教育机构"等概念。

然而，正如上面列出的第一个问题所示，本研究以第4个信息通信技术为基础的透明度（关注课堂内外的师生关系）为中心。特别是调查了学生对教师的做法、想法、兴趣、关注等问题。老师的角色被强调是一个有促进作用的。在这种联系上，本部分试图回答两个问题：什么是透明教学？如何加强信息通信技术在教室中的整合？

首先，埃文斯认为，透明教学是一种哲学性的转变，需要老师有勇气、决心和信念与学生分享课程信息，从而使课堂成为最佳的学习环境。相关文献还显示，透明教学超越了信息共享，重新考虑了"关于课程结构、内容和教师角色的一些基本假设"。

换句话说，这些假设曾经是老师特有的，但现在可以在透明的教育环境中与学生进行协商。使教室透明化的其他做法包括教师坦率、冒险和自我批评的意愿（同上），并与学生接触，赞同坦率的反馈意见并承认这种贡献。事实上，教师应该在透明的教育环境中体验这样的行为变化，因为传统观点认为"教学通常是一种非常私人化的活动，不仅限于四面围墙之内，同时也经常保护着学术自由"。

埃沙报道说，曾经被认为是"教育权威""知识分子"的老师，最近开始采取较为温和的角色（例如参与者、组织者、指导者等），这是因为出现了学生们熟知的数字技术，并通过其获得丰富的教育资源。

这种情况可能对教师有至少两个影响：第一，学生学习外部老师的经验与不按照老师所设定的目标进行学习。其结果是，老师有两个极端的备选方案可供选择：抵制信息通信技术在教育上的整合，因为技术削弱了老师的影响力。第二，学习信息通信技术相关的技能和素养并在课堂上运用。

幸运的是，研究结果表明，教师会更多地采取以信息通信技术为导向的角色，这使他们能够与自己的学生形成学习的共同体。

方法

参与者

研究的参与者是 61 个英语非母语教师，他们为 11 个沙特国立大学工作。事实上，调查问卷发送给了 500 个教师，网上问卷则发送给了每个老师留在各自机构网站的邮箱地址里，不过最后只收到了 61 个答复。有 20 封邮件发送失败，因为网站上留下的邮箱地址是不经常使用的；不过随后，一些教师对我们表示了歉意。

由于一些机构的网站上没有英语非母语教师的邮箱地址（至少在数据收集时没有找到），例如苏丹王子大学（Prince Sultan University）、哈伊尔大学（Hail University）、贾赞大学（Jazan University）、北部边境区大学（Northern Border University），所以这些教师被排除在本次调查之外。无论性别、年龄、学历和学术地位，所有的调查参与者均被视为单一群体，因为本研究旨在获得有关其教学透明度的一般性信息。

手段

我们创建了一个有5个级别的比较型问卷（从完全同意到完全不同意）用来进行数据收集，其中包含20个假设进行提高教学透明度实践的问题。问卷题目大致分为两类：教学实践与沟通实践。无论是在问题的数量上（占问卷80%）还是教学策略的涵盖性上，第一类构成了问卷的主要部分。

另外，沟通实践集中为了强化教学效果，师生在课堂外进行的交流沟通。该方法的表面有效性由10名沙特阿拉伯大学的英语非母语教师进行了验证。我们还是用克朗巴哈系数法来计算数据的可靠性，最终系数结果是0.834，这表明了数据高度的一致性。

步骤

调查问卷已发布在谷歌云中，然后会转发到参与者的电子邮件里。在多数情况下，如果出现了机构管网所留邮箱和普通邮箱都没有使用或都可以使用的情况，我们就会发送两份调查文件。然而，如上述参与者部分所示，我们还是收到了一些发送失败的通知。更糟糕的是，只有约13%的参与者完成了问卷调查，尽管事实上这个问卷通过电子邮件发送给了很多人。调查问卷于2013年9月1日发送，9月30日结束。一个月的时间内，我们累计收到了61份回复。

结果

描述性统计数据被用来分析数据以回答研究的第一个问题：学生的信

息通信技术素养在多大程度上影响了英语非母语教师在课堂上的作用？表19.1显示出了参与者回应表现出的高度透明度，因为他们的意见反映程度较高。我们将在下面的讨论部分进一步阐述这一发现。

表19.1

描述性统计					
研究偏差	平均值	最大值	最小值	N	
8.66114	87.4262	100.00	66.00	61	样本容量
				61	有效样本容量

回答第二个问题得到的数据，需要重点指出的是调查问卷包括20项问题，都是为了反映教学和沟通方面的透明度。因此，第二个研究问题试图找出与这两个方面有关的实践是否得到了英语非母语教师的同等关注。为了分析这些部分的反应差异（分别为第1—16个和第17—20个问题），我们使用了T检验。表19.2、表19.3总结了有关的发现。

表19.2

单样本统计			
	样本容量	平均值	研究偏差	研究误差平均值
教学透明度	61	70.4754	6.76906	0.8669
沟通透明度	61	16.9508	2.52604	0.32343

表19.3

单样本测试						
	测试值 = 0					
	测试分数	样本容量	差	平均差异	95%的差异置信区间	
					降低	升高
教学透明度	81.316	60	0.000	70.47541	68.7418	72.2090
沟通透明度	52.410	60	0.000	16.95082	16.3039	17.5978

讨论

表1表明,透明教学已经成为参与研究的教师的重要性问题。至少可以有两个原因来解释这种与学生采取更开放的关系的倾向。首先,普伦斯基认为,新一代的学习者（1983年以后出生的人）在数字技术中长大。而鉴于互联网已经成为丰富的教育资源的缘故,他们有可能不仅可以获得比教师规定的教科书更丰富的教材,而且还可以学习相关的课程。

在这样一个教育环境中,坚持"知识讲授者""教育权威"等传统角色是徒劳的,因为技术型的知识渠道比由教师主导的传统课堂更加友善。因此,教师通过适应学生的数字能力来丰富课堂活动,自然而然地对这些变化做出了积极的反应。此解释得到之前研究结果的证明。

例如费尔曼说道,由于在缅因州教育系统中推出使用笔记本电脑,"教师已经开始将自己看成是与学生学习的合作伙伴,并与学生建立起了更多的互惠关系。"同时,学生能够将新的内容和信息带入教室,并向教师和其他学生传授技术技能（同上）。

另外,大多数沙特阿拉伯大学敦促他们的教师开发个人网页,从而可以在上面发布课程材料和联系信息。因为这个程序使得教师和课件在学生需要的时候就可使用,这样可以使相关的教育环境变得透明化。

关于第二个研究问题,表2显示,参与者对问卷两部分的回应有显著差异,即教学实践（第1—16个问题）和学术交流（第17—20个问题）。分析表明,参与者在前者中表现出比后者更高的透明度,尽管他们已经在个人网页上发布他们的联系信息（例如邮箱地址、手机等）,以便促进与学生与国内外学者的沟通。

数据收集程序中至少有一项证明了相比于沟通透明度而言,教师更倾向于教学透明度。根据数据显示,因为教师们没有使用电子邮箱或暂停使用电子邮箱,这导致我们收到了许多的发送失败通知。因此,作业既不能以邮件方式提交也不能以邮件方式接收。

结论和意义

虽然教育透明度已经被广泛地研究，但是课堂上的应用数据却很少，因为大多数研究的重点在于学术管理透明度、财务资源管理、学术人员招生、入读教育机构等方面。只有在信息通信技术的教育整合中，教学透明度才得到了更多的关注。

相关研究尤其侧重于在没有教师敦促的情况下进行学习的可能性。因此，我们建议教育工作者重新审视一些关于教学原则和实践的主要假设，包括教师在课堂中的作用。鉴于这些发展的情况，本章着重探讨了沙特阿拉伯高等教育机构以技术教育学为特征的教育环境中教学透明度的程度。

总体而言，调查结果表明，教师表现出较高的透明度，但教学透明度较学术沟通透明度更高。每个发现都对课堂实践者和研究人员有影响。在第一个调查结果中，"教学透明度"似乎不是一个既定的概念，这在上述第二个问题中"报告工作定义的尝试"已经得到了证明。

现有的资料提供了一些帮助，构成了用于本研究数据收集工具的"教学透明度"。这一结论可以进一步证实，使用"透明教学""透明教师"和"英语非母语或英语作为第二外语课堂的透明度"等关键词，在主要数据库进行密集搜索并没有什么用。那么，如果这个研究不能在免费的网站上访问，那么研究工作就还没有完成。

因此，我们强烈建议教师和课堂研究人员在理论和实践中更加努力地发展这一概念。第二个发现似乎与教师本身有关。显然，参与研究的教师认为，与不在校园内的学生进行沟通是次要的问题。不需要说明的是，许多沙特阿拉伯高等教育院校采用的各种学习管理系统是为了鼓励教师与学生之间继续合作，并为学生在课堂提出的课题提供丰富的机会。因此，为了促进教学工作，教师需要对学术交流有一个更积极的态度。

附录

调查问卷。

作为沙特英语非母语教室透明度指标的信息通信技术。

请在下表内勾选最能描述您的意见的方框(见表19.4):

5 = 非常同意;4 = 同意;3 = 不清楚;2 = 不同意;1 = 完全不同意。

表19.4

编号	问题	5	4	3	2	1
1	由于学生的信息通信技术能力,重新思考了自己的角色。					
2	由于学生的信息通信技术能力,修改了教学策略。					
3	要求学生提供在线资源来丰富课堂活动。					
4	要求在数字化方面有能力的学生做一些教学任务。					
5	在处理信息通信技术问题方面向学生寻求的帮助。					
6	在官方网站上上传课程资料。					
7	了解和重视学生的知识来源。					
8	接受教师和学生组成学习共同体的情况。					
9	鼓励教师和学生之间进行信息共享。					
10	了解学习可以在没有教师要求的情况下进行。					
11	访问学生网络论坛,了解教学策略的反馈意见。					
12	接受学生提出的在线建议。					
13	鼓励学生建立在线论坛来讨论与班级有关的问题。					
14	赋予学生力量,使他们增强信心。					
15	创造一个以增加合作为特征的环境。					
16	培养学生成为更自主的学习者。					
17	接受学生在线提交作业。					
18	通过电子邮件发送对学生作业的反馈。					
19	通过电子邮件和手机频繁地与学生沟通。					
20	参与到学生的在线论坛中。					

第二十章 大脑对数字驱动型教育的认知

2011年秋天,我驾驶汽车在阿拉伯联合酋长国艾因至迪拜的高速公路上(66号公路)的时候,得到了这种反思性研究的见解。顺畅的交通和良好的视野并没有阻止我前方的车辆慢下来,在四车道高速公路上左拐右拐,就像是司机吸过毒或者喝过酒一样。我尝试安全地超车,超到一半时瞥见了司机正在玩着他的手机。他会在一刻抬起头扫视前方的路,然后又低下头看手机。通过后视镜我看到这种危险的驾驶行为持续了一段时间。

安全驾驶需要健全的神经逻辑和认知能力;我突然惊喜地发现,尝试描述和理解驾驶员所需的全部技能,并在一般情况下定义驾驶任务的心理认知框架没有形成一个包容性的知识体系。然而,我们知道驾驶能力依赖于精细的发动机技能、视觉感知、注意力、工作记忆以及长期记忆功能的能力。研究表明,驾驶车辆时任何阶段的感知或记忆障碍都可能对司机和乘客造成灾难性的后果。然而,在多任务处理方式的幌子下,世界各地的司机在处理任何其他任务时,都会将自己、乘客和道路上其他人的生命置于危险之中。因为在开车时处理其他事情可能会分散驾驶员的注意力,并破坏他们安全驾驶车辆的认知。

理论背景

人类每次承担多个任务的能力取决于他在工作记忆中持有小量信息的能力,并在消失之前及时检索这些信息,因为我们保存知识或信息的工作记忆只能维持几秒或一分钟,除非采用对细节进行编码并委托给长期记忆的策略。此外,我们只能在工作记忆中同时处理几条信息。但是值得注意的是我们想要完成的程度，如果我们想要做到尽善尽美，或者完成任务，我们就必须将所有的注意力集中在一个主要任务上。

　　工作记忆能力是当一个人能够对主要任务进行持续的关注时，同时保持工作记忆中的相关数据，并从长期记忆中检索相关信息的能力（特别是在分心的情况下）。换句话说，工作记忆超越了将信息简单存储的敷衍操作。当存在像情绪、冲动、想法和感觉以及与个性化数字生活方式相关联的对话、音乐和其他听觉和视觉刺激等内部干扰物时，这种同时存储和处理的能力就会出现得更频繁。有大量的研究表明，一个人在多种认知任务中表现出的优秀能力多种多样，从他们记忆学习信息的能力，到他们理解、应用、综合、评估和创造新知识的能力都有。这取决于他们的工作记忆，尽管有内部或外部干扰源，但他们的工作记忆能力也会很好。

　　此外，丹内曼和卡朋特尔也证明了这些干扰因素（以及学习者能力的个体差异）对感觉记忆、工作记忆和长期记忆之间的记忆、保留、维持、回忆和处理有着重要的影响。

　　我们知道学习涉及多方面的认知过程，这与我们工作记忆中的信息和知识还有长期记忆密切相关。丹内曼和卡朋特尔进一步断言，以前关于如何将信息和知识从短期记忆转移到长期记忆的研究是有缺陷的。他们的主要观点集中在这样的说法上，即过去的研究人员认为短期记忆存储能力主要是一种被动的行为。他们没有考虑学习者在短期记忆中处理和存储信息所需的多项技能。简单来说，在丹内曼和卡朋特尔认为之前研究的理论方法都是错误的。

　　以前有人认为，短期记忆在发展语言文学的基本技能方面起着至关重要的作用。语言学习者必须发展将词汇的语义和语法关系构建成一个连贯而有凝聚力的叙述的能力。此外，学习者需要获得以前的综合知识才能将新的想法吸收到学习中。例如，在句子中使用代词、宾语和间接宾语需要了解之前所学的关于主观和指示物的知识。换句话说，新知识的成功转移取决于短期记忆的临时存储能力，以及将这些知识转移到长期记忆档案里的功能能力，而这些反过来又可以在适当的时候得到利用。这表明，临时存储能力有限的学习者在被要求的任何特定时刻里，都具有较少的、关于主观和指示物的相关信息。更重要的是，短期记忆被认为是成功获得基本识字技能（包括阅读理解和词汇发展）至关重要的因素。然而，在1939—1979年进行的研究表明，这些基本识字技能的发展与短期记忆存储能力之间的相关性很小。丹内曼和卡朋特尔认为，短期记忆理论不足以完全描述学习者最初记忆细节的功能过程。

他们声称，这远远不是被处理和纳入长期记忆的新思想和知识的被动接受者，学习者记忆是参与了一个功能性和积极的认知过程。丹内曼和卡朋特尔认为巴德莱和希奇的工作记忆理论是适宜的，因为学习者要同时处理和存储想法与知识的并行任务。工作记忆是一个积极的认知过程。此外，他们认为，由于学习者处理和将信息同步到工作记忆中的能力存在个体上的差异，一些学习者将会陷入无法同步和存储的陷阱中，结果造成了使用读写基础的整体功能的基本弱点。为了证明他们的观点，他们为大学生设计了一个简单而巧妙的工作记忆测试。学生们被要求回忆一套越来越长的复杂句子的最后一个字。理解功能过程较弱的人回忆起最后一个字的概率较小，因为他们在理解句子的过程中变得头昏脑涨，从而难以记住最后的句子。

教育心理学家也普遍认同，排练和练习是我们长期记忆中存储与检索知识和信息的关键。

最近的研究表明，基于内容的教育信息技术的整合可能会破坏认知过程的发展，这些认知过程能够提高多元素养的技能，并记住普通和基于内容的学习所需的关键材料。一般认为，当学习者通过更多的在线材料和多媒体平台工具进行分类时，他们不会因为嵌入网站和无数网页中的多重干扰而破坏认知过程。

我认为，技术在获取2年级识字能力方面利用的研究和证据是不一致的，缺乏令人信服的证据证实如果没有技术，完全能够识字的2年级学生就不会成功。

此外，老师们正在用有趣的证明来说明学生可能会依赖技术帮助学习，因此缺乏成功回忆知识的保留率，这是他们正在进行的研究和未来职业的基本要求。这个观察并不仅限于任何特定国家的特定教育系统，而是在学习机构中都能够找到依靠数字学习和在线技术设计为在当今教室中促进和加强教学的例子。

自从丹内曼和卡朋特尔在1980年开始最初的研究之后，我们如何学习就经历了巨变。最显著的是教育技术对教学方法的影响，其中大部分未经测试，但被用作一种方便的现代学习方式。古拉克认为，使用多媒体工具和在线学习的过程类似于一个水果小贩为他的产品购买一个新的送货车：这并不会影响一个国家的饮食习惯。梅耶和莫雷诺反驳说，教育技术的特殊设计可能会减轻学习者遇到的认知问题。他们已经展示了"教育科技"的工具和在线学习在受控框架中的积极作用，其中包括消除充满诱惑力的干扰物，并将个性化文本定位在视觉辅助设备附近，以加快从工作记忆到长期存储可转移知识的速度。

认知学习过程和认知过载

教育的最终目标是为学习者创造与传授知识和技能，从而将这些知识和技能转化为生活技能。这些技能随着时间的推移而改变，适应了不同情况而建立在整个人生和事业中的生活技能。为了实现这一目标，必须发展各级教育部门的课程和教学方法，以最大限度地帮助个人智力上的成长，从而获得新的知识和理解，最小化甚至是消除教学中破坏这一过程的方法和方式。

一些成功的、以快速引进教育技术的教学方法在此之前已经有所制定，这样可以促进学生的学习。这些包括教学、记忆、团体合作与合作学习。约翰·杜威的"动手学习"概念也被重塑为建构主义。另外，了解学习方式的进展为不同的学习风格、差异化的学习方法以及基于认知发展的、对智力的严格线性理解之外的多种智能教学法和理论铺平了道路。尽管教育教学法具有这种吸引人的多样性，但在根本上，教学仍然依赖于3个记忆结构：视觉和听觉的感官记忆、工作记忆和长期记忆。这是注意力跨度的获取，以及在三者之间将知识和信息复杂处理的相互作用。此外，任何一个人在任何给定的时间都有可用的、有限数量的思维资源，他们必须利用这些资源执行特定的认知任务。当超出这一限度时，就会导致所谓的认知超载的主要任务被破坏。

研究

大约 20 年前，贾斯珀的项目表明，视频允许学生构建"丰富、动态的情境心理模式"的能力远远超过了他们可以从静态图片和文本得到的细节。虽然最近的研究证实了这些相关的、综合的、重点突出的多媒体工具的早期研究成果，但是很少有人研究在日常学校生活中的教育技术，认知超载对频繁使用多媒体的学习者的初步影响。大多数研究都侧重于技术的附加价值（以促进学习），而很少专注于多媒体对认知过程和注意力跨度的内在影响，以及如何改进多媒体学习可以最大限度地提高学生成绩，并创造学习者有权监督和自我调节教育进步和成就的体验。

这种反思性研究旨在建立起注意力跨度、认知超负荷和工作记忆之间的因果关系。此外，它还考虑了信息的保留率以及视觉和听觉线索，使人们能够在叙述、口头或书面中识别到关键点。另外，诱发性视觉或听觉干扰物的外部影响（次要考虑的因素）也在研究中受到关注。

阿拉伯联合酋长国艾因英语学校的 2012 年第 6 组学生同意参加研究。研究使用了 3 个持续时间为 60 秒的英国广播公司（BBC）新闻短片。参与者必须查看和回顾的新闻短片的持续时间和内容是基于林斯雷的精准教学模式（Precision Teaching Model of Lindsley），这使教师能够观察和测量到可能被记录的具体行为，以最大限度地提高学习者在任何学科和任何教室环境中的自我监督的表现能力。允许学习者自我监督他们回忆和记住细节的能力，在一个课程中有大量的增值学习成果。第一，这有助于增加内在动机；第二，促进集中和扩大注意力的跨度；第三，这有助于数据、信息和知识在他们工作记忆中的保留；第四，这是一个催化剂的过程，数据、信息和知识可以转移到他们的长期记忆中。

新闻读者的评论、屏幕底部的滚动新闻条以及次要的音视频图像都保留在原始的短片中。此外，应该注意的是视觉效果、新闻主播的口头独白、滚动新闻条和次要听觉输入。这些呈现为以不同步的随意方式进行广播（如电视新闻广播的情况）并且与新闻主播所表达的主要口语提示无关。此外，文本功能区从屏幕底部的右侧延伸到左侧，与实际文本左右对齐。选择这种感官输入的集锦，因为它反映了学生在日常学习环境中可能会经历的感官刺激堆积。

包括原始的音频和视频材料的第一个BBC新闻摘录没有改变。第二个BBC新闻摘录没有屏幕底部的滚动新闻条，但保留了新闻读者的评论和所有其他次要的音视频图像。虽然第三个BBC新闻摘录保留了第一个的所有功能，但没有声音。每个短片显示给3个不同的组（A、B、C）后，受访者有60秒记下每个短片的内容。

讨论

整个小组必须把BBC新闻短片中多个视觉、听觉和文字线索吸收到他们的工作记忆中，并保持60秒，之后制定一个策略以便在稍后进行回忆（见图20.1、图20.2、图20.3）。

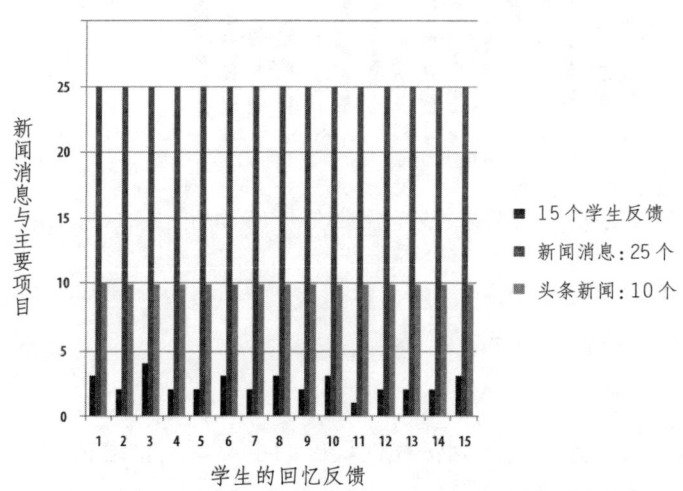

图20.1　有完整听觉、视觉效果和滚动新闻条的60秒短片

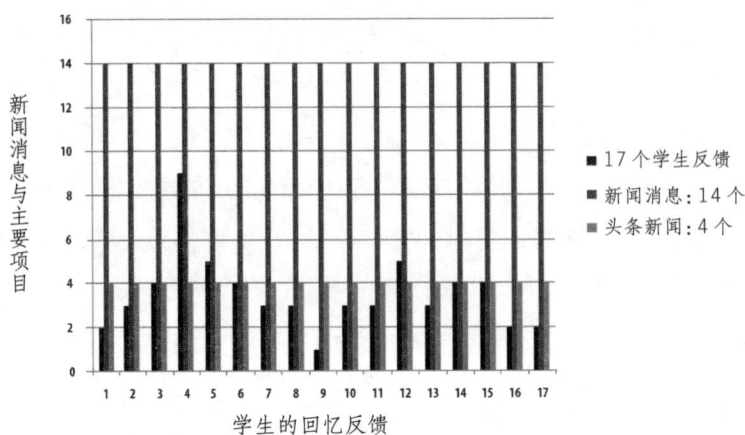

图 20.2　只有完整听觉、视觉效果（无滚动新闻条）的 60 秒短片

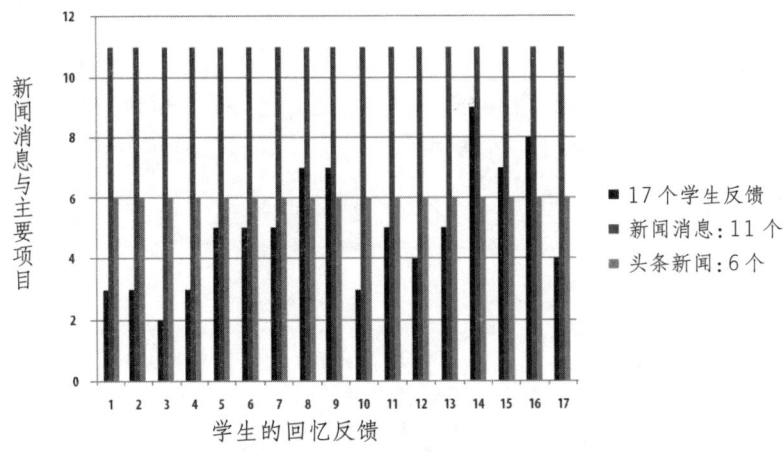

图 20.3　没有听觉效果、只有视觉效果和滚动新闻条的 60 秒短片

A 组的新闻短片由 10 个标题项目组成，其中包含了 25 条新闻消息，包括短消息、幽默视觉、听觉和滚动新闻条内容、新闻主播通常与主要新闻无关的动作。

A 组的参与者无法精准回忆任何程度的主要新闻报道或不相关的新闻报道。大多数受访者回忆起 1—4 个无关信息。这些回答通常是不连贯的、不合逻辑的，并且难以辨识，因为在 60 秒内完成任务的人似乎失去了回忆的准确性。除了超载他们的感官和工作记忆外，A 组的受访者似乎已经表现出内在压力对记忆的影响，由于迫切需要认真地参与多个数据和记忆的整合，因此无法回忆出最近的细节。

B 组的受访者观看了 BBC 全音频新闻短片，但没了一个视觉线索：从左到右经过屏幕底部的滚动新闻条。删除滚动新闻条将新闻标题数量减少了 6 个，新闻消息数量减少了 11 个。虽然参与者仍然对视觉和听觉线索进行了回忆，但似乎减少了处理和调用的信息量、他们的感觉和工作记忆的认知负担。B 组受访者中有少于 50％ 的受访者能准确回忆新闻界人士所说的最新新闻内容，这明显高于 A 组。然而，B 组中只有一个回答者设法部分回顾了与每个新闻标题有关的消息。此外，与 A 组相似，所有内存进程的内在压力可能是影响这些受访者工作记忆能力以增加额外回忆细节的因素。

C 组的受访者未经任何听觉刺激观看了 BBC 新闻短片。这将主要的头条新闻降至 6 项，新闻消息则为 11 项。他们的感官和工作记忆必须以图像和文字的形式处理视觉刺激。视频图像根据 BBC 新闻记者的表述定期更改，并且当声音被静音时，图像看起来与其他感觉刺激不相干。然而滚动新闻条从屏幕底部的右侧移到左侧，为受访者提供了清晰、连贯的可读和可辨识的语言模式。此外，文本的双向性使得 C 组参与者能够阅读和理解信息，而没有外部干扰，并识别熟悉的语言和语法模式。因此，C 组 75％ 的人回忆了 4 个以上的头条新闻，而 25％ 的人回顾了所有的头条新闻。此外，其中 25％ 的受访者回忆起了 11 个消息中的 6—9 个。尽管前面引用了内在的压力指标，显然，C 组的整体注意力和回忆能力明显高于 A 组和 B 组。控制感觉和工作记忆的输入似乎已经减少了认知的超负荷，并允许 C 组的受访者选择 BBC 新闻短片里的重要细节，以进一步处理他们的感官和工作记忆。

结论

这项研究显示了学习者的认知功能如何在多个系统中运行，以便在感官和工作记忆中处理材料。此外它还表明，每个系统对于任何一个时刻可以处理的材料数量都有限制。此外它也表明，通常学习者对他们认为可以随时处理的数量期望可能会超过他们的能力。同时，它解释了课程和媒体的课程设计师和教育者，通过技术在教室中进行教学，可能会高估学生的掌握情况、处理综合数据信息与知识的能力和工作记忆。此外，夸斯、拉什、伊姆和尼古拉耶夫认为，在青少年认知过程中要考虑的另外一个因素是，任何学习任务都可能被认为是有威胁的，因为年轻人正在经历"心理一认知"发展的独特时期。学生可能会对自己的同龄人和老师面前的情绪和社会评价感到敏感。

在今天，有争议的地方在于有意义的学习不仅包括学科内容，而且还包括将隐含的原则和理想（跨学科的学习方法、基于探究的积极学习、动手学习、同学和自我评估学习、通过价值观教育塑造人格和态度）嵌入课程中。这种多任务的学习方法为今天的学生创造了主要的认知障碍和挑战，就像在驾驶汽车时使用移动设备一样，这为驾驶员提供了重大的认知挑战和障碍。此外，在课堂上支持多媒体教育的原则和做法往往会得到推广和支持，而不会对学习者的心理认知和社会情感发展给予适当关注。21世纪的教育、科技和教育图书出版界面临的挑战是通过对教与学理论良好的历史知识，从而了解我们如何学习和提高教学技术在教学环境中的实用性。我们需要记住的是，健康学习需要良好的神经逻辑能力，并且在数字技术框架内尝试描述和映射学习的整个过程，这个过程并没有导致关于这个问题的知识独特性和确定性主体的出现。

致　谢

　　特别感谢阿拉伯联合酋长国艾因英语学校的 2012 级毕业生，他们自愿参加了这项研究。

　　还要感谢以下专家对本书的帮助：

　　丽莎·马丁、帕特里克·多尔蒂、约瑟芬·巴特勒、格雷格·霍夫尼克、赛奇·莫里塞特、坦尼娅·特塞罗、米歇尔·罗杰斯-埃斯塔夫莱、劳黛尼·休杰尔、戴安·埃文斯、伊达·M.桑托斯、亚塞明·阿尔索普、顿·赛登、克莱德·柯礼尔、雅思明·萨拉赫·埃尔·丁、乔·奥尔斯曼、里姆·阿拉法特、南希·法文斯塔克、朱莉·琳赛、克里斯·罗文、西蒙·海赫、雅拉·阿宗卡、埃尔-撒蒂格·叶海亚·埃沙、哈立德·阿尔穆迪布里、卡西姆·卡苏里。

后　记

很少有事情能够像技术一样激发人类的想象力：也许因为变化和进化是我们DNA所固有的特质。技术肯定会改变！我清楚地记得1984年我的第一台苹果电脑，这是一个标志性的机器，但它却如此初级，它的整个操作系统（以及一个我试图使用的软件）安装在了一个容量只有1.44兆的、3.5英寸的软盘里。而现在，这个我用来写后记的苹果笔记本电脑，存储一张照片的空间都比1.44兆大！

事实上，技术在短短几年内不断地得到认可，而且我们的生活也是如此。为什么我们不该期望技术在教室中发挥同样重要的作用呢？

在教育界里，一直有一个关于生活在19世纪后期医生、科学家和老师利用太空机器穿越到现代（如2014年）的老（而且相当老套）笑话。医生和科学家对医院和研究中心的许多创新迷惑不已，最后发现自己相当多余；而老师走进一个无人看管的教室，开始教学，就好像和过去100年没什么两样！这个小故事有许多版本，但每个都是基于从20世纪以来课堂根本没有什么发展的看法之上。虽然经验丰富的教育工作者，例如喜欢阅读本书的教师，可能会将教学法视为这一迫切需要的范式转变的中心，但是经常与我进行交流的很多"常人"（12年级学校或家长的管理人员）会自动认为这个笑话指出了教室里缺乏技术的事实。事实上，大多数人认为技术改变了学习，而实际上人们把它看作是一个无争议的真理，就像他们相信民主的好处一样。

20世纪80年代早期，云屋（Beaconhouse）课堂开发了电脑上的技术，大概在同一时间段里，我用第一台电脑玩了"捉鬼敢死队"游戏，这是一台"康达64"电脑（幸运的是，我当时没有运行云屋）！我清楚地记得当时人类关注的焦点就在技术本身：大家都非常重视学习输入或输出设备、RAM 与 ROM、Logo 教学语言以及 BASIC，即"初学者通用符号指令代码"。

在 20 世纪 90 年代中期，云屋有了微妙但很重要的转变：从"学习技术"转变成"使用技术学习"，这是通过"交叉课程计算"（C3）计划来实现的，这项计划旨在通过使用电脑加强所有科目的教学。几年后，随着越来越多的技术进入我们的课堂，"C3"变成了更具包容性的"ETAC"，即跨越课程的新兴技术。它涵盖了从互联网到乐高机器人、电影制作、数字显微镜、交互式黑板等所有技术。

自 20 世纪 80 年代以来，有计算机的学校显然比那些没有计算机的学校更有突破。毫无疑问，笔记本电脑在世界许多私立学校的营销中发挥了关键作用。就好像课堂里的电脑自动拥有了学术优势，有了电脑就可以改善教学一样。

今天，云屋（全球最大的 12 年级学校教育机构之一，教育了 25 万名儿童）举行了一场安静的辩论，辩论的问题在于所有这些技术对学生学习成果的影响。大多数作为数字原生代的年轻教育者与硬核技术专家一样，认为技术必须改变学习是理所当然的。对他们来说，这是一个基本的现实，就像我们呼吸的空气一样：对此抱有怀疑就是一种无知的、老式思维的标志；另外，也有那么一小群人（大部分是沉默的人，包括那些负责制定预算的人）想要知道是否有任何证据表明，技术的确提高了学生的学习成果。

事实是这样的，证据并不存在，但我们也没有其他一些事情的证据。例如，我们无法准确地证明，教师的专业发展已经使学生的学习成绩得到改善，只是因为我们所有的老师都是不同的，所以想要确定一个老师对学生原则"提前培养"的影响，或在此之后对良好教学实践的理解是不可能的。

在没有任何决定性研究出现的情况下，我们的结论很简单：课堂不能与世界的其他地方隔绝起来。孩子们只能在家里使用 iPad 或智能手机，只能在教室里面对粉笔和沉重的书籍是不可能的。因此，我们每年会在教室中引入越来越多的技术，最新的手段就是给小孩子使用平板电脑。虽然这些设备是学生、教师以及家长动力和激情的来源，的确增强了学校在社区中的地位，但是像"技术对学习成绩最终影响"这样的问题仍有待回答。我希望在不久的将来我们可以弄清楚这个问题。不过，就像生活中的大多数事情一样，我认为这个问题的答案不是绝对的。

参考文献

引言

Coughlan, S. (2013, April 24). How are humans going to become extinct? Retrieved from BBC News: Business:www.bbc.com/news/business-22002530?print=true

Schachner, E. (2006, June 6). How Has the Human Brain Evolved? Retrieved February 14, 2014, from Scientific America: www.scientificamerican.com/article/how-has-humanbrain-evolved/

第二章

Al-Harthi, A.S. (2005). Distance Higher Education Experiences of Arab Gulf Studentsin the US: A Cultural Perspective. *The International Review of Research in Open and Distance Learning*, 6(3), 1-8. Retrieved August 28, 2013, from www.irrodl.org/index.php/irrodl/article/viewArticle/263.

Al Khateeb, H. (2001). Gender Differences in Mathematics Achievement among High School Students in the United Arab Emirates, 1991-2000. *School Science andMathematics* 101: 5-9. doi: 10.1111/j.1949-8594.2001.tb18184.x.

Bates, A., and Picard, J. (2005). *Technology, E-learning and Distance Education*. 2nd edition. New York: Routledge.

Campbell, M., and Uys, P. (2007). Identifying success factors of ICT in developing alearning community. *Campus-Wide Information Systems*, 24 (1), 17-26.

Dougherty, P., Butler, J., and Hyde, S. (2011). A Hybrid Instructional Model for Post Graduate Education: A Case Study from the United Arab Emirates. *International Journal for Cross-Disciplinary Subjects in Education* 2(4), pp. 549-54.

Dougherty, P., Butler, J., and Vrhovnik, G. (2013) A hybrid instructional delivery system in UAE graduate education. *International Journal of Learning in Higher Education* 19(4).

Dziuban, C., Hartman, J. and Moskal, P. (2004). Blended Learning. *EDUCAUSE* 7(3).Retrieved August 3, 2013, from www.educause.edu/library/resources/blended-learning

Fullan, M. (2001). Leading in a culture of change. San Francisco: Jossey-Bass. Retrieved July 28,2013, from cite seerx.ist.psu.edu/viewdoc/download?do =10.1.1.117.9888&rep=rep1&type=pdf

Garnham, C., and Robert Kaleta, R. (2002). Introduction to Hybrid Courses. *Teaching with Technology Today*. University of Wisconsin-Milwaukee. 8.6. Retrieved July 20, 2013,from www.uwsa.edu/ttt/articles/garnham.htm

Gill, D., Parker, C., & Richardson, J. (2005). Twelve tips for teaching using videoconferencing.*Medical Teacher*, 27 (7), 573-577.

Hijazi, Samuel, Maureen Crowley, M. Leigh Smith, and Charles Schafer. 2006.Maximizing Learning by Teaching Blended Courses. Proceedings of the 2006 ASCUE Conference, Myrtle Beach, South Carolina. Retrieved July 22, 2013, from faculty.ksu.edu.sa/mhabdelgawad/My%20documents/blnded%20learning.pdf

Lonely Planet. n.d. United Arab Emirates [map]. Retrieved August 10, 2013 from www.lonelyplanet.com/maps/middle-east/united-arab-emirates/

Ministry of Higher Education and Scientific Research, United Arab Emirates. (2013) Retrieved July 31, 2013, from http://MOHESR.gove.ae

Physician Executive MBA Program-University of Tennessee. (2012, January 1).*Physician executive MBA program-University of Tennessee*. Retrieved

July 28, 2013, from www.pemba.utk.edu/

Stewart, Anissa, Danielle Harlow, and Kim DeBacco. 2011. Students' Experience of Synchronous Learning in Distributed Environments. *Distance Education* 32(3): 357-381.

Tutor Survey. (2013, January 20) On-line Master of Education tutor survey. Retrieved August 15, 2013, from www.quia.com/sv/601825.html

Twigg, C. (2001). *Innovations in online learning: Moving beyond no significant difference.* Troy, NY:Center for Academic Transformation, Rensselaer Polytechnic Institute.

Vrhovnik, G. (2012). *Perceptions of a hybrid-delivery based graduate program in the U.A.E. - A case study.* Unpublished thesis. Institute of Education, University of London.

Vygotsky, L. S. & Cole, M. (1978). Mind in society: The development of higher psychological processes. Cambridge, MA: Harvard University Press.

Wenger, E.; McDermott, R.; Snyde, W. (2002). Cultivating Communities of Practice. Boston: Harvard Business School Press. Retrieved August 10, 2013 from www.cihm.leeds.ac.uk/new/wp-content/uploads/2011/08/Cultivating-Communities-of-Practice-Etienne-Wenger-for-COP-NW 3-P 2.pdf

Young, J. (2002). Hybrid teaching seeks to end divide between traditional and online instruction. *The Chronicle of Higher Education.* Retrieved July 23, 2013, from chronicle.com/free/v 48/I 28/28a 03301.htm

第三章

Ajayi, L. (2009). An Exploration of Pre-Service Teachers' Perceptions of Learning to Teach while Using Asynchronous Discussion Board. *Educational Technology & Society,* 12 (2), 86-100.

Anderson, T. (2004). Towards a theory of online learning. In T. Anderson, & F. Elloumi (Eds.), *Theory and practice of online learning* (pp. 33-60)

Athabasca University Press.

Andresen, M. A. (2009). Asynchronous discussion forums: success factors, outcomes, assessments, and limitations. *Educational Technology & Society*, 12 (1), 249-257.

Balaji, M. S. & Chakrabarti, D. Student Interactions in Online Discussion Forum: Empirical Research from 'Media Richness Theory' Perspective *Journal of Interactive Online Learning* Volume 9, Number 1, Spring 2010. ISSN: 1541-4914 Retrieved September 28, 2013 from www.ncolr.org/jiol

Biggs, J. (1999). Teaching for Quality Learning at University, Buckingham: *The Society for Research into Higher Education and Open University Press*.

Buckingham, D. (2006). Is there a Digital Generation? In Buckingham, D. & Willett, R. (Eds.), *Digital generations: Children, young people, and new media* (pp. 1-13), Mahwah, New Jersey: Lawrence Erlbaum.

Dale, B.(2009). External Verification Report-SVQ. *Scottish Qualifications Authority* (SQA), October 2009.

Doering, A., Johnson, M., & Dexter, S. (2003). Using asynchronous discussion to support pre-service teachers' practicum experiences. *TechTrends*, 47 (1), 52-55.

Gardner, H. (1983). Frames of Mind-The Theory of Multiple Intelligences. *Basic Books* New York, NY 10016-8810. 1983.

Hiebert, S. (2012). Building a Professional Learning Community. *Paper presented at the Middle East-North Africa Writing Centre Alliance (MENAWCA)*. Doha, Qatar. November 2012.

Johnson, H. (2007). *Dialogue and the construction of knowledge in E-learning: Exploring students' perceptions of their learning while using blackboard asynchronous discussion board*, Retrieved January 21, 2009 from www.eurodl.org/materials/contrib/2007/Henry_Johnson.htm

Johnson, G. M. (2006). Synchronous and asynchronous text-based CMC in educational contexts: A review of recent research. *TechTrends*, 50 (4), 46–53.

Mazzolini, M. & Maddison, S. (2003). Sage, guide or ghost? The effect of teacher intervention on student participation in online discussion forums. *Computers & Education*, 40(3), 237-253.

Rohfeld, R. W., & Hiemstra, R. (1995). Moderating discussions in the electronic classroom. *Computer Mediated Communication and the Online Classroom: Distance Learning*, 3, 91-104.

Schellens, T. & Valcke, M. (2006). Fostering knowledge construction in university students through asynchronous discussion groups. *Computers & Education*, 46(4), 349-370.

Swan, K. & Shih, L.F. (2005). On the nature and development of social presence in online course discussions. *Journal of Asynchronous Learning Networks*, 9(3), Paper 8.

TeacherStream, LLC (2009). Mastering Online Discussion Board Facilitation. *TeacherStereream LLC, 2010*.

Zhu, C. (2012). Student Satisfaction, Performance, and Knowledge Construction in Online Collaborative Learning. *Educational Technology & Society, 15* (1), 127-136.

第四章

Grgurovic, M. (2011). Blended learning in an ESL class: A case study. *CALICO Journal*, 29(1), 100-117.

Blake, R., Wilson, N., Cetto, M., & Pardo-Ballester C. (2008). Measuring oral proficiency in distance learning, face-to-face, and blended classrooms. *Language Learning & Technology*, 12(3), p.114-127.

Tamimi, M. (2013). *Teaching culture in foreign language: Learners' affect surrounding the use of blended learning in Arabic as a case study*. (Dissertation Proposal Defense). University of Arizona, Tucson.

第五章

Burke, L & McLaren, P, Spelling Achievement & Ability in ESL Tertiary Learners, *Empowering Learners through Educational Technology*, TESOL Arabia, 2011.

Burke, L, Multi-Tasking, Working Memory & Brain Functionality, *Empowering Learner through Educational Technology*, TESOL Arabia, 2011.

Clark, R. E. (1983). Reconsidering research on learning from media. *Review of Educational Research*, 43(4), 445-459.

ITL Research: Innovative Teaching & Learning, www.itlresearch.com/images/stories/reports/ITL%20Research%202011%20Findings%20and%20Implications%20-%20Final.pdf

Jalandhar. (2012, August 16th). *Student hangs herself over obscene Facebook comments*. Retrieved October 13th, 2012, from Deccan Herald: http://www.deccanherald.com/

Mayer, R. E.; R. Moreno (1998). "A Cognitive Theory of Multimedia Learning: Implications for Design Principles". www.unm.edu/~moreno/PDFS/chi.pdf.

Moreno, R., & Mayer, R. (1999). "Cognitive principles of multimedia learning: The role of modality and contiguity". *Journal of Educational Psychology* 91: 358-368.

Mayer, R. E. (2001). *Multimedia learning*. New York: Cambridge University Press.

Moreno, R. & Mayer, R. E. (2002). Verbal redundancy in multimedia learning: When reading helps listening. *Journal of Educational Psychology*, 94, 156-163.

Mayer, R. E. (2002). Cognitive theory and the design of multimedia instruction: An example of the two-way street between cognition and instruction.

In D. F. Halpern & M.D. Hakel (Eds.), *Applying the science of learning to university teaching and beyond* (pp. 55-72). San Francisco: Jossey-Bass.

Milken Exchange Study on Ed. Tech. Meta analysis (1999) www.mff.org/pubs/ME161.pdf

Postman, N, *Technopoly: The Surrender of Culture to Technology*, Vintage Books, 1992, New York

Thompson, P. (2012, October 13th). *Girl, 13, hangs herself after months of torment at hands of girls who scrawled 'slut' on her school locker and warned her to leave.* Retrieved October 13th, 2012, from Mail Online: www.dailymail.co.uk/home/index.html

Wexler, V. (1976). Made for Man's Delight Rousseau as AntiFeminist. *The American Historical Review*, Vol. 81.No. 2, 266-279.

Yuan, K., Qin, W., Wang, G., Zeng, F., Zhao, L., Yang, X., et al. (2011). Microstructure Abnormalities in Adolescents with Internet Addiction Disorder. PLOS, 1-21.

第六章

Alexander, B. (2004). Going nomadic: Mobile learning in higher education. *Educause Review*, 39(5), 6.

Cavanaugh, C. (2013). An engaged and engaging learning ecosystem: Early findings from a large-scale college iPad program. iNACOL Ed Tech blog. Retrieved from researchinreview.inacol.org/2013/10/02/cathy-cavanaugh-an-engaged-and-engaging mobile-learning-ecosystem-for-k-12-online-and-blended-learning/

Cavanaugh, C., Hargis, J., Kamali, T., and Soto, M. (March 2013). An engaged and engaging mobile learning ecosystem: Early findings from a large scale college iPad program. Presented at the BCS International IT Conference, 31 March–1 April, FairmontHotel, Abu Dhabi, UAE

Cavanaugh, C., Hargis, J., Munns, S., & Kamali, T. (2012). iCelebrate Teaching and Learning: Sharing the iPad Experience. *Journal of Teaching and Learning with Technology*, 1(2), 1-12.

Crawford, V., & Vahey, P. (2002). Innovating the Use of Handheld Technology in K-12 Teaching and Learning: Results from the Palm Education Pioneers Program. Presented at the American Educational Research Association Annual Conference. New Orleans, April 1-5, 2002.

Diemer, T. T., Fernandez, E. & Streepey, J. W. (2012). Student perceptions of classroom engagement and learning using iPads. *Journal of Teaching and Learning with Technology*, 1(2), 13-25.

El-Hussein, M. O. M., & Cronje, J. C. (2010). Defining Mobile Learning in the Higher Education Landscape. *Educational Technology & Society*, 13 (3), 12-21

Fowler, F. J., Jr. (2009). *Survey research methods* (4th ed.; L. Brickman & D. J. Rog, Eds.). Thousand Oaks, CA: Sage.

Gay, L. R., Mills, G. E., & Airasian, P. (2006). *Educational research: Competencies for analysis and applications*. Upper Saddle River, NJ: Pearson Prentice Hall.

Lodico, M. G., Spaulding, D. T., & Voegtle, K. H. (2010). *Methods in educational research: From theory to practice*. San Francisco, CA: Jossey-Bass.

McConnell, B., & McConnell, S. (2011, June 26-29). Mobile Devices in a Project-Based Physics Classroom: Developing NETS-S in Students. Paper presented at the International Society for Technology in Education (ISTE) conference, Pennsylvania, PA.

Prince, M. (2004). Does active learning work? A review of the research. *Journal of Engineering Education, 93*(3), 223-231.

Rice, A. (2011, October 18). Colleges take varied approaches to iPad experiments, with mixed results. *The Chronicle of Higher Education*. Retrieved from chronicle.com/blogs/wiredcampus/colleges-take-varied-approaches-to-ipad-experiments-with-mixedresults/33749

Rossing, J. P., Miller, W. M., Cecil A. K., & Stamper, S. E. (2012). iLearning: The future of higher education? Student perceptions on learning with mobile tablets. *Journal of the Scholarship of Teaching and Learning*, 12(2), 1-26.

Traxler, J (2005). Defining mobile learning. IADIS International Conference Mobile Learning. Retrieved from www.academia.edu/2810810/Defining_mobile_learning

Traxler, J. (2007). Defining, discussing, and evaluating mobile learning: The moving finger writes and having writ. The International Review on Open and Distance Learning, 8, 1-13. Retrieved from www.irrodl.org/index.php/irrodl/article/view/346/875

Trochim, W. M. K. (2006). *Nonprobability sampling*. Retrieved from www.socialresearchmethods.net/kb/sampnon.php

van't Hooft, M., Brown Martin, G., & Swan, K. (2008). Anytime, anywhere learning using mobile devices. In L. Tomei (Ed.), *The encyclopedia of instructional technology curriculum integration* (pp. 37-42). Hershey, PA: Idea Group References. Retrieved fromwww.rcet.org/research/publications/Tomei37_Anywhere_2008.pdf

第七章

Alonso, F, López, G, Manrique, D & Viñes, J (2005) An instructional model for webbased e-learning education with a blended learning process approach. *British Journal of Educational Technology, 36(2)*, 217-235.

Apple Inc. (2008) Apple Classrooms of Tomorrow-Today: Learning in the 21st Century.

Brian, M (2012) Apple: 1.5 million iPads are used in educational programs, with over 20,000 education apps. Retrieved 18 September, 2013 fromthenextweb.com/apple/2012/01/19/apple-1-5-million-ipads-in-use-in-educational-programs-offeringover-20000-education-apps/.

Cavanaugh, C, Hargis, J, Munns, S & Kamali, T (2012) iCelebrate Teaching and Learning: Sharing the iPad Experience. *Journal of Teaching and Learning with Technology*, 1(2), 1-12.

Chell, G & Dowling, S (2013) Substitution to Redefinition: The challenges of using technology. Retrieved 21 October 2013 from shct.hct.ac.ae/events/edtechpd2013/articles/Chell-Dowling.pdf

Christensen, C, Horn, M and Johnson, C (2010) *Rethinking Student Motivation: Why understanding the 'job' is crucial for improving education.* Innosight Institute.

Duhaney, Dr D (2000) Technology and the educational process: transforming classroom activities. *International Journal of Instructional Media*, 27(1).

Evans, D (2001) *Managing the process of introducing online delivery into the Office Technology programme of the Higher Colleges of Technology.* Unit 2 assignment in part fulfilment of the MBA in Educational Management for the University of Leicester, UK.

Gunawardena, C N, Lowe, C and Carabajal, K (2000) *Evaluating Online Learning: Models and Methods.* Society for Information Technology & Teacher Education International Conference: Proceedings of SITE 2000 (11th, San Diego, California, February). Volumes 1-3.

Handy, C (1989) *The Age of Unreason. Boston*, Mass.: Harvard Business School Press.

Haythornthwaite, C and Andrews, R (2011) *E-learning: Theory and Practice.* London, UK. Sage Publications Ltd.

Hong, K (2013) *Apple pushes hard for education market with iOS*

7 improvements. Retrieved 20 September, 2013 from thenextweb.com/apple/2013/06/26/apple-pushe-hard-for-education-with-ios-7-improvements/

Hughes, N (2013) *Apple has sold 170M iPads to date, implying sales near 15M in Sept.quarter*. Retrieved 24 October 2013 from appleinsider.com/articles/13/10/23/apple-has-sold-170m-ipads-to-date-implying-sales-near-15m-in-sept-quarter

Isaacson, William (2012) *Steve Jobs*. Simon & Schuster.

Jordan, P (2013) *iPad in Education: 8 Million iPads Sold to Educational Institutions*. Retrieved 24 October 2013 from ipadinsight.com/ipad-in-education-2/ipad-in-education-8-million-ipads-sold-to-educational-institutions/

Keane, T, Lang, C & Pilgrim, C (2012) *ACEC2012- PEDAGOGY! IPADOLOGY! NETBOOKOLOGY! LEARNING WITH MOBILE DEVICES*. ACEC 2012: ITs Time Conference, Perth, Australia. Retrieved 10 July, 2013 from acec2012.acce.edu.au/sites/acec2012.acce.edu.au/files/proposal/80/ACEC2012-ipad%20paper%209%20June%20 Final.pdf

Manuguerra, M & Petocz, P (2011) Promoting student engagement by integrating new technology into tertiary education: the role of the iPad. *Asian Social Science*, 7(11).

Murray, O & Olcese, N (2011) Teaching and Learning with iPads, Ready or Not? *TechTrends*, 55(6).

November, A (2009) *Empowering students with technology*. 2nd Edition. Corwin.

Pachler, N, Bachmair, B & Cook, J (2010) *Mobile learning: Structures, agency, practices*. New York, NY: Springer Science + Business Media.

Puentedura, Dr R (2012) Retrieved 21 October 2013 from www.hippasus.com/rrpweblog/archives/2012/08/23/SAMR_BackgroundExemplars.pdf

Robby, Dr M and Gitsaki, Dr C (2013) *iPad Project Implementation: Interim Report*. Higher Colleges of Technology, UAE.

Simon, B (1999) Why no Pedagogy in England?' in J Leach and B Moon (Eds.) *Learners and Pedagogy* London, Paul.

Tolisano, S (2012) *iPad App Evaluation for the Classroom*. Retrieved from langwitches. org/blog/wp-content/uploads/2012/06/iPadAppEvaluation.pdf

Wakefield, J & Smith, D (2012) From Socrates to Satellites: iPad Learning in an Undergraduate Course. *Creative Education*, 3(5), 643-648.

ewb.hct.ac.ae/ewb 2013/student-presenters/marwa-almeeza/ [accessed 24 September 2013]

www.hippasus.com/rrpweblog/ SAMR Model by Ruben Puentedura [accessed 15 July 2013]

langwitches.org/blog/2012/08/23/what-do-you-want-to-create-today/ [accessed 28 July 2013]

www.nmc.org/publications/2013-future-education-summit-communique[accessed 24 September 2013]

www.slideshare.net/fullscreen/langwitches/i-have-ipads-in-the-classroom-now-what/ 1[accessed 12 September 2013]

第八章

Alden, J. (2013). Accommodating mobile learning in college programs. *Journal of Asynchronous Learning Networks*, 17(1), 109-122.

Beckmann, E. A., & Martin, M. D. (2013). How mobile learning facilitates student engagement: A case study from the teaching of Spanish. In Z. L. Berge & L. Y. Muilenburg (Eds). *Handbook of mobile learning* (pp. 534-544). London: Routledge.

Bugeja, M. J. (2007). Distractions in the wireless classroom. *Chronicle of Higher Education*, 53(21), 1-4.

Burns, S. M., & Lohenry, K. (2010). Cellular phone use in class: Implications for teaching and learning a pilot study. *College Student Journal*, 44

(3), 805-810.

Campbell et al. (2013). The wild-card character of bring your own: A panel discussion. Retrieved from www.educause.edu/ero/article/wild-card-character-bring-your-own panel-discussion

CDW-G (2012). Bring your own device [White paper]. Retrieved from webobjects.cdw.com/webobjects/media/pdf/Solutions/K12-BYOD.pdf?cm_sp=21CenturyClassroom-_-Resources-_-BYOD+K12

Cherwell Software (2012). BYOD - an educational revolution. [Web blog comment]. Retrieved from www.universitybusiness.co.uk/?q=features/byod-%E2%80%93-educational-revolution/5227

Cisco (2012). University embraces bring-your-own-device with wireless network. Retrieved from www.cisco.com/en/US/prod/collateral/wireless/C36-698193-00_University_Embraces_Bring-Your-Own-Device.pdf

Curtis, J. (2012, November, 23). Bring your own device (BYOD). [Web log comment].Retrieved from www.jisc.ac.uk/blog/bring-your-own-device/

Dahlstrom, E., & diFillipo, S. (2013). Consumerization of information technology/BYOD.EDUCAUSE. Retrieved from net.educause.edu/ir/library/pdf/ECRP1301.pdf.

Dede, C., & Bjered, M. (2011). Mobile learning for the 21st century: Insights from the 2010 wireless EdTech conference. Retrieved from isites.harvard.edu/fs/docs/icb.topic1116077.files/!Wireless%20EdTech%20Research%20Paper%20Final%20March%202011.pdf

DiFilipo, S. (2013). The policy of BYOD: Considerations for Higher Education. Retrieved from www.educause.edu/ero/article/policy-byod-considerations-higher-education

Dyson, E. L., Trish, A., Smith, R., & Wallace, R. (2013). Toward a holistic framework forethical mobile learning. In Z. L. Berge & L. Y. Muilenburg (Eds). *Handbook of mobile learning* (pp. 405-416). London: Routledge.

Emery, S. (2012). Factors for consideration when developing a bring your own device (BYOD) strategy in education. Retrieved from scholarsbank.uoregon.edu/xmlui/bitstream/handle/1794/12254/Emery2012.pdf

Eschenbrenner, B. & Nah, F. F. (2013). Mobile technology in education: Uses and benefits. *International Journal of Mobil Learning and Organization*, 1(2), 159-183

Fang, B. (2009). From distraction to engagement wireless devices in the classroom. EDUCAUSE Quarterly, 32 (4). Retrieved from www.educause.edu/ero/article/distraction engagement-wireless-devices-classroom

Fritschi, F. & Wolf, M. A. (2012). Turning on mobile learning. Illustrative initiatives and policy implications. France: UNESCO Publications.

Geist, E. (2011). The game changer: Using iPads in college teacher education classes. *College Student Journal*, 45(4), 758-768.

Hockly, N. (2012). Mobile Learning: What is it and why should you care? Retrieved from www.academia.edu/2050979/Mobile_learning_What_is_it_and_why_should_you_care

Johnson, D. (2012). On board with BYOD. *Educational Leadership*, 70(2), 84-85.

Kinash, S., Brand, J., & Mathew, T. (2012). Challenging mobile learning discourse through research: Student perceptions of Blackboard Mobile Learn and iPads. *Australasian Journal of Educational Technology*, 28(4), 639-655.

Kobus, M. B. W., Rietveld, P., & van Ommeren, J. N. (2013). Ownership versus on-campus use of mobile IT devices by university students. *Computers & Education*, 68, 29-41.

Kukulska-Hulme, A. (2010). Learning cultures on the move: Where are we heading? *Educational Technology & Society*, 13(4), 4-14.

Kukulska-Hulme, A., & Traxler, J. (2005). Mobile teaching and learning. In A. Kukulska-Hulme & J. Traxler (Eds.), *Mobile learning: A handbook for educators and trainers* (pp. 25-44). London: Routledge.

LaMaster, J., & Stager, G. (2012). Point/CounterPoint. Should students use their own devices in the classroom? *Learning & Leading with Technology.* 39(5), 6-7.

Lin, J., & Rivera-Sánchez, M. (2012). Testing the information technology continuance model on a mandatory SMS-based student response system. *Communication Education*, 61(2), 89-110. doi: dx.doi.org/10.1080/03634523.2011.654231.

Lundin, J., Lymer, G., Holmquist, L. E., Brown, B., & Rost, M. (2010). Integrating students' mobile technology in higher education. *International Journal of Mobile Learning and Organisation*, 4(1), 1-14.

Markeelj, B. & Bernik, I. (2012). Mobile devices and corporate data security. *International Journal of Education and Information technologies*, 1(6), 97-104.

Melhuish, K. Falloon, G (2010). Looking to the future. M-learning with the iPad. *Computers in New Zealand Schools, Learning, Leading, Technology.* 22(3) 1-16.

Melton, R. K., & Kendall, N. M. (2012). The Impact of mobilization in higher education. *The Global eLearning Journal*, 1(4), 1-11.

Mueller, J., Wood, E., De Pasquale, D., & Cruikshank, R. (2012). Examining mobile technology in higher education: Handheld devices in and out of the classroom. *International Journal of Higher Education*, 1 (2), 43-53.

Naismith, L., & Corlett, D. (2006). Reflections on success. A retrospective on the mlearn conference series 2002-2005. mLearn 2006: Across generations and cultures. Banff: Canada.

Norris, C. & Soloway, E. (2011). Tips for BYOD K12 programs. Critical issues in moving to "Bring Your Own Device." District Administration. Retrieved from www.districtadministration.com/article/tips-byod-k12-programs

Nykvist, S. S. (2012). The trials and tribulations of a BYOD science classroom. In Y. Shengquan (Ed.) Proceedings of the 2nd International STEM in Education Conference (pp. 331-334). Beijing Normal University, Beijing: China.

Perkins, S., & Saltsman, G. (2010). Mobile learning at Abilene Christian University: Successes, challenges, and results from year one. *Journal of the Research Center for Educational Technology*, 6(1), 47-54.

Poe, M., & Garfinkel, S. (2009). Security and privacy in the wireless classroom. In A. C. K. Hea (Ed). *Going Wireless: A critical exploration of wireless and mobile technology for composition teachers and researchers* (pp. 179-195). New Jersey: Hampton Press.

Quinn, C. N. (2012). *The mobile academy: mLearning for higher education*. US: Joseey Bass.

Ramsden, A. (2005). Evaluating a low cost, wirelessly connected PDA for delivering VLE functionality. In A. Kukulska-Hulme & J. Traxler (Eds). *Mobile learning: A handbook for educators and trainers* (pp. 84-91). London: Taylor & Francis.

Sangani, K. (2013). BYOD to the classroom. Engineering and Technology Magazine, 8(3). Retrieved from eandt.theiet.org/magazine/2013/03/byod-to-the-classroom.cfm.

Santos, I. M. (2013). Integrating personal mobile devices in teaching: The impact on student learning and institutional support. *Learning & Teaching in Higher Education: Gulf Perspectives*, 10(2).

Schepman, A., Rodway, P., Beattie, C, & Lambert, J. (2012). An observational study of undergraduate students' adoption of (mobile) note-taking software. *Computers in Human Behavior*, 28, 308-317.

Scornavacca, E., Huff, S. & Marshall, S. (2009). Mobile phones in the classroom: If you can't beat them, join them. *Communication of the ACM*,

52(4), 143-146.

Sharples, M. (2002). Disruptive devices: Mobile technology for conversational learning. Retrieved from www.tlu.ee/~kpata/haridustehnoloogiaTLU/mobilesharples.pdf

Smith, S. D., Salaway, G., & Caruso, J. B. (2009). The ECAR study of undergraduate student and information technology. Retrieved from net.educause.edu/ir/library/pdf/EKF/EKF0906.pdf

Stav, J., Nielson, K., Hansen-Nygard, G., & Thorseth, T. (2010). Experiences obtained with integration of student response systems for iPod touch and iPhone into e-learning environments. *Electronic Journal of e-learning*, 8(2), 179-190.

Stoerger, S. (2013). Becoming a digital nomad. Transforming education through mobile devices. Z. L. Berge & L. Y. Muilenburg (Eds). *Handbook of mobile learning* (pp. 473-482). London: Routledge.

Traxler, J. (2005). Institutional issues: Embedding and supporting. In A. Kukulska-Hulme & J. Traxler (Eds). *Mobile learning: A handbook for educators and trainers* (pp. 174-187). London: Taylor & Francis.

Traxler, J. (2010a). Will student devices deliver innovation, inclusion, and transformation? *Journal of the Research Center for educational technology*, 6(1), 3-15.

Traxler, J. (2010b). Students and mobile devices. *ALT-J- Research in Learning Technology*, 18(2), 149-160.

UNESCO (2013). UNESCO policy guidelines for mobile learning. Retrieved from unesdoc.unesco.org/images/0021/002196/219641e.pdf

Violino, B. (2012). Education in your hand. Community College Journal. Retrieved from www.ccjournal-digital.com/ccjournal/20120809?pg=40#pg40

第九章

Bransford, J. D., Brown, A. L., & Cocking, R. R. (Eds.). (2000). Learning and transfer (Chapter 3). *In How people learn: Brain, mind, experience, and school* (pp. 51-78). Washington, DC: National Academy Press.

Buckingham, David & Burn, Andrew (2007): Game Literacy in Theory and Practice. *Journal of Educational Multimedia and Hypermedia*, 16(3), 323-349.

Cross, D. R. & Paris, S. G. (1988). Developmental and instructional analyses of children's metacognition and reading comprehension. *Journal of Educational Psychology, 80*(2), 131-142.

DfES (2004) *National Curriculum Thinking Skills*. Retrieved May 23, 2013, from www.bucksict.org.uk/KeyStage3/CourseMaterials/IncreasingProgress/Resources%20for%20session%201/ho%201.5.pdf

Dyer, G. (2008). *Making Digital Games ... an exploration of game authoring in primary schools*. Retrieved June 12, 2013, from www.det.nsw.edu.au/media/downloads/detawscholar/scholarships/yr08/june/gdyer.doc

Fisher R. (1998), Thinking about Thinking: developing metacognition in children. *Early Child Development and Care*, Vol 141 (1998) pp 1-15. Retrieved June 12, 2013,from www.teachingthinking.net/thinking/web%20resources/robert_fisher_thinkingaboutthinking.htm

Flavell, J. H. (1979). Metacognition and cognitive monitoring: A new area of cognitive developmental inquiry. *American Psychologist, 34*, 906-911.

Jessel, J. (2012). Social, cultural and cognitive processes and new technologies in education in Miglino, O., Nigrelli, M. L., & Sica, L. S. *Role-games, computer simulations, robots and augmented reality as new learning technologies: A guide for teacher educators and trainers* Napoli: Liguori Editore

Jonassen, D., & Reeves, T. (1996). Learning with technology: Using computers as cognitive tools. In D. H. Jonassen (Ed.), *Handbook of research in educational communications and technology* (pp. 693-719). New York: Simon &

Schuster Macmillan.

Jonassen, D. (1999). Designing constructivist learning environments. In C. Reigeluth (Ed.), *Instructional design theories and models: A new paradigm of instructional theory* (Vol. II, pp. 215-239). Mahwah, NJ: Lawrence Erlbaum Associates

Kafai, Y. B., & Resnick, M. (Eds.). (1996). *Constructionism in practice: Designing, Thinking, and Learning in a Digital World*. Mahwah, NJ: Lawrence Erlbaum

Kafai, Y. B. (1995). *Minds in play: Computer game design as a context for children's learning*. Mahwah, NJ: Lawrence Erlbaum

Papert, S (1998). *Does Easy do it? Children, Games, and Learning*. Retrieved 25 June, 2013, from www.papert.org/articles/Doeseasydoit.html

Robertson, J. and Good, J. (2004). Children's narrative development through computer game authoring. In *Interaction Design and Children 2004 Conference Proceedings*, pp. 57-64, New York: ACM Press.

Sternberg, R.J. (1998, April). Abilities are forms of developing expertise. *Educational Researcher*, 27 (3), 11-20

Yatim, M.H.M. and Masuch, M. (2007). *Educating Children through Game Making Activity*. Paper presented at Game in Action, Goteborg University, Sweden.

第十章

ACOT (Apple Classrooms of Tomorrow Project). Softweb Resource Centre. April 2001 World Wide Web: www.softweb.vic.edu.au/research/pdf/NAV 30_2.pdf

Anderson, L. W., Krathwohl, D. R., Airasian, P. W., Cruikshank, K. A., Mayer, R. E., Pintrich, P. R., Raths, J., & Wittrock, M. C. (2001). *A taxonomy for learning, teaching, andassessing: A revision of Bloom's Taxonomy of*

Educational Objectives (Complete edition). New York: Longman.

Fried, CB (2006) *In-class laptop use and its effects on student learning* in Computers & Education 50 (2008) 906-914.

Ghasem, B and Hashemi, M (2011) ICT: *New Wave in English Language learning/teaching*. Procedia Social and Behavioural Sciences 15. 3098-3102.

Hyland, K(1993) *ESL Computer Writers: What can we do to help?* System, Vol.21 No. 1 pp 21-30. Pergamon Press Ltd, Great Britain.

Kim, H and Rissel, D (2008) *Instructors' Integration of Computer Technology: Examining the Role of Interaction* Foreign Language Annals Volume 41, Issue 1, pages 61-80, Spring 2008.

Lauricella, S and Kay R (2009) Appendix A-The Laptop Effectiveness Scale faculty.uoit. ca/kay/papers/les/AppendixA_LES.pdf

Lauricella, S and Kay, R (2010) *Assessing laptop use in higher education classrooms. The Laptop Effectiveness Scale (LES)* Australian Journal of Educational Technology 26(2) 151-163.

Levin, Tamar, Wadmany, Rivka (winter 2006/7) *Teachers' Beliefs and Practices in Technology-based Classrooms: A Developmental View*. Journal of Research on Technology in Education 39 157-181.

Murray, Denise E (Dec 2008) *From Marginalisation to Transformation: How ICT is being used in ESL learning today*. International Journal of Pedagogies & Learning 4.5: 20-35.

Nunan, D (1988) *The Learner-Centred Curriculum: A Study in Second Language Teaching*. Cambridge University Press.

Nunan, D. (1992) *Research Methods in Language Learning*. Cambridge University Press:UK.

Phinney, M (1991) Computer Assisted Writing and Writing Apprehension in ESL Students. In Dunkel, P (ed) Computer Assisted Language Learning and Testing:Research Issues and Practices. New York. Newbury House.

Pickering, K., McAvoy, J., Campbell, R & Tennant, A (2010). *Global Beginner Coursebook with eWorkbook*. Macmillan.

Rogers, E. M. (2003). *Diffusion of innovations* (5th ed.). New York: Free Press

The Council of Europe (2001). *Common European Framework of Reference for Languages: Learning, Teaching, Assessment*. Cambridge, CUP.

Wallace, M.J. (1998) *Action Research for Language Teachers*. Cambridge University Press: UK.

第十一章

Adapted from Teacher's Garden. (2013, December 16). *Outline of Educational Learning Theories and Theorists*. Retrieved from Teacher's Garden.com: www.teachersgarden.com/professionalresources/learningtheorists.html

Cahn, S. (2012). *Classics of Western Philosophy 8th Edition*. Massachusetts: Hackett Publishing Co.

Comte, A., & Martineau, H. (1853). *The Positive Philosophy of Auguste Comte*. London: Chapman.

De Saint Simon, D. (1964). *Social Organisation: The Science of Man*. New York: Harper Torch Books.

ec.euorpa.eu. (2006, December 12). *Education and Culture Life Long Learning Program*. Retrieved from ec.euorpa.eu: ec.europa.eu/dgs/education_culture/publ/pdf/ll-learning/keycomp_en.pdf

Enfantin, P. (1830). *Doctrine de Saint-Simon*. Paris: University of Lausanne.

Fukuyama, F. (1992). *The End of History and the Last Man*. New York: Free Press.

GoodReads. Inc. (2013). *Cicero Quotes*. Retrieved from Goodreads.com: www.goodreads.com/author/quotes/13755.Cicero?page=3

Haywood, T. (2014). Finding a Place for Existential Intelligence in School. *International School Magazine*.

International Baccalaureate Organisation. (2005-2013). *IB Learner Profile Booklet*. Retrieved from www.ibo.org/: www.ibo.org/programmes/profile/

Metiri Group. (2013, December 16). *The Core Beliefs of Metiri*. Retrieved from Metiri Group: metiri.com/

Organisation for Economic Cooperation and Development. (2005). *The Definition and Selection of Key Competencies*. Paris: OECD.

Partnership for 21st Century Skills. (2013, December 16). *Framework for 21st Century Learning*. Retrieved from Partnership for 21st Century Skills: www.p21.org/our-work/p21-framework

Purpel, D. (1989). *The Moral and Spiritual Crisis in Education*. Granby, Massachusetts: Bergin & Garvey.

Science & Engineering Encyclopedia. (n.d.). *Galileo, Galilei (1564-1642)*. Retrieved from DiracDelta.co.uk: www.diracdelta.co.uk/science/source/g/a/galileo%20galilei/source.html#.Uq8Et-9DGUk

The International Society for Technology in Education. (2012). *Digital Age Teaching*. Retrievedfrom The International Society for Technology in Education:www.iste.org/standards/standards-for-teachers

第十三章

Ferris, D. (1999). The case for grammar correction in L2 writing classes: A Response to Truscott (1996). *Journal of Second Language Writing, 8*, 1, 1-11.

Horner, Winifred Bryan (1983). Speech-Act Theory and Writing. FFORUM: Essays on Theory and Practice in the Teaching of Writing. Upper Montclair, NJ: Boynton/Cook, 96-98.

Lee, I. (1997). ELS learners' performance in error correction in writing, *System, 25*, 4, pp. 140-149.

Mendonca, C. and Karen E. Johnson (1994). Peer review negotiations: Revision activities in ESL writing instruction. *TESOL Quarterly, 28*, 4, 745-769.

Searle, J. R. (1995). *Speech Acts: An essay in the philosophy of language*. London: Cambridge University Press.

Topping, K. (1998). Peer assessment between students in colleges and universities. *Review of Education Research, 68*, 3, 249-276.

Truscott, J. (1996). The case against grammar correction in L2 writing classes. *Language Learning*, 46/2, pp. 327-369.

Williams, J. G. (2003). Providing feedback on ESL students' written assignments. *The Internet TESL Journal, IX*, 10, October, iteslj.org/

第十四章

Barr, P. (2007). Working toward graduate outcomes. In P. Barr (Ed.), Foundations for the *future: Working towards graduate outcomes* (pp. 7-13). Abu Dhabi: HCT Press.

DeNicola, C. (2005). Dubai's political and economic development: An oasis in the desert? Thesis, Williams College, Williamstown, MA. May 10, 2005.

Fahnestock, N. (2011). Thesis for doctorate, University of Exeter, Exeter, UK.Macpherson, R., Kachelhoffer, P. & El Nemr, M. (2007). The radical modernization of school and education system leadership in the United Arab Emirates: Towards indigenized and educative leadership. *International Studies in Educational Administration (ISEA), 35*(1), 60-77.

Pennycook, A. (1990). *Critical Pedagogy and Second Language Education system*. 18/3pp 303-314.

第十五章

Loader, D. (2007). Jousting for the new generation.

第十六章

Ayres JA. Sensory integration and learning disorders. California: Western Psychological Services; 1972.

Pelligrini AD, Bohn CM. The role of recess in children's cognitive performance and school adjustment. Educational Researcher. 2005; 34(1): 13-19.

Rideout VJ, Vandewater EA, Wartella EA. Zero to six: electronic media in the lives of infants, toddlers and preschoolers. Menlo Park (CA): Kaiser Family Foundation; Fall 2003.

Kaiser Foundation Report. 2010. Retrieved on April 30, 2010 from www.kff.org/entmedia/upload/8010.pdf

Active Healthy Kids Canada [2008 report card on the internet]. Available from: www.activehealthykids.ca/Ophea/ActiveHealthyKids_v2/upload/AHKC-Short-Form-EN.pdf

Christakis DA, Zimmerman FJ. Violent Television During Preschool Is Associated With Antisocial Behavior During School Age. Pediatrics. 2007; 120: 993-999.

Nunez-Smith M, Wolf E, Mikiko Huang H, Chen P, Lee L, Emanuel EJ, Gross, CP. Media and Child and Adolescent Health: A Systematic Review. Available online at www.commonsensemedia.org/sites/default/files/NunezSmith%20CSM%20media_review%20Dec%204.pdf

Zimmerman FJ, Christakis DA, Meltzoff AN. Television and DVD/video viewing in children younger than 2 years. Archives of Pediatric Adolescent Medicine. 2007; 161 (5):473-479.

France pulls plug on TV shows aimed at babies [CBC online article Wednesday, August 20, 2008]. Available from: www.cbc.ca/world/story/2008/08/20/french-baby.html

Hancox RJ, Milne BJ, Poulton R. Association of television during childhood with poor educational achievement. Archives of Pediatric and Adolescent Medicine. 2005; 159 (7): 614-618.

Waddell C. Improving the Mental Health of Young Children. Children's Health Policy Centre, Simon Fraser University, Vancouver BC, Canada. 2007. Available at: www.firstcallbc.org/pdfs/Communities/ 4-alliance.pdf.

Zito JM, Safer DJ, dosReis S, Gardner JF, Magder L, Soeken K, Lynch F, Riddle M. Psychotropic practice patterns for youth. Archives of Pediatric and Adolescent Medicine. 2003; 157(1): 17-25.

Mandell DS, Morales KH, Marcus SC, Stahmer AC, Doshi J, and Polsky DE. Psychotropic medication use among medicaid-enrolled children with Autism Spectrum Disorders. Pediatrics. 2008; 121 (3): 441-449.

Zito JM, Safer DJ, dosReis S, Gardner JF, Boles M, Lynch F. Trends in the prescribing of psychotropic medications to preschoolers. JAMA. 2000; 283: 1025-1030.

Goodwin R, Gould MS, Blanco C, Olfson M. Prescription of psychotropic medications to youth in office-based practices. Psychiatric Services. 2001; 52(8): 1081-1087.

Hamilton S. Screening for developmental delay: Reliable, easy-to-use tools. Journal of Family Practice. 2006; 55 (5): 416-422.

Birmingham CL, Muller JL, Palepu A, Spinelli JJ, Anis AH. The cost of obesity in Canada. Canadian Medical Association Journal. 1999; 160: 483-488. www.SPDFoundation.net

Huesmann LR. The Impact of Electronic Media Violence: Scientific Theory and Research. Journal of Adolescent Health. 2007; 41: S 6-13.Ybarra ML, Diener-West M, Leaf PJ. Examining the Overlap in Internet Harassmentand School Bullying: Implications for School Intervention. Journal of Adolescent Health. 2007; 41:S 42-S 50.

Christakis DA, Zimmerman FJ, DiGiuseppe DL, McCarty CA. Early television exposure and subsequent attentional problems in children. Pediatrics. 2004; 113 (4): 708-713.

Paavonen E, Pennonen M and Roine M. Passive Exposure to TV Linked to Sleep Problems in Children. Journal of Sleep Research. 2006; Vol 15, 154-161.

Tremblay MS, Willms JD. Is the Canadian childhood obesity epidemic related to physical inactivity? International Journal of Obesity. 2005; 27: 1100-1105.

Children, adolescents and television. American Academy of Pediatrics, Committee on Public Education. Pediatrics. 2001; 107 (2): 423-426.

Children, adolescents and advertising. Committee on Communications, American Academy of Pediatrics. Pediatrics. 2006; 118 (6): 2562-2569.

Waldman M, Nicholson S, Adilov N. Does TV Cause Autism? Cornell University. December 2006. Available at: www.johnson.cornell.edu/faculty/profiles/waldman/autpaper.html

Jennings JT. Conveying the message about optimal infant positions. Physical and Occupational Therapy in Pediatrics. 2005; 25 (3); 3-18.

Braswell J, Rine R. Evidence that vestibular hypofunction affects reading acuity in children. International Journal of Pediatric Otorhinolaryngology. 2006; 70 (11): 1957-1965.

De Silva, S. 2006. Statistics Canada Centre for Education. Available at: www.statscanada.com

Kuo FE, Faber Taylor A. Children with Attention Deficits Concentrate Better After a Walk in the Park. *Journal of Attention Disorders*. 2009; 12; 402: originally published online Aug 25, 2008.

Rapport M Bolden J, Kofler MJ, Sarver DE, Raiker JS, Alderson RM. Hyperactivity in Boys with Attention-Deficit/Hyperactivity Disorder (ADHA): A Ubiquitous Core Symptom or Manifestation of Working Memory Deficits? Journal of Abnormal Psychology. 2008; DOT 10. 1007/s 10802-008-9287-8.

Nelson MC, Neumark-Sztainer DR, Hannan PJ, Sirard JR, Story M. Longitudinal and secular trends in physical activity and sedentary behavior during adolescence. Pediatrics. 2006; 118 (6): 1627-1634.

Insel TR, Young LJ. The neurobiology of attachment. Nature Reviews Neuroscience. 2001; 2: 129-136.

Korkman M. Introduction to the special issue on normal neuropsychological development in the school-age years. Developmental Neuropsychology. 2001; 20 (1): 325-330.

National Association for Sport and Physical Education. NASPE Releases First Ever Physical Activity Guidelines for Infants and Toddlers. February 6, 2002. Available at: www.aahperd.org/naspe/template.cfm?template=toddlers.html

Tannock MT. Rough and Tumble Play: An Investigation of the Perceptions of Educators and Young Children. Journal of Early Childhood Education. 2008; 35: 357-361.

Burdette, HL, Whitaker RC. A national study of neighborhood safety, outdoor play, television viewing, and obesity in preschool children. Pediatrics. 2005; 116: 657-662.

Montagu, A. Touching, the Human Significance of the Skin 2nd Edition. Harper and Row Publishers Inc. New York, NY; 1978.

Faber Taylor A, Kuo FE, Sullivan WC. Coping With ADD – The Surprising Connection to Green Play Settings. Journal of Environment and Behavior. 2001; 33(1): 54-77.

Small G, Vorgan G. iBrain: Surviving the Technological Alteration of the Modern Mind. HarperCollins Publishers, New York, NY; 2008.

Kershaw P. British Columbia Business Council and University of British Columbia researchers with the Human Early Learning Partnership. A Comprehensive Policy Framework for Early Human Capital Investment in BC. 2009. Retrieved on April 30,2010 from www.earlylearning.ubc.ca/documents/2009/15by15-Executive-Summary.pdf

Anderson CA, Gentile DA, Buckley KE. Violent Video Game Effects on Children and Adolescents: Theory, Research and Public Policy. Oxford University Press. New York, NY; 2007.

Anderson CA, Berkowitz, L, Donnerstein E, Huesmann LR, Johnson JD, Linz D, Malamuth NM, Wartella E. The Influence of Media Violence on Youth. Psychological Science in the Public Interest. 2003; 4:81-110.

Buchanan AM, Gentile DA, Nelson DA, Walsh DA, Hensel J. What goes in must come out: Children's Media Violence Consumption at Home and Aggressive Behaviours at School. Paper presented at the International Society for the Study of Behavioural Development Conference, Ottawa, Ontario, Canada. Available online at: www.mediafamily.org/research/report_issbd_2002.shtml

Christakis DA, Zimmerman FJ, DiGiuseppe DL, McCarty CA. Early television exposure and subsequent attentional problems in children. Pediatrics. 2004; 113 (4):708-713.

Christakis, D.A. (2011) The effects of fast-paced cartoons. PEDIATRICS Vol. 128 No. 4 October 1, 2011, pp. 772-774 (doi: 10.1542/peds.2011-2071).

Moje EB, Overby M, Tysvaer N, Morris K. The Complex World of Adolescent Literacy: Myths, Motivations, and Mysteries. Harvard Educational Review. 2008; 78(1):107-154.

Christakis, D. A., Gilkerson, J., Richards, J. A., Zimmerman, F. J., Garrison, M.M., Xu, D., Gray, S. & Yapanel, U. (2009). Audible Television and Decreased Adult Words, Infant Vocalizations, and Conversational Turns. Archives of Pediatrics & Adolescent Medicine. 163(6):554-558. Available at: archpedi.ama-assn.org/cgi/content/full/163/6/554#AUTHINFO

Tremblay, M.S., LeBlanc, A.G., Kho, M.E., Saunders, T.J., Larouche,

R., Colley, R.C., Goldfield, G., Gorber, S.C. (2011) Systematic review of sedentary behaviour and health indicators in school-aged children and youth. *International Journal of Behavioral Nutrition and Physical Activity* 2011, 8:98 doi: 10.1186/1479-5868-8-98

Wolak J, Mitchell K, Finkelhor D (2007). Unwanted and Wanted Exposure to Online Pornography in a National Sample of Youth Internet Users *Pediatrics* 2007; 119; 247

Bristol University: School for Policy Studies News (2010). Available at: www.bristol.ac.uk/sps/news/2010/107.html

Mentzoni, RA, Brunborg, GS, Molde H, Myrseth H, Mar Skouveroe KJ, Hetland J, Pallesen S. Problematic Video Game Use: Estimated Prevalence and Associations with Mental and Physical Health. Cyberpsychology, Behavior, and Social Networking. 2011; 110306113133023.doi: 10.1089/cyber.2010.0260.

Shin S-E, Kim, N-S, Jang E-Y. Comparison of Problematic Internet and Alcohol Use and Attachment Styles Among Industrial Workers in Korea. Cyberpsychology, Behavior, and Social Networking on May 19, 2011. doi: 10.1089/cyber.2010.0470. Available at: www.liebertonline.com/doi/abs/10.1089/cyber.2010.0470

Gentile D. Pathological Video-Game Use Among Youth Ages 8 to 18. Journal of Psychological Science. 2009; 3(2):1-9.

Ben-Sasson, A., Carter, A. S. & Briggs-Gowan, M. The Development of Sensory Over-Responsivity From Infancy to Elementary School. *Journal of Abnormal Child Psychology*.(2010).

Sana F. Laptop multitasking hinders classroom learning for both users and nearby peers. *Journal of Computers and Education*. Vol 62, March 2013, 24-31

Digital Dementia: The memory problem plaguing teens and young adults, On Fox News, August 15, 2013, available at ht www.foxnews.com/health/2013/08/15/digital dementia-memory-problem-plaguing-teens-andyoung-adults/#ixzz2eE8KTuWR

第十七章

Meurant, R.C. (2010) The iPad and EFL Digital Literacy. Communications in Computer and Information Science, 123, 224-234.

Richey, R.C. (2008). Reflections on the 2008 AECT Definitions of the Field. *Tech. Trends*. 52/1/24-25

Saettler, P. (1968). A History of Instructional Technology. New York: McGraw-Hill.

See for example, Reiser, R. A., & Dempsey, J. V. (2011). Trends and issues in instructional design and technology. London: Pearson., Anglin, G. J. (1995). *Instructional technology: Past, present, and future*. Englewood, CO: Libraries Unlimited., and Reiser, R. A. (2001).A history of instructional design and technology: Part I: A history of instructional media. *Educational technology research and development*, 49/1/53-64.

Pavlov, I. P. (1927). *Conditioned reflexes*. Mineola, NY: DoverPublications.

Thorndike, E. L. (1898). Animal intelligence: An experimental study of the associative processes in animals. *Psychological Monographs: General and Applied*, 2/4/i-109.

Skinner, B. F., Skinner, B. F., Skinner, B. F., & Skinner, B. F. (1972). *Beyond freedom and dignity*. New York: Bantam Books.

Seligman, M. E. (1975). *Helplessness: On depression, development, and death*. New York: Henry Holt & Co.

Skinner Op. Cit.

See for example, Gardner, H. (1985). *Frames of mind: The theory of multiple intelligences*. New York: Basic books.

Edgerton, D. (1996). The "White Heat" revisited: the British government and technology in the 1960s. *Twentieth Century British History*, 7/1/53-82.

Nasseh, B. (1997). A brief history of distance education. Adult Education in the News.

See for example a research project conducted on death in virtual worlds, r3beccaf.wordpress.com/2013/09/09/death-in-virtual-worlds/

Reiser Op. Cit.

Chell, G., & Dowling, S. (2013). Substitution to redefinition: The challenges of using technology. In Dowling, S., Gunn, C., Raven, J. and Hayhoe, S. (Eds.). eLearning in action: Redefining learning. Abu Dhabi. HCT Press.

Hayhoe, S. (2008a). God, money & politics: English attitudes to blindness and touch, from enlightenment to integration. Charlotte, North Carolina: Information Age Publishing.

(Hayhoe, 2008a), Ibid.

Hayhoe, S. (2011). How do we define ability? Keynote presentation to the National Association of Disability Practitioners Annual Conference and AGM, Warwickshire, UK, on the 27th June 2011.

Vygotsky, L. S. (1994). Principles of the social education of deaf and dumb children in Russia. In R. Van der Veer, & J. Valsiner (Eds.), *The Vygotsky reader* (pp. 19–26). Oxford, U.K.: Blackwell Publishers.

Vygotsky, Ibid.

United Nations. (Downloaded). Enable: Rights and dignity of persons with disability. Downloaded from www.un.org/disabilities/ on the 1st July 2012.

Architectural and Transportation Barriers Compliance Board. (2000). Electronic and Information Technology Accessibility Standards (36 CFR Part 1194). Federal Register, 65, 246, 80500-80528.

(Hayhoe, 2008a), Op. Cit.

Sultan, N. & Hayhoe, S. (2013) Assistive technologies for students with special needs at the Higher Colleges of Technology, UAE. In S. Dowling, C. Gunn, J. Raven, and S. Hayhoe (Eds.). eLearning in action: Redefining learning.

Abu Dhabi. HCT Press.

Meurant, R.C. (2010) The iPad and EFL Digital Literacy. Communications in Computer and Information Science, 123, 224-234., Department of Education and Training. (2011). iPad Trial: Is the iPad Suitable as a Learning Tool in Schools? Queensland, Australia: Government of Queensland.

Hawking, S. (2013) The computer. Downloaded from www.hawking.org.uk/the computer.html on the 29th September 2013.

Wong, M.E. & Tan, S. S. K. (2012) Teaching the Benefits of Smart Phone Technology to Blind Consumers: Exploring the Potential of the iPhone. Journal of Visual Impairment and Blindness, 106, 10, Downloaded from www.afb.org/afbpress/pubjvib.asp?DocID=jvib 0610toc., Hayhoe, S. (2012). Using an iPad with a Blind Student: A Case Study at Sharjah Women's College, In Dowling S. et. al. (Eds.). eLearning In Action: Opening Up Learning. Abu Dhabi: HCT Press.

RivaetaL, G. (1998). Uses of virtual reality in clinical training: Developing the spatial skills of children with mobility impairments. Virtual Environments in Clinical Psychology and Neuroscience: Methods and Techniques in Advanced Patient Therapist Interaction, 58, 219.

Clarkson, J., Langdon, P., & Robinson, P. (Eds.). (2006). Designing Accessible Technology. London: Springer.

Hayhoe, S. (in press). An enquiry into passive and active exclusion from sensory aesthetics in museums and on the Web: Two case studies of final year students at California School for the Blind studying art works. British Journal of Visual Impairment.

Hayhoe, S. (2013). A review of the literature on the use of the iPad as an assistive devise for students with disabilities – with reference to the Gulf. Paper delivered at the Global Education Forum, World Trade Centre, Dubai, UAE, March 2013.

Ally, M. (Ed.). (2009). *Mobile learning: Transforming the delivery of education and training*. Athabasca, Canada: Athabasca University Press.

Apple. (2013). *Accessibility–Resources*. Downloaded from www.apple.com/accessibility/resources/ on the 12/2/2013.

第十八章

Anstey, M., & Bull, G. (2006). *Teaching and Learning Multiliteracies*: Changing Times, Changing Literacies. Kensington Garden: Alea.

Cavanaugh, C., & Hargis, J. (n.d.). Redefining School from Site to Service: Learning In and From K-12 Online Education. *Distance Learning*, 7(2), 1-5.

Ehrmann, S. C. (2012). Why Faculty Resist. *Distance Learning*, 60-67.

Gurak, L. J. (2001). *Cyberliteracy: Navigating the Internet with Awareness*. New Haven, CT, USA: Yale University Press.

Jin, Z. (2010). *Global Technological Change: From Hard Technology to Soft Technology* (2nd ed.). Bristol, GBR: Intellect Ltd.

Suarez, O., & Saltin-Bajaj, C. M. (2010). *Educating the Whole Child for the Whole World: The Ross School Model and Education for the Global Era*. New York, NY, USA: New York University Press.

第十九章

Abdalla, S. Y. (2008). The Role of Smart Boards in Enhancing students' Oral Presentations: The case of Al-Majma'ah Community College, King Saud University. *ATEL Journal, Lebanon*, 17, 8-13.

Alebaikan, R. (2011). *A Blended Learning Framework for Saudi Higher Education*. A chapter Presented at the Second International Conference of E-Learning and Distance Learning, Riyadh, Saudi Arabia.

Adnet, N. McCaig, C. & Slack. K (2011). Achieving Transparency, Consistency and Fairness in English Higher Education admission: Progress since

Schwartz. *Higher Education Quarterly*, 65/1, 12-33.

Arvidson, P. S. & Huston, T. A. (2008). Transparent Teaching. *Currents in teaching and Learning*, 1/1, 4-16.

Chang, R. K. C. (2002). *Transparent Teaching* [PowerPoint Slides]. Department of Computing, The Hong Kong Polytechnic. Retrieved August 4, 2013 from www4.comp.polyu.edu.hk/~csrchang/PolyU3.pdf

Dalsgaard, C. & Paulsen, M. (2009). Transparency in Cooperative Online Learning. *International Review of Research in Open and Distance Learning*, 10/3. Retrieved October 17, 2012 from www.irrodl.org/index.php/irrodl/article/view/671/1267.

Dowling, C. (2003). *The Role of the Human Teacher in Learning Environments of the Future*. IFIP Working Groups 3.1 and 3.3 Working Conference: ICT and the Teacher of the Future. Melbourne, Australia. Retrieved June 16, 2011 from crpit.com/confchapters/CRPITV23Dowling.pdf.

Evans, C. (2013). *How transparent is your classroom?* Retrieved September 12, 2013 from www.guide2digitallearning.com/blog_chad_evans/how_transparent_your_classroom

Ezza, S. Y. (2012). EFL Teacher's Role in ICT-Oriented Classroom: The Case of Majma'ah University.

Proceedings of Imam University Symposium in English Language Teaching in Saudi Arabia, Riyadh, 31-53.

Fairman, J. (2004). *Trading Roles: Teachers and Students Learn with Technology*. (Research Report No. 3). *Main Education Policy Research Institute*. The University of Maine Office. Retrieved *January 20, 2010 from* libraries.maine.edu/cre/MEPRIP/MLTIResearchReport3.pdf

Kelly, T. M. (2001). Towards Transparency in Teaching: Publishing a Course Portfolio. Retrieved October 1, 2013 from www.historians.org./perspectives.issues/2001/0111/0111not1.cfm

Luba, E. W. & Mahraj, M. (2013). Enhancing the Learning Transparency through E-transparency. A chapter presented at the International Conference on ICT for Africa, Harare, Zimbabwe. Retrieved October 12, 2013 from www.ictforafrica.org/attachments/section/4/ict4africa2013_submission_3.pdf

Newhouse, P. (2002). The Impact of ICT on Learning and Teaching: Literature Review. Perth: Specialist Educational Services.

Prensky, M. (2001). Digital Natives, Digital Immigrants. On the Horizon, 9/5, 1-6.

Offerman, M.J. (2008). Transparency in Learning Outcomes: A refreshing Disruption in Higher in Education. Retrieved April 19, 2010 from www.clomedia.com

Vught, F.A. V. & Heijden, D. F. W (2010). Multi-dimensional Ranking: A New Transparency Tool for Higher Education and Research. Higher Education Management and Policy, 23/3, 31-56.

第二十章

Baddeley, A., & Hitch, G. (1974). Working Memory. In G. Bowen, *Recent Advances in Learning and Motivation* (pp. 47-89). Academic press: London.

BBC News. (2010, February 1). GMT with George Alagiah. London.

Binder, C. (1990). Precision Teaching & Curriclum Based Measurement. *Journal of Precision Teaching, Vol 7, No.2*, 33-35.

Binder, C., Haughton, E., & Van Eyk, D. (1990). Precision Teaching Attention Span. *Teaching Exceptional Children*, 24-27.

Burke, L. (2009). Towards an Empowering Pedagogy in Teaching ESL Writing. *Cultivating Real Writers: Emerging Theory & Practice for Adult Arab Learners*, 11-26.

Clark, R., & Harrelson, G. (2002). Desinging Instruction That Supports Cognitive Learning Processes. *Journal of Athletic Training*, Vol 37, No.4, 152-159.

Clarke, R. (1983). Multi media and learning processes. *Educational Technologies*, 31-33. Cognition and Technology Group at Vanderbilt . (1990). Anchored instruction and its relationship to situated cognition. *Educational Researcher, Vol. 19, No. 6*, 2-10.

Daneman, M., & Carpenter, P. A. (1980). Individual Differences in Working Memory and Reading. *Journal of Verbal Learning & Verbal Behaviour*, 450-466.

Daneman, M., & Merkle, P. M. (1996). Working Memory & Language Comprehension. *Psychonomic Bulletin & Review*, 422-433.

De Stefano & LeFevre, J. (2005). Cognitive Load in Hypertext Reading: A Review. *Computers in Human Behavior*, 1616-1641.

Doolittle, P., & Mariano, G. J. (2008). Working Memory Capacity and Mobile Multimedia Learning Environments: Individual Differences in Learning While Mobile. *Journal of Educational Multimedia and Hypermedia, Vol 17, No.4*, 511-530.

Hughes, J., Beverley, M., & Whitehead, J. (2007). Using Precision Teaching to Increase the Fluency of Word Reading with Problem Readers. *European Journal of Behavior Analysis, Vol 8 No.2*, 221-238.

Kozma, R. (2001). Kozma Reframes and Extends His Counter Argument. In R. Clark, *Learning from Media: Arguments, Analysis and Evidence* (pp. 179-204). Connecticut: Information Age Publishing.

Kuhlmann, S., Piel, M., & Wolf, O. T. (2005). Imparied Memory Retrieval after Psychosocial Stress in Healthy Young Men. *Journal of Neuroscience, Vol 25, No.11*, 2977-2982.

Lindsley, O. (1999). Precision Teaching: Discoveries & Effects. *Journal of Applied Behaviour Analysis, Vol.25, No. 1*, 51-57.

Lindsley, O. (1991). Precision Tecahing's Unique Legacy from B.F.Skinner. *Journal of Behavioral Education, Vol 1, No. 2*, 253-266.

Mayer, R., & Moreno, R. (2001). Multi media tools and seductive distractors. *Educational Psychologist,* 56-62.

Mayer, R., & Moreno, R. (2003). Nine Ways to Reduce Cognitive Overload in Multi-Media Learning. *Educational Psychologist, Vol.38, No.1,* 43-52.

Quas, J., Rush, E. B., Yim, I. S., & Nikolayev, M. (2013). Effects of Stress on Memory in Children and Adolescents: Testing Causal Connections. *Memory,* 1-17.

Rockwell&Singleton. (2007). The Effect of the Modality of Presentation of Streaming Multimedia on Information Acquisition. *Media Psychology,* 179-191.

Sternberg, R. (1995). Memory-The Short Term Store. In R. Sternberg, *In Search of the Human Mind* (p. 277). Florida: Harcourt, Brace & Company.

Willis, D. (2003). *Rules, Patterns & Words:Grammar & Lexis in English Language Teaching.* Cambridge: University of Cambridge.

"前沿教育"书系书目

《数字化学习案例研究：如何颠覆传统并提高效率》
《高分学生心得："活学"的N种方法》
《教师的透视镜：崇高背后的自我监督》
《校园欺凌行为案例研究》
《优秀教师培养：和教学差距说再见》
《语言暴力大揭秘：跟网络欺凌说"不"》
《多元文化：当教师遭遇新挑战》（第二版）
《教无止境：让"差生"成功逆袭》
《家校合作：5个原则读懂教育互动》
《创新教育模式：让课堂"活"起来》
《打造全新课堂：协作式教学探究》
《FNO框架：从学校到名校》（第三版）
《大教育：学校、家庭与社区合作体系》（第三版）
《反思课堂教学：为未来的挑战做准备》（第三版）
《参与度研究：防止厌学的诀窍》
《校长之道：只为成就教师和学生》（第四版）
《教师：如何与问题家长相处》（第二版）
《高能校长的十种身份》
《校长决策力：复杂问题案例研究》
《反欺侮：让学生远离恐惧》
《美国学校的安保与应急方案》
《校园文化：发现社团的价值》
《领导力：卓越校长的名片》
《发掘内在潜力：让教师成为教育家》
《乘数效应：发现学校里的天才》
《课堂内外：打造全方位发展的学生》
《美国教学质量监管与督导》
《思维学校建设之路》
《用数据说话：教学差距调查方法》
《有文化还不够：21世纪数字信息时代的流畅力》